KB180630

문학교육심리학

이해와 체험에 관한 문학교육적 설명

이 저서는 2009년도 정부재원(교육부)으로 한국연구재단의 지원을 받아 연구되었음. (NRF-2009-812-A00117)

문학교육심리학

이해와 체험에 관한 문학교육적 설명

최지현

역락

머리말

　문학교육은 문학 작품을 이해하고 감상하는 데 필요한 내면적 능력을 갖추게 함으로써 문학을 통해 섬세하고 풍부한 심미적·문화적 삶을 향유할 수 있게 하는 일련의 조력적 과정이다. 이 과정 자체는 명백히 사회적이지만, 이때 독자인 학습자, 곧 학습 독자의 문학적 이해와 체험은 매우 개인적인 차원에서 이루어진다. 이러한 까닭에 문학교육이 학습자와의 바람직한 교육적 상호작용을 할 수 있기 위해서는 두 과정이 대립하지 않고 교직(交織)해야 한다. 곧, 사회적이면서도 동시에 개인적이며, 순환적이면서도 동시에 계기적이고, 원심적이면서도 동시에 구심적일 수 있도록 이 두 과정의 위상학적 관계를 재설정해야 하는 것이다.

　만약 문학교육이 이 교직의 방안을 바르게 마련할 수 있다면, 문학을 통한 독자의 심미적·문화적 향유는 마치 연이어 물결을 일으켜 중심으로부터 밖으로 확장되다가 외연에 닿고 되돌아오며 무수히 교차하는 동심원들처럼 매우 섬세하고 풍성한 결들을 가질 수 있을 것이다. 그 결들은 개인의 내면에서 이루어지며 동시에 타인과 공유되는 체험들로 이루어질 것이며, 이를 통해 같은 작품에 대한 반복된 감상이라도 매번 그 체험의 양과 질은 변화하게 될 것이다. 나아가 이를 통해 내면화된 가치들이 설령 독자 개인의 내면에서, 혹은 독자들 사이에 상이한 지향을 가지며 경합하게 되더라도 그 체험들은 윤리적 다원성을 긍정하는 방향으로 독자를 지지하게 될 것이다.

　하지만 이와 달리 만약 문학교육이 문학 수용에 관해 학습 독자와 같은 차원에서 경합하며 대립적인 관계를 설정한다면, 그 관계가 계몽적이거나 아니면 치유적이라 할지라도 독자의 내면적 문학 수용 과정은 교수법의 역설에 빠질 수 있다. 곧 '어떤' 문학적 가치를 향해 문학 수용이 수단화될 수도 있으며, 동일한 문학 체험은 정체나 집착으로 배척될 수도 있다.

문학교육이 사회적 차원과 개인적 차원에서 함께 이루어져야 한다는 것은, 문학교육이 문학 수용의 주체인 학습자의 심리적 과정을 설명할 보편적 언어를 갖추고 있어야 한다는 것을 의미한다. 문학 교수에 대해서는 행동주의적으로 설명하고 여기에 이어지는 독자의 심리적 과정은 인지주의적으로 설명하는 것으로는 교수법의 역설에서 벗어날 수 없다. 이에 비추어 보면, 문학교육은 문학적 이해와 체험의 과정을 일관하여 설명할 고유한 개념과 범주의 체계를 갖추는 데에는 아직 충분히 성공적이지 못한 상황이다.

이 책은 이러한 문제 상황에 대한 이론적 대응의 하나이다. 저자는 이 책을 구성하는 일련의 연구들을 통해 문학적 이해와 체험의 심리적 과정을 설명할 문학교육의 보편적 언어를 찾아보고자 하였다. 이를 위해 먼저 그동안 문학교육이 문학 수용에 관해 설명할 때 사용했던 용어들을 재검토하면서 독자의 내면에서 일어나는 심리적 과정을 객관적으로 드러낼 수 있도록 이론화하려고 하였다. 따라서 이 이론적 대응의 성격은 기본적으로 심리학적이게 되었다.

하지만 연구를 진행하는 과정에서 심리학적 설명이라는 표현의 실질적인 의미가 '문학교육적 설명'일 수밖에 없음을 깨닫게 되었다. 이는 문학교육이 독자의 심리적 과정 밖에 있지 않고 바로 그 과정을 통해 존재하는 것이 마땅했기 때문이다. 이 책이 '문학교육심리학'이라는 이름을 달고는 있지만 심리학이 아닌 문학교육학의 분과 학문을 될 수밖에 없는 것도 이러한 연유에서이다. 물론 이 책의 목차에는 반영되어 있지 않지만, 정신분석적, 원형 심리학적, 이상 심리학과 발달 심리학적 주제들이 더 연구될 수 있을 것이고, 기존의 문학이론에서도 주제론, 시점론이나 화자 및 청자론, 은유론과 상징론, 문체론 및 수사학 등의 분야가 심리학적 지평에서 재구성될 수 있을 것이다. 이것들은 후속 연구로 삼기로 하였다.

이 책은 완전히 새로운 연구 저작이 아니다. 기존의 연구들에서 저자 자신이 개념화했거나 혹은 사고 도구로 활용했던 용어들이 필요할 때마다 그 사용의 맥락과 함께 이 책에 끼어들어 왔다. 이 용어들이 갖는 의미와 용법들에 대한 저자의 판단이 그다지 바뀌지 않은 것들을 그 맥락은 그대로 두고 고쳐 쓴다는 것이 무의미하다고 보았다. 따라서 그대로 가져오는 대신 따로 출처를 밝혀 인용하였다. 하지만 독자의 심리적 과정을 보는 시각과 개념 관계는 전혀 새로워졌음을 밝혀 두고자 한다.

이 새로운 시도는 가상의 인물을 통한 경험적 과정을 추적하면서 시작된다. 이러한 기술 방식이 독자에게서 일어나는 문학 체험의 과정을 교육적으로 묘사할 수 있기를 기대하고 있다. 만약 의도한 대로 읽혀진다면, 우리는 이 책의 결론을 통해 문학 과정에 대한 덜 철학적인 설명을 하나 얻게 될 수 있을 것이다.

2014년 5월 저자

감사의 글

　같은 공부를 꾸준히 해 간다는 것은 참으로 어려운 일이다. 특히 실천으로는 유구하나 이론은 신생 학문을 간신히 벗어난 처지인 문학교육학을 공부한다는 것은 새벽안개 속을 더듬으며 숲길을 가는 것만 같아서 더욱 어렵게 여겨진다. 든든한 인접 학문에 기대어 보고자 하나, 결국엔 고유의 학문 체계를 세우는 데 일조해야 하는 과제가 여전히 남는다.

　이 공부를 시작하기로 마음먹은 90년대 초반에 국어교육학의 학문적 체계에 대한 본격적인 논의가 시작되었고, 국어교육과 문학교육이라는 해묵은 논쟁의 문제틀은 '학적 체계'라는 새로운 문제 상황을 맞아 완전히 낡은 것이 되어 버렸다. 내가 하고 싶은 공부의 주제가 이때 눈에 들어왔다. 같은 선생님을 모시고 있던 그 시기의 우리들은 모두 현대시 교육을 전공으로 하고 있었으나, 김창원 형은 국어과 교육과정 연구에서 이미 상당히 앞서 나가 있었고, 정재찬 형은 문학교육 사회학을 하려 한다고 했다. 나는 잘 알지도 못하면서 문학교육을 심리학적으로 설명해 보고 싶었다.

　그 후로 오랜 동안 그리고 아직까지 우리 모두는 자신이 하고 싶은 공부만 할 수 있는 형편이 아니다. 그나마 이 분야에 대한 관심이 사그라지지 않고 근근이 논문으로 꼴을 갖추었던 것은 미력한 능력이나마 믿고 격려하고 도와준 여러 선생님들과 동학 선후배들 덕분이다. 이 책을 쓰는 데 바탕이 된 논문들을 심사하거나 또는 토론을 맡아 주셨던 학문의 동업자들의 조언 또한 큰 도움이 되었는데, 관련 주제의 전문가들인 이 분들로 인해 저자는 연구의 시야를 넓히고 성찰의 깊이를 심화할 수 있었다. 하지만 이 책에 어쩔 수 없이 드러나는 연구의 한계와 제약들은 전적으로 저자 자신의 부족한 연구 능력 탓이다. 한국연구재단으로부터는 인문저술 연구 지원 사업을 통해 지원을 받았다. 덕분에 이 연구가 지속되어야 하는 일종의 강제적 연구 환경을 제공 받게 되었다.

이 책은 여러 부분에서 저자가 그간 연구했던 내용들에 기대고 있다. 한국연구재단의 저술 원칙에 따라 책의 제목이 된 주제를 새롭게 연구하고 집필하는 가운데 저자 자신의 논문들에서 일부 내용을 가져오거나 재구조화하면서 전체 체제를 갖추기 위한 자료로 활용하였다. 하지만 따로 밝히지 않았더라도 여러 부분에서 관점과 아이디어와 주요 개념의 진술이 저자의 선행 연구들로부터 차용되었을 것이다. 다만 반드시 밝혀야 할 주요 논문들은 아래에 열거해 두었다. 이 중 김창원·정재찬·최지현(2000)에서는 저자가 집필한 부분을 일부 재구성하여 활용하였고, 최지현(1998b)와 최지현(2001a)은 이미 출판된 공저서로부터 저자의 집필 부분을 일부 재구성하여 활용하였다. 이들의 재사용 허가를 해 준 공저자들과 출판사들에 고마움을 전한다.

Ⅰ. 이해
- 최지현(1994), 「한국 현대시 교육의 담론분석-1940년대 저항시를 중심으로」, 서울대학교 석사학위논문.
- 최지현(1997a), 「한국 근대시 정서체험의 텍스트 조건 연구」, 서울대학교 박사학위논문.

- 김창원·정재찬·최지현(2000), 「문학교육과 상상력」, 『독서연구』 5, 한국독서학회.
- 최지현(2001b), 「정지용 시의 은유구조-물 이미지의 형성과 상호텍스트적 영향 관계를 중심으로」, 『호서문화논총』 15, 서원대 호서문화연구소.
- 최지현(2012), 「문학교육과 인지심리학-'문학적 이해' 개념을 중심으로」, 『문학교육학』 37, 한국문학교육학회.

Ⅱ. 감상

- 최지현(1998a), 「문학감상교육의 교수학습모형 탐구」, 『선청어문』 26, 서울대 국어교육과.
- 최지현(2001a), 「시 교육과 문화적 감수성」, 김은전 외, 『현대시교육의 쟁점과 전망』, 월인.
- 최지현(2003), 「감상의 정서적 거리-교육과정변인이 감상에 미치는 영향」, 『문학교육학』 12, 한국문학교육학회.
- 최지현(2009), 「문학능력의 위계적 발달 평가 모형」, 『문학교육학』 28, 한국문학교육학회.

Ⅲ. 체험

- 최지현(1997a), 「한국 근대시 정서체험의 텍스트 조건 연구」, 서울대학교 박사학위논문.
- 최지현(1998b), 「문학정서체험-교육내용으로서의 본질과 가치」, 우한용 외, 『운당 구인환 선생 고희기념논문집-문학 교수학습 방법론』, 삼지원.
- 최지현(1999a), 「이른바 애상은 어떻게 거부되는가」, 『문학교육학』 3, 한국문학교육학회.

- 최지현(2000b), 「문학교육에서 정전과 학습자의 정서체험이 갖는 위계적 구조에 관한 연구」, 『문학교육학』 5, 한국문학교육학회.
- 최지현(2007c), 「불편한 감정들과의 조우−근대시에서 '죽음'과 마주대하기」, 『문학교육학』 23, 한국문학교육학회.

Ⅳ. 향유

- 최지현(2007a), 「문학교육의 '교육적 상상력'」, 『국어국문학』 144, 국어국문학회.
- 최지현(2007b), 「문학독서의 원리와 방법」, 『독서연구』 17, 한국독서학회.
- 최지현(2009), 「문학능력의 위계적 발달 평가 모형」, 『문학교육학』 28, 한국문학교육학회.

차례

I. 이해

II. 감상

III. 체험

IV. 향유

I. 이해

여기 한 아이가 있다.
태어나기 전부터 고등학교를 졸업할 때까지 우리가 알게 될 아이이다.
아이의 이름은 저자의 딸로부터 빌려온 것이지만, 이름만 알았지
서로는 알지 못하는 사이이다.
평균적이기도 했다가
독특한 태도와 반응이 눈에 띄기도 하는 이 아이는
저자가 오랫동안 교실 안팎에서 보아 왔던 적지 않은 아이들의
표본적 존재이다.
'정윤'이라는 이름을 가진 이 아이는
이제 문학 수업을 받게 될 것이다. 언제나처럼 미리 작품을 읽어오도록
숙제를 받아 들었지만, 아마도 작품을 모두 읽고 수업에 들어가기는
힘들 것이다.
초등학교를 졸업하기 전까지 아침 독서 활동을 통해
학급 문고로 준비된 동화책들과 도서관에서 빌려 읽었던
300여 권쯤 되는 이런저런 작품들과 주간 단위로 바뀌는 대여 도서들을
읽어 보았지만, 작품 읽는 법이라는 게
'내가 주인공이라면?'이나 '주인공은 왜 그렇게 했을까?' 정도였을 뿐이다.

학습 경험

많은 아이들에게 일어났던 일처럼 정윤은 태어나기 전에 엄마의 태교 음악을 들었고, 태어난 후로 부모와 잠을 자고 일어나는 생활 주기가 동조되는 시기가 되면서부터 베갯머리 동요를 들었다. 조금 더 커서 두 살이 되었을 무렵 혼자 잠을 자기 시작했고 곧잘 잊어버려서 그렇지 가끔씩 아빠와 엄마는 잠자리에서 동화를 읽어주거나 들려주었다. 조금 더 커서 네 살이 되었을 때부터는 그림책을 함께 보며 엄마에 의해 재구성된 이야기를 듣기 시작했다. 그 무렵 텔레비전을 통해 '뽀로로'나 '보노보노' 같은 애니메이션을 보았다.

정윤은 그의 부모가 어렸을 때와는 전혀 다른 문식성 환경 속에 놓여 있었는데, 그의 부모는 대개 우화나 아동 수준으로 발췌 번안된 명작들을 첫 독서물로 대하였던 반면, 정윤은 매우 다양한, 그리고 화려한 색채의 국내외 창작 동화들을 첫 독서물로 대할 수 있었다. 부모는 흑백텔레비전의 세대였으나 정윤은 인터넷으로 재방송을 볼 수도 있는 컬러텔레비전 세대로 태어났다. 문식성 환경으로 보면, 정윤이 부모에 비해 공감 능력을 발현시킬 더 좋은 환경 속에서 자랐다고 할 수 있다.

하지만 정윤은 '너무 많은 책들' 속에서 알게 모르게 다독 교육을 받았다. 책은 반복해 읽기보다 한 번 읽고 다시 다른 책으로 넘어가야 하는 일시적 만남의 대상에 가까웠다. 부모는 여섯 살인 정윤이 수백 권의 책을 읽었다는 것에 뿌듯해 하면서도, 초등학교를 졸업하는 어떤 아이가 천 권 넘는 책을 읽었다는 자랑스러운 얘기를 전해 들으며 분발해야겠다는 생각을 하곤 했다. 정윤은 읽었던 책들의 상당수를 이미지로 기억해 낼 수 있었다. 하지만 대체로 내용은 기억하지 못했다. 하지만 한편에서 고집스럽게 반복해서 읽는 책이 몇 권 있었는데, 부모는 그 책이 어떤 책이며 어떤 내용을 담고 있는지 기억을 하지 못했다. 부모와 정윤의 대화에서 그 책 이름이 등장할 때에는 대개 "너 그 책 좀 그만 붙잡고 나이에 맞는 책을 읽어." 같은 말들과 함께 할 때였다.

정윤은 또래 아이들과 유치원에서 여러 유형의 역할놀이를 수행해 보았고, 지식의 형태로도 습득하였다. 반면 마당이나 골목 등에서 또래들끼리 정하여 노는 역할놀이 게임의 경험들은 빈약했다. 스마트폰이 급속히 보급되면서 구식 스마트폰은 자연스럽게 아이들의 손에 쥐어질 수 있었기 때문에, 먼저 이것을 획득한 아이에 대한 정윤의 선망은 꽤 큰 것이었다. 부모는 일곱 살 아이에게 왜 스마트폰이 필요한지 이해할 수 없었다. 문자 해독이 초등학교에 들어가서부터 이루어지는 공식 교육과정의 내용이라는 것을 유치원에서도 잘 알고 있었지만, 문식성 교육은 또래의 다른 아이들도 대부분 받았던 터라 자연스럽게 교육 내용으로 포함되기도 했다.

초등학교에 입학한 이후로 정윤은 규칙적인 읽기 지도를 받게 되었다. 아침 30분 학급 전체 학생들이 함께 읽는 시간은 정윤에게 자신이 좋아하는 책이 아닌 선생님이 정해 주신 책을 읽어야 한다는 것 때문에 마음의 부담을 느꼈다. 하지만 잘 읽은 보람은 포도 스티커로 보상되었다.

정윤은 몇 권의 책을 읽었는지는 학기 중간부터 잊어버렸지만, 스티커를
다 모아 세 번의 상을 받았다는 것은 또렷이 기억할 수 있었다. 물론 스
티커북은 책 읽기로만 이루어지는 것은 아니었다.

정윤이 좋아하는 책은 정윤이 읽어야 할 책과는 다소 거리가 있었다.
아직 정윤은 그림이 가득 있고 캐릭터가 귀여워서 좋아하는 책에 빠져
있는 중이었지만, 학교에서는 권장 도서가 하나둘씩 늘어가기 시작했다.
2학년에 올라가면서 그 차이는 좀 더 벌어졌다. 이제 도서관에서 빌려야
할 책들에는 그림이 작아지고 줄어들었다. 글씨도 작아져서 책 한 권을
읽는 데에 훨씬 많은 시간이 필요했다. 한 번에 끝까지 책을 읽을 수 없
게 되었고 한 번에 책을 다 읽어버리는 습관도 사라지게 되었다.

읽고 난 책의 내용을 기억하는 일은 그만큼 더 어려워졌다. 하지만 책
을 읽는 방법은 바뀐 게 없었다. 바뀐 게 없었다기보다 정윤은 주인공
인물이 주변 인물들과 관계를 형성하고 함께 사건을 해결하며 행복한
하루를 끝맺게 되는 일련의 안정적인 이야기 구조를 적용하기가 점점
더 곤란해졌다. 읽기 방법에 대해서는 4학년에 올라가서야 비로소 배울
수 있었다.

하지만 정윤은 너무 많은 읽기 방법이 있다는 것이 매우 부담스러웠
다. 이제 그림이 없는 책들을 읽을 수 있게 되었지만, 교과서에 '상상하
며 읽어 보자'는 요구는 대단히 막연한 것이었다. 상상은 방법이 있다고
가능한 것도 아니었지만, 상상의 방법을 알려주는 사람도 없었다. 정윤
에게 요구되는 작품 읽기의 방법이 다행히도 내용을 분석하는 것이었는
데, 이것은 작품 읽기는 따라갈 수 있게 하는 방법이었지만, 상상으로
안내하지는 않았다.[1] 학년이 올라가면서 분석은 좀 더 섬세해졌고, 상상

1) 참고로 2011 개정 국어과 교육과정을 기준으로 하여 3-4학년군의 문학 영역 성취기준은
"(4) 작품 속 인물, 사건, 배경에 대해 설명한다. (5) 작품 속의 세계와 현실 세계의 공통점과

은 작가와 주인공을 따를 것을 요구받았다. 정윤은 작품 읽기가 재미없다고 생각했다.

그러는 동안, 또 다른 정윤은 여전히 자기 방식으로 작품 읽기를 하고 있었다. 애니메이션, 만화, 게임의 이야기는 정윤에게는 특히 재미있었는데, 그림체나, 희극적인 요소나, 이야기의 신기함, 아니면 친숙함 때문이라기보다는 읽고/보고 난 뒤에 다른 또래들과 얘기가 통한다는 점 때문이었다. 신이 나서 친구들과 얘기를 하고 나서는 다시 게임 등을 하는데, 정작 그 게임은 매우 단순해서 다른 사람이 볼 때에는 어떤 몰입할 요소가 있는지 알기 어려운 경우도 많았다. 그런 게임에 몰입하는 것처럼 작품 읽기를 하는 것들도 비슷하기는 마찬가지였다.

가. 문학의 인식

정윤의 이야기는 아동이 문학에 접근하는 과정에 대해 교사나 연구자들이 고려해야 할 몇 가지 요소들을 보여준다. 그 중에서 첫 번째로 생각할 점이 '문학에 대한 인식이 언제 어떤 것으로 형성되느냐' 하는 것이다.

이야기 속에서 정윤이 문학을 개념적으로 인지했을 것으로 판단하기는 어렵다. 과연 선생님들이 정윤을 비롯한 학생들에게 문학에 대한 어떤 설명을 해 주었을지 상상하는 것도 쉽지 않다. 설명할 수는 있지만 이해할 수 없을 대상에 대해 설명하지 않는 것은 안전한 교수 방법이다. 그렇기 때문에 설명을 이해할 만한 때가 되었거나 어느 날부터인가 체

차이점을 안다. (6) 작품을 듣거나 읽거나 보고 느낀 점을 다양한 방식으로 표현한다."(교과서 적용 내용으로는 4학년 성취기준)이다.

득하게 된 때가 되었거나 하는 사태가 아직 벌어지지 않은 그 이전의 시점에 이 일이 벌어졌다면, 문학은 외부로부터 주어진 것이다.

2009 개정 시기 2011 교육과정에서는 1−2학년군에서 '동시'와 '작품'이라는 용어가, 3−4학년군에서는 '시'와 '작품 속의 세계'가, 그리고 5−6학년군에서는 '문학 작품'이 등장하는데, 각 성취기준에 대한 설명에서는 이미 1−2학년군에서부터 문학, 작품, 문학 형식 같은 용어가 명시적으로 사용되며, '국어 자료의 예'에서는 이보다 상세하게 지시하는 문학 지시어가 등장한다.2) 하지만 여기서 문학 용어들은 그저 용어로만 잠시 등장할 따름이다. 따라서 이때의 경험이란 자꾸 들어 익숙하게 된 친구의 이름 같은 것이다. 달리 말하면, 실체는 모르면서 이름만 익숙한 '문학'인 것이다.

우리가 일반적으로 '문학'을 제도이자 관습이라고 부를 때의 의미는 그것의 본질은 규정할 수 없고 오로지 '당대의 제도나 관습이 문학이라고 부르고 있는 바로 그 대상'이 '문학'이 된다는 것을 가리킨다. 우리는 그것의 의미를 안다. 문학의 이러저러한 정의들이 모조리 실패한 다음에 비로소 문학이 '주어진 정의에 의해 규정된다'는 것을 깨닫는다. 그것이 바로 관습이며 제도로서의 문학이다. 하지만 정윤과 또래의 친구들은 학년이 올라가도 한참 동안 이 사실을 이해하지 못한다. 그들은 문학에 앞서 시나 이야기를 대했고, 그것들은 자신들의 이름에 얽힌 사연이나 유래에 대해 말하지 않았다.

문학에의 접근이 성공하든, 혹은 실패하든 간에, 최초의 접촉은 문학을

---

2) 2007 개정 교육과정의 초등학교 국어 교과서는 1학년 1학기 『읽기』에서부터 '시'와 '이야기'를 읽게 한다. 무엇이 시이고 무엇이 이야기인지는 이때 지식으로 습득되지 않는다. 3학년 2학기 『읽기』에서는 '문학 작품'이, 5학년 1학기 『읽기』에서는 '문학'이 지식 요소로 제시된다.

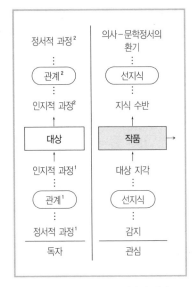

[그림 1] 관심 단계의 심리적 과정

지식으로 접하게 되는 것이다. 지식으로서 문학은 이미 거기에 어떤 의미로 존재한다. 독자에게 이것은 굳게 닫힌 철문을 갖춘 성채 같이 여겨질 수 있다. 하지만 분명한 것은 이제 거기에 성채가 서 있음을 알게 되었다는 것이다. 문학에 대한 관심은 그것에 대한 접근의 성공 여부와 관계없이 문학이 대상으로 지각된 것에서부터 시작한다. 문학에 대한 선지식[3]은 그 성채에 대해서는 오랜 동안 얘기하면서도 어떻게 그 성에 들어갈지는 말해주지 않았기 때문에 풍문으로 존재한다. 곳곳에 작품이라는 문학의 성채들이 서 있다. 거기에는 우리가 평소 대하지 못한 멋진 사람들이 있고—혹은 무시무시한 사람들이 살고 있을지도 모르지만— 훌륭한 생활이 있고—어쩌면 비루한 삶이 영속되고 있는지도 모르지만— 짜릿한 경험이 있다—알고 보면 따분한 것일지도 모르지만—. 풍문으로 존재하는 문학은 선망이나 감계의 대상일지는 모르지만 분명한 것은 풍문이라는 것이다.

이러한 과정이 문학적 이해의 관심 단계이다.[4] 이 과정은 [그림 1]과

---

3) 이해는 지식의 형태로 이미 주어진 선지식과 이해 내용으로 이미 주어진 선이해를 가진다. 선지식과 선이해는 혼동되는 경우가 많지만, 이해 대상이 없이도 존재할 수 있는가 여부에 따라 구분되며, 문학 이해로 진행할 수 있게 하느냐 여부에 따라서도 구분된다. 선지식은 문학에 대한 지식 자체를 완결적이고 선언적으로 규정하고 있어서 작품을 텍스트로 열어 놓지 못한다. 따라서 선지식'만'으로는 문학적 이해 과정이 실패로 돌아갈 수밖에 없다. 반면, 선이해는 이미 해석한 작품, 또는 이미 체험한 문학세계로부터 형성된 지식이 다시금 작품으로 회귀하는 과정에서 형성되며, 작품에 대해 일종의 이해의 경로를 제공해 준다.
4) I부의 제목은 '이해'이며 그 중에서도 분석적 이해(해독)를 주된 내용으로 다룬다. 이는 주

같이 구조화될 수 있을 것이다. 우리를 문학으로 인도할 선지식은 긍정적이며 동시에 부정적인 기능을 하고 의사─문학정서는 이해될 만하면서도 실은 이해할 만한 정황을 가지고 있지 않다. 문학으로 들어가려면, 문학의 왕국에 작품이라는 성채가 굳게 철문을 닫고 서 있는 정경을 보고 있어서는 불가능하다. 아이러니컬하지만, 문학에 들어가려면 먼저 문학 속에 있어야 한다.

나. 문학에의 접근

정윤의 이야기에서 두 번째로 생각할 점은 '문학을 읽게 하는 힘은 무엇이냐' 하는 것이다. 문학은 읽혀짐으로써 독자와 관계를 형성한다. 문학의 뜻에 대해서는 일찍이 경험한 적이 없었고 현재의 시점까지도 이 사실에는 변화가 없지만, 우리의 시각에서 볼 때, 정윤은 초등학교 1학년 때 이미 시를 접했고, 유치원이나 어쩌면 어린이집을 다니던 그 이전에 벌써 동화책이나 그림책을 통해 문학에 입문했다고 볼 수 있다. 그 이름이 문학이 아니었을 따름이고, 아이러니컬하게도 '문학'에 대해 안내를 받게 되자 문학이 어려워졌을 뿐이다.[5]

체의 해석적 위치가 중요한 의미를 갖는 '감상'과 구분하여 내용을 기술했기 때문이다. 하지만 이 단계를 명명하면서 '관심 단계'라고 명명했는데, 이는 '문학적 이해의 이해 단계'라는 용어의 동어반복성을 피하고 이해의 시작점을 드러낼 수 있어서였다.

5) 여기서 문학은 용어화되지는 않았더라도 몇 가지 개념에 근접해 있다. 문학은 '공감적 독서물'이다. '역할을 부여하는 이야기'이며, '상상적 세계'이다. 또한 '교감하는(공통감을 형성하는) 독서물'이기도 하다. 여기에는 어느 정도 중핵적인 요소로 널리 인정되는 것들이 포함되어 있다. 게다가 이 개념 요소로는 아이의 인지 능력으로도 초등학교 저학년에서부터 문학의 관념을 형성할 수 있다. 하지만 문학을 문학으로 경험하는 것이 이 시기에 필요한가에 대해서는 논란이 있을 수 있다. 개인적 생각으로는 이 시기에 문학은 단지 경험적 대상인 것만으로도 충분하다고 본다. 문학, 혹은 그것의 대용어를 굳이 사용할 필요가 없다는 뜻이다. 국어교육에서 영역의 문제에 대해서는 이미 최지현(2006 : 232)에서 밝힌 바 있다. 이에 따르면, 영역을 이유로 문학을 문학으로 가르쳐야 하는 논리는 적합한 근거를 가지고 있지

정윤이 문학에 입문하게 된 과정은 수많은 사람들이 첫 선물을 받았을 때의 상황처럼 매우 특수한 것인 만큼, 그 나이 또래의 아이들의 이야기로 일반화하기는 어렵다. 다만 한 가지 분명한 것은 정윤의 이야기에서 문학의 경험은 일회적인 것이 아니라 반복적인 것이었으며, 이때 문학의 경험은 방법에 의해 주어진 것이 아니라 동기가 주어졌다는 것이다. 정윤의 작품 읽기는 교실에서는 시 읽기라든가, 이야기 읽기 같은 이름으로 불렸지만, 정윤 자신이 시의 정체나 이야기의 속성을 의식하고 읽었던 것 같지는 않다. 읽은 만한 것이라서 작품을 읽은 게 아니라 작품 밖에서 읽게끔 하는 어떤 요인이 있었기에 정윤이 그 작품을 읽었다는 것이다.

정윤은 주인공의 시점에서 작품을 읽었다. 하지만 주인공이 되어 상상한다는 것은 주인공의 입장이 되었을 때에야 가능한 행위이다. 그러니 이 방법은 차츰 쉽지 않은 일이 되어갈 것이다. 왜냐하면 정윤은 상상하는 법에 대한 교육은 별도로 받아본 적이 없었기 때문이다. 단지 이 나이의 아이들이 대체로 동일시를 통해 작품 읽기를 수행하는 것처럼, 물활론적(物活論的) 사고가 충만한 시기에 그에 맞는 우화, 동화, 애니메이션 등을 경험하면서 사물들과 공감 관계를 형성하는 상상의 학습을 자발적으로 해 왔던 것이 밑바탕이 되었다고 할 수 있을 것이다.

그리고 이로부터 정윤이 고집스럽게 반복해서 읽었던 책, 예컨대 그래픽 노블의 형식에 조금 더 가까운 만화『그리스·로마 신화』라든가 게임 캐릭터를 빌려와 이야기를 꾸민 만화『메이플 스토리』, 아동용으로 변안된『이상한 나라의 앨리스』, 또는『마법의 설탕 두 조각』같은 동화들은 고집스럽게 반복해서 읽는 가운데 정윤에게 오히려 좋은 학습 경험이

못하다.

되었을 것으로 생각한다. 만약 다독(多讀)에 대한 부모의 집착이 정윤의 책 읽기를 변화시킬 정도로 상당한 영향을 끼쳤다면, 정윤은 자기 나이에 적합한 '나-타자 관계'6)의 은유도식 형성에 어려움을 겪었을지도 모른다. 왜냐하면 그때 그 책은 반복하고 또 반복하면서 그때 갖추었어야 할 감성과 사고 성향을 갖추게끔 해야 했으니까. 대부분의 아이들에게서는 성향의 형성과 발달은 자연스럽게 이루어지는 것이므로.

이것은 문학에의 접근의 가능성에 관한 이야기이다. 하지만 이 가능성이 작품 읽기의 계기로 작용하는 것은 아니므로, 무엇이 문학을 읽게 하는가 하는 의문은 풀려야 할 과제이다. '또 다른 정윤'의 이야기에는 이와 관련한 하나의 단서가 제시되어 있다. 그것은 자발성의 가장 높은 수준을 보여주는 표지 중 하나인 '몰입(immersion)'에 의해 작품 읽기가 이루어지는 상황이다. 몰입은 타자에 대한 관심이 내재적 쾌락에 의해 충족되는 국면으로, 달리 말하면, 타자의 문제가 타자가 아닌 '나'의 문제로 파악되며, 수단적 의미에서의 집중이 아닌 그 자체가 목적이 되는 완전한 참여가 이루어지는 심리적 상태를 말한다. 그리고 그것은 예술적 경험과 매우 흡사한 관계적 상태를 지시한다.7)

정윤에게 작품 읽기의 계기가 되는 것은 성인 독자들에게서 발견하게 되는 자기 발견이나 가치 탐구 같은 동기들이 아니다. 자기 발견이나 가치 탐구는 이미 문학이라는 대상이 내면화된 상태에서 논리화한 것이며, 아직 정윤은 이러한 내적 동기를 갖지 못했다. 그 대신 정윤의 이야기에

---

6) 문학 읽기에서 '나'의 인식과 동조화는 아이가 읽는 글을 동일성 세계에서 조리 있게 파악할 수 있게 하는 최초의 동인이다. '나'의 인식은 글 속에서 타자의 동일성을 또한 만들어내는데, 이로 인해 아이가 경험하는 문학은 '풍요로운 단순함'으로 존재하게 된다.

7) 존 듀이(Dewey, 1980)는 미적 경험을 몰입과 유사한 것으로 보았는데, 그것은 몰입처럼 미적 경험 또한 하나의 통합된 경험이며 그 자체로 완결된, 만족스러운 과정으로 평가되었기 때문이다.

서 우리는 아이가 지속적인 관계를 맺게 된 또래 집단을 발견하게 되는데, 이 집단은 이 아이가 만난 첫 번째 또래 집단과는 달리 그 속의 역할과 관계도 분명하고 동질성도 매우 높은 공동체로서 특징을 지녔다. 이 집단이 중요한 의미를 지니는 것은, 현상적으로는 개별 독자의 읽기 행위이지만 실제로는 그 행위의 주체는 집단이고 그 행위의 내용은 경험의 공유 과정으로 보이기 때문이다. 같은 이유에서 또래 집단 내에서 읽을 대상이 유사하고 작품 읽기의 경험이 유사한 까닭도 그 시기의 읽기 환경이 비슷한 때문이라기보다는 오히려 집단 내 동질성을 유지해 가려는 또래 집단의 속성 때문인 것으로 보인다.

이러한 점에서 정윤은 자신이 읽는 작품의 유일한 독자가 아닌, 한 명의 '집단 독자'로서 존재한다고 할 수 있다. 말하자면, 아직까지 정윤은 고유 명사가 아닌 보통 명사로서 전혀 비개성적인 독자인 셈이다.

'문학적 이해'의 인지 과정[*]

정윤의 이야기는 결국 문학을 '문학'으로서 읽게 되는 첫 순간을 빠뜨린 불완전한 이야기이다. 정윤은 시를 읽었고, 이야기를 읽었을 것인데, 이것들은 문학과는 달리 완고하거나 혹은 느슨한 형식적 갈래 규범을 가지고 있어서 만약 정형성을 고려하여 시나 이야기를 읽게 하려 한다면, 초등학교 때와는 달리 문학 교사는 완고한 갈래 규범을 읽기 지도에 적용할 것이다. 하지만 문학은 처음부터 구체적인 대상에는 직접 대응하지 않는 추상적 관념이었을 뿐이다.[1]

그 까닭은 문학은 작품 밖으로부터 오며 적어도 이 시점까지는 독자

---

[*] 이 절의 내용은 최지현(1997a, 2012)에 바탕을 두고 있다. 이 절에서 사용되는 주요 용어들은 주로 인지주의 관점에서 설명되는 철학적, 심리학적, 교육학적 개념들로서 일차적으로 넬슨 굿맨(Goodman, 2002)을 따르고, 일반적으로 공유되는 것들은 윌슨과 케일(eds. by Wilson and Keil, 1999)를 따르는 것으로 하였다. 번역어에서는 강범모(2011)를 참조하였다.

[1] 이것이 왜 시나 소설이 아닌, 문학을 먼저 배워야 하는가에 대한 이유가 된다. 대개 상위 범주는 하위 개념들에 대한 이해에 바탕을 두고 개념적으로 구축되고 체계화되는 법이지만, 문학에의 접근은 상위 범주가 먼저이고 하위 개념이 나중에 오는 방식이 문학에 대한 더 수월한 접근을 가능하게 해 준다. 여기서 문학은 적합한 개념화를 해 줄 수 있느냐가 중요한 것이 아니라 이해하기 쉬운 도식으로 제공될 수 있느냐가 중요하다.

가 임의로 결정할 수 있는 것은 아무것도 없기 때문이다. 따라서 문학 이해의 기본 조건을 이해를 가능하게 하는 요소들의 상호 연관이라고 하고 이 연관된 요소들을 각기 이해 대상인 작품(work)과 이해의 맥락 (context), 그리고 주체(subject)라고 할 때, 우리는 문학 이해에 대한 첫 논의를 이해의 대상인 작품에서 시작할 수밖에 없다. 대상을 알아야 비로소 (대자적 존재인) 주체에 대해서 알 수 있는 것이다.

> 어쩌자고 자꾸만 그리워지는
> 당신네들을 깨끗이 잊어버리고자
> 북에서도 북쪽
> 그렇습니다 머나먼 곳으로 와 버린 것인데
> 산굽이 돌아 돌아 막차 갈 때마다
> 먼지와 함께 들이켜기엔
> 너무나 너무나 차거운 유리잔[2]

정윤은 위와 같은 형태의 문학을 먼저 만나게 된다. 이때 정윤은 벌써 고등학생쯤 되어 있어도 상관없다. 더 많은 지식이 더 많은 가능성을 열어주기는 하지만 그 지식을 다룰 능력을 함께 요구하며, 우리 앞에 놓인 것이 문학인지 아닌지 사실을 확인하듯 파악할 수 있는 것은 아니라는 점에서 그렇다. 정윤은 벌써 이와 비슷한 여러 작품을 대했을 것이고, 유비적 사유(analogical thinking)를 동원한다면 특별히 배우지 않더라도 의미의 대강을 파악하는 데에는 크게 어려움이 없었을 것이다. 정윤이 여전히 중학생으로 남아 있다고 가정하더라도, 배경지식 외에는 이러한 사실에 별반 차이가 없을 것이다.

---

2) 이용악(1988), 「막차 갈 때마다」, 『이용악시전집』, 창작과비평사.

독자가 이 텍스트에서 읽어내는 대상은 북쪽 지방 어느 머나먼 곳이며 그곳에서 추운 계절을 어찌어찌 견뎌내고 있는 한 사람이다. 이 외에는 다른 어떤 특정도 없다. 시공간적 좌표를 갖지 않은 현실의 대상이 존재할 수 없듯이 이를 통해 떠올릴 수 있는 구체적인 대상도 존재하지 않는다. 어쩌면 살이 에일 듯한 바람이 불고 이리저리 눈보라가 쳐대는 북간도 어느 술막일 수도 있고(「전라도 가시내」), 어쩌면 배 하나 드나들지 않는 블라디보스토크의 어둔 밤 한 항구일 수도 있겠지만(「우라지오 가까운 항구에서」), 어느 쪽이든 여전히 어떤 대상을 지시하는지 알 수 없다는 점은 매일반이다. 그렇기 때문에 이 텍스트를 상황적으로 이해하기 위해서는 빈 부분을 상상으로 보완해야 한다.

이러한 이해 과정을 재진술하면, 상상적으로 구성된 세계는 세계에 대한 상상적 이해 그 자체라고 할 수 있다 : 언어의 기능으로 보면, 문학적 언어는 표시(denotation : 외연)가 아닌 예시(exemplification)의 언어이다.[3] 그렇기 때문에 문학 텍스트는 대상 세계의 일부만 보여줄 뿐이며 그에 따라 불가불 이해의 불완전함을 야기하게 된다. 독자는 예시된 대상 세계의 온전한 전체성을 확보하기 위해 상상력을 통해 보완하려 한다. 이때 언어는 상징적 표상을 통해 세계의 모습을 환기하는 기능을 갖게 되는 것이다.

이렇듯 이해 과정에서 전체성을 갖게 되는 언어는 문학적 언어 자체가 대상의 전체성을 포착하고 있는 것으로 받아들여지게 하는 효과를 갖는다.[4] 따라서 「막차 갈 때마다」의 세계는 텍스트 산출 과정에서는 확정되어 있지 않고 텍스트 이해 과정에서 체험[5]을 통해 비로소 구성되는

---

3) 넬슨 굿맨(Goodman, 김혜숙·김혜련 공역, 2002 : 52−57).
4) 하지만 주지하는 바와 같이, 문학 텍스트는 독자에 따라 다르게 읽혀질 수 있으며 그것은 예시된 대상의 다른 부분들을 다른 방식으로 상상하기 때문이다.

세계로 보게 되는 것이다. 이를 우리는 텍스트와 구분하여 작품(work : discourse)이라고 부른다.

문학을 실체로 볼 것이냐, 아니면 작용으로 볼 것이냐 하는 문제는 적어도 여기서는 대립되어 있다기보다는 서로 다르게 초점화 되어 있는 것으로 보인다. 문학 텍스트는 시학적 텍스트로서 인지되지만 수사학적 텍스트로서 실현 조건을 갖는다.[6]

작품을 읽기 전 이미 마주 대하는 문학은 단단한 성벽으로 둘러쳐져 있든, 아니면 흔적으로만 남아 있든 간에 그 성채의 윤곽만으로도 시학적이며 존재론적이다. 그것을 구성하는 원리들, 예컨대 상징, 알레고리, 역설, 반어 등은 특정한 표현 맥락을 갖는 수사적 책략이라기보다는 그 자체가 인지적 과정이자 그 원리들이다. 문학 텍스트 이해에 작동하는 지식들의 축적된 목록과 그 배경이 되는 문화도 문학 텍스트를 시학적 텍스

---

5) 이 책에 사용된 기본 개념들의 관계를 우선 정리해 둔다. 일반적으로 '이해'는 넓게는 지각, 판별, 분석, 해석, 평가, 감상 등을 포괄하는 상위 범주로서, 좁게는 공감, 상상, 감상 등의 정동적(情動的) 수용과는 구분되는 인지적 수용을 나타내는 개념으로 사용되는데, 이 책에서는 지각(판별), 해독(분석), 해석, 평가 등을 통칭하면서 감지처럼 정동적 성격을 갖는 인식 과정을 나타내는 개념으로 사용하였다. 이는 문학교육에서 정서적이며 상상적인 체험을 명확히 개념화할 필요 때문에 '감상'을 '이해'와 구분하여 사용하는 점을 고려한 것이다. 또한 이 책에서는 작품의 수용 과정에서 '감상'이 '체험'으로 실현된다고 보고, 이 둘을 거울상 개념으로 사용하였다. 다만, 이 책에서는 '감상'을 '체험'과 연속적이되 '체험'에 아직 이르지 않은 전 과정으로 설명하다. 이는 '감상'이 '체험'으로 실현된다는 개념 설정과는 부합하지 않는 측면이 있기는 하지만, 이해와 평가 대상으로서의 작품과 체험된 작품을 구분하는 데에는 유용하다고 보았기 때문이다. 여기서 전자는 작품, 후자는 작품세계로 구분하여 명명하였다. '수용'은 '이해'와 '감상'('체험')을 통칭하는 용어로 사용했지만, 특별히 개념화하거나 부각되지는 않았다. '향유'는 문학 수용이 일정한 수준에서 지속되는 심리적·사회적 상태를 가리키지만, 이 책에서는 문학 수용이 다른 독자들의 체험과 공유됨으로써 개별 작품을 넘어서 문학에 대한/을 통한 보편적 수용에 이르게 되는 상태를 나타내기 위해 별도로 개념화하였다. 이 개념에 근거하여 이 책은 문학교육이 수단으로서가 아니라 과정으로서 의의를 갖는다고 보았다.

6) 실체로서의 문학관이 문학을 시학적 텍스트로 보고 있다면, 작용으로서의 문학관은 수사학적 텍스트로서 문학을 보는 입장이다. 수사학적 텍스트의 성격에 대해서는 김혜련(2007)의 논의로부터 일부 아이디어를 얻었음을 밝혀둔다.

트로 만드는 원리들이다. 이것들은 예컨대 선택 제약(selection restriction)이
라는 의미론적 맥락화의 제한 조건을 배제할 수 있게 하는 문학 텍스트
의 상위 규범이 된다. 따라서 이것들이 문학 텍스트를 구성하는 원리가
된다고 이해하는 것은 문학을 실체로 받아들이는 인지 과정이 된다고
할 수 있을 것이다.

반면에 문학 텍스트가 이해되는 과정에서 이러한 지식들이 상상적으
로 작용한다는 사실은 문학 텍스트가 수사학적 텍스트[7]로서 작동함을
보여준다. 문학 텍스트에서 독자가 대하는 것은 기호화된 진술이다. 이
것은 누군가의 담화라는 점에서, 그리고 기호화되어 있다는 점에서 양면
성을 갖는다. 전자의 측면에서는 구체적이며 수행적이고 의도적이다. 후
자의 측면에서는 추상적이고 제시적이며 그 스스로 객체화된 것이다. 독
자는 이 양면적 얼굴의 후자를 만난다. 전자의 측면에서 후자를 보았을
때, 문학 텍스트는 기호 너머를 읽어내라고 요구한다. 후자의 측면에서
전자를 보았을 때, 문학 텍스트로부터 환기되는 것은 기호를 통해 예시
된 것들의 표본이어야 한다고 주장한다.

따라서 어떤 텍스트가 문학 텍스트로 이해되기 위해 요구되는 최소
조건은 그 텍스트가 무엇인가를 예시하고 있다고 깨닫게 되는 것이다.
이때 예시된 세계에 대한 인지는 대상에 실재감을 부여하는 방식으로
상상을 뒷받침한다. 「막차 갈 때마다」에서 '유리잔'은 유리라는 재질과
'차갑다'는 속성 외엔 구체적 맥락을 가지고 있지 않다. 하지만 독자가
북쪽 머나먼 곳에 와 있는 사내를 떠올렸을 때, 유리잔에 담긴 독주(毒酒)
가 만들어내는 강렬한 감각은 시적 상황의 구체성을 조성하는 한편 응
집된 시상을 조직한다.[8] 말하자면 '유리잔'은 예시적 기능을 수행하게

---

7) 이때의 수사학적 텍스트란 문학이 대화적이며, 설득적이고, 따라서 전략적이며, 표현적이라
   는 것을 드러낸다.

되는 것이다.

어쩌면 「막차 갈 때마다」가 읽혀지는 다른 맥락―이를테면, 시라는 관습 밖에서 읽혀지는 맥락―에서 이 텍스트는 (결핍된 정보들로 인해 불완전하게 표시되어 있는) 의미화가 유보된 어떤 편지의 일부로 여겨질 수도 있다.[9] 따라서 '예시'의 인식은 텍스트를 둘러싼 문화적 합의(cultural consensus)과 독자 사이의 임의적 규약에 의해 현실화된다고 할 수 있다.

이러한 문학 이해의 과정은 두 개의 도전을 마주대한다. 첫째는 이 텍스트가 표시가 아닌 예시를 통해 대상을 가리킨다는 것을 어떻게 알 수 있느냐 하는 것이며, 둘째는 이 텍스트를 이해하게 되는 각 계기들은 어떻게 그 정합성을 보증 받을 수 있느냐 하는 것이다. 환언하면, 앞의 것이 이 텍스트를 어떻게 문학 텍스트로서 이해할 수 있느냐 하는 의문을 제기하는 것이라면, 뒤의 것은 문학 텍스트의 이해를 어떻게 합리적인

---

8) 먼지와 (유리잔에 담긴) 독주는 건조하고 습한 상충된 심상을 지닌 소재로서 시적 화자가 놓인 상황의 외연을 만드는 직접적인 감각적 대상이다. 이때 먼지는 기차가 떠나고 남은 자리에서 일어나는 것이기에 남겨진 자의 팍팍한 현실을 환유하며, 독주는 이 사실을 잊고자 하는 내면 심리를 환유한다. 습한 것으로 건조한 것을 누그러뜨린다는 발상은 이 둘 사이에도 환유적 관계가 형성됨을 보여준다. 그런데 이 유리잔은 그 자체로도 모순된 심상을 갖는다. 잔에 담긴 독주는 높은 알코올 도수로 인해 불의 심상을 갖는데, 이는 뜨거운 감정을 은유한다. 동시에 잔은 그것의 차고 투명한 형상성으로 인해 얼음의 심상을 갖는데, 이는 차가운 이성을 은유한다. 말하자면, 이 냉온의 모순된 심상은 다시 만나고 싶은 내면의 감성과 그럴 수 없음을 깨닫는 이성의 상충됨을 은유한다. 따라서 '유리잔'은 「막차 갈 때마다」의 초점화된 시적 대상이자, 은유와 환유를 통해 시적 상황 전체를 유기적으로 조직하는 원리가 된다.

9) 다만 편지일 경우에조차 여전히 우리로 하여금 상상하게 할 수도 있는데, 이때에는 편지는 문학적 텍스트의 한 실현 방식으로 수용되며 그렇게 수용되게 하는 규약이 만들어지게 된다. 참고로, 「심인(尋人)」(황지우)에서처럼 대상을 표시하고 있는 듯 보이는 문학 텍스트의 경우는 그 '대상'이 표시된 대상보다 더 확장되어 있거나 혹은 그 이면에 놓여 있는 것으로 여겨진다. 곧 「심인」에서 대상은 내가 신문 광고 문안이나 어떤 신문 광고를 읽었다는 사실이 아니라 자식 세대의 실종과 가족 해체라는 고통스러운 현실이 다른 사람에게는 아무렇지도 않게 받아들여지는 일상성이 되는 것이다. 따라서 1-3연의 신문 광고 문안은 여전히 '예시'적인 것인 셈이다.

인지 과정으로 받아들일 수 있느냐 하는 의문을 제기하는 것이라 하겠다. 이 둘은 모두 문학교육의 성립과 관련한 핵심 질문들에 속한다.

가. 지각과 감지

문학은 텍스트를 통해 물질성을 갖게 되며 작품을 통해 전체성을 갖게 된다. 텍스트의 물질성은 문학이 지각 가능한 것임을 나타내며, 전체성은 문학이 완전한 하나의 세계를 구성함을 나타낸다. 이 둘에 임하는 주체의 존재 방식은 연속적이기는 하지만 서로 독립되어 있다.

이 진술은 앞서 제기한 두 가지 핵심 질문에 대한 답을 이끌어내기 위한 전제가 된다. 먼저 문학 텍스트는 지각될 수 있다. 문학 텍스트는 다른 여타의 텍스트들처럼 언어 맥락(literary context)과 문자 기호에 부수한 비문자적 자질(non-literal feature of text), 그리고 이 둘을 둘러싸고 관습과 규약을 구성하는 문화적 합의(cultural consensus)로 구성되어 있는데, 이 가운데 언어 맥락은 언어 기호로, 텍스트의 비문자적 자질은 비언어적 기호로, 특히 언어 기호와는 다른 층위의 형식 표지들을 통해 직접적인 지각 대상이 된다. 문화적 합의는 직접적인 지각적 대상은 아니지만, 언어 맥락 및 비문자적 자질들을 통해 흔적처럼 남겨짐으로써 객관화되며, 이를 통해 간접적으로 지각될 수 있다.[10]

이제 이것은 일종의 '되먹임 고리(feedback loop)'의 산출 효과를 만들어

---

10) 이 개념들에 대해서는 최지현(1997a : 15-42)를 참조할 것. 언어 맥락은 일반적으로 문맥이라고 가리키는 것이고, 비문자적 자질들은 텍스트에 '대응하는(par-a-phrase)' 기표들을 가리키는 것이며, 문화적 합의는 흔히 '텍스트의 결'이라 말하는 맥락의 계열들을 가리키는 것이다. 비문자적 자질들이 텍스트에 종속된다기보다는 대응하고 있다는 인식은 때로 비문자적 자질에 의해 문맥의 의미가 역전되기도 하기 때문이다. 보통 감상 이론에서 이 부분은 문맥에 담긴 시인/작가의 정서적 태도를 나타낸다고 설명된다.

낸다.

'김종수' 80년 5월 이후 가출
소식 두절 11월 3일 입대 영장 나왔음
귀가 요 아는 분 연락 바람 누나
829-1551

'이광필' 광필아 모든 것을 묻지 않겠다
돌아와서 이야기하자
어머니가 위독하시다

'조순혜' 21세 아버지가
기다리니 집으로 속히 돌아오라
내가 잘못했다

나는 쭈그리고 앉아
똥을 눈다11)

1-3연의 심인 광고 속 화자는 각기 다르지만, 다들 안타까운 사연 하나씩을 가지고 있다. 하지만 텍스트의 화자는 이를 전하면서도 그저 "나는 쭈그리고 앉아 / 똥을 눈다"는 투의 무관심을 드러낸다. 그런데 이 시구절은 과연 무관심의 태도를 드러내는 것일까? 여기 '나'로 등장하는 화자와 작품의 서정적 주체는 같은 목소리를 내는 동일한 존재인가?

이 작품에 관한 한 학생의 감상은 비문자적 자질에 대한 반응이 어디서부터 오는지 잘 보여준다.

11) 황지우(1983), 「심인」, 『새들도 세상을 뜨는구나』, 문학과지성사.

나도 신문에서나 그림으로 "사람을 찾습니다!"라고 쓰여 있는 것을 종종 본적이 있다. 그때 그런 글을 볼 때면 '불쌍하다', '안타깝다', '안 됐다', '슬프다', '이 가족들은 어떻게 살까?'라는 등 그 가족들과 그 사람을 걱정하는 마음이 든다. 근데 이 시를 읽고 마지막에서 너무 어처구니없었다.

"나는 쭈그리고 앉아 똥을 눈다."

라는 구절은 처음에 읽었을 때는 이해가 안 갔다. 사람이 불쌍하게 느끼는 마음도 없는 냉혈인 같아서 정말 짜증났다.

오늘 외재적 관점을 배웠는데 이 시도 외재적 관점에서 정말 중요한 것을 나는 이 글을 처음 봤을 때는 몰랐지만 한 블로그를 통해 알게 되었다. …… 그렇지만 처음부터 마음에 안 들었던 시가 이런 사회 배경을 가지고 있더라도 혹시 정말 이 시인이 매정한 사람이어서 자신의 똥에만 집중하는 사람일 수도. 그래서 나는 황지우 시인의 심인이 지금도 마음에 들지는 않다.[12]

이 학생은 내재적으로는 텍스트의 화자가 사람들의 슬픈 사연에 무관심한 존재로 그려졌다고 여긴다. 그리고 화자를 서정적 주체와 일치시켜 시인의 태도가 그러하다고 여긴다. 또한 시인이란 텍스트 내에서 자기 정체성을 보이는 존재이며, 작품의 배경이 되는 시대적 상황이란 참조용 자료일 뿐 작품의 내적 의미를 변화시키지 못한다고 본다.

그러니까 일상의 언어생활에서 표현과 의미가 일치하지 않는 담화들을 항용 목격한다 하더라도, 문학 텍스트는 일상의 담화들과는 달리 통일적이고 완결된 의미 구조를 갖는다는 것이며, 문학 텍스트는 표현된 것에 의미가 존재한다는 것이다. 그가 생각한 내재적 관점이란 이런 것

12) 현직 국어 교사가 운영하는 카페에 올라온 학생의 감상 중 일부이다.
http://cafe.daum.net/kmhsj/8B1i/29?docid=3929393653&q=%C8%B2%C1%F6%BF%EC%20%BD%C9%C0%CE&re=1

이다.

그런데 만약 이 학생이 그가 생각한 '외재적 관점'을 이미 갖추고 있는 독자였다면, 그에게 내재적 관점이란 어떤 것이었을까? 이를테면, 문학은 통일적 구조여서 표현과 의미가 일치한다고 가정한다면, 그와 같은 논리에서 무관심함은 무관심의 태도를 표출하는 것, 곧 4연을 제시하지 않는 것이 내재적 관점에 더 가까웠을 것이다.[13] 따라서 그는 무관심을 드러내는 것은 의도적인 행위라고 여기고 그는 텍스트의 화자가 자발적 무관심보다는 무력감이나 절망감에 사로잡힌 무관심을 보여준 것이라고 '내재적'으로 읽어냈을 것이다.

이렇게 볼 때, 이 텍스트에서 화자의 행위가 갖는 의미는 외부로부터 들어온 것이다. 내재적이라고 이름을 붙인다고 하더라도, 그것 역시 외부로부터 들어온 의미의 맥락이 된다. 하지만 그렇게 들어온 의미 맥락은 언어 맥락과 비문자적 자질에 일종의 흔적을 남긴다. 예컨대 이 텍스트에서 독자들은 왜 하필 '똥을 눈다'일까에 의문을 갖게 된다. 신문지를 화장실 화장지의 용도로 사용하기도 했다거나 화장실을 이용하면서 신문을 읽는 일이 일반적이었다거나 하는 사실도 어느 정도 텍스트의 의미 맥락과 연관되지만, 어떤 사회 현상을 알게 된 것과 배설 사이의 묘한 대칭 관계는 단지 시라고 하는 문학 형식의 독특한 리듬 구조를 보여주는 단서로서만이 아닌, 의미적 대립 구조[14]를 보여주는 단서로서 주

---

13) 7, 80년대에 걸쳐 일간 신문 사회 중간 부분에는 각각 가로 1센티미터 세로 3.5센티미터 정도 되는 1단 광고 수십 개가 2단이나 3단에 걸쳐 빼곡히 자리 잡는 소시민・소상공인들의 구인・구직・판매 광고들이 있었다. 그 중 80년대 초반에 특히 심인 광고가 많았는데, 이 광고가 개인들에 의해 신청되는 것이라 크기도 작고 그에 따른 글자 수의 제약도 몹시 컸다. 「심인」의 1−3연은 이 광고를 흉내 낸 것으로, 실제 광고보다는 더 많은 글자 수가 사용되었다.

14) 배설은 유기체에 있어서 원초적인 욕구이자 과정이다. 배설을 통해 유기체는 유기체의 생존에 해로운 것들을 배출해 내고 이를 통해 균형과 안정을 되찾는다. 화장실에서 용변을

목하게 된다. 따라서 텍스트 밖으로부터 온 해석적 단서는 텍스트 내부에서는 조직의 원리로 작동하며, 텍스트의 조직 원리들은 다시 문화적 합의를 만들어가게 하는 물질적 기반이 되는 것이다. 그리고 이 과정을 순환적이게 된다.

다음으로 문학 텍스트는 감지될 수 있다. 이때 '감지(perception)'란 텍스트에 대해 정서적 반응을 시작한다는 것을 의미한다. 좀 더 자세히 말해, 이때 감지는 감각기관을 통해 신경계에 전달된 일정한 강도 이상의 물리적 자극 가운데 의미를 실현하는 데 명시적으로 관련되지는 않지만 기호적 유의미성을 갖는 자극에 대해 지각하는 것을 뜻한다. 텍스트의 문자 연쇄를 일정한 의미로 수용하는 데에는 텍스트가 지닌 비문자적 자질에 대한 지각이 개입한다. 감지를 통해 독자는 텍스트의 문자 연쇄를 단지 어떤 의미로서가 아니라 어떤 정서적 공명(resonance)을 동반하는 의미로서 이해할 수 있게 된다.15)

물리적 실재성을 기준으로 하면, 비문자적 자질들은 주·객관적 속성을 지닌다. 그래서 감지를 통해 독자는 자신의 정서적 상태에 따라 시각적으로 동일해 보이는 텍스트에 서로 다른 정서적 반응을 보이게 되거나 또는 서로 '다른' 텍스트에 같은 정서적 반응을 보이게 된다. 언어 맥락이 해석을 요하는 인지적 정보들을 전달하며 그래서 본질적으로 문화적 구속성을 갖고 있는 것이라면, 비문자적 자질은 생리적 '쾌/불쾌'의 직접적 혹은 계기적 작용에 기반하여 정의적 정보들을 전달하는 기능을

하며 신문을 읽는 것은 무료함을 없애는 행위라는 무관심의 표현일 수도 있지만, 정상적이지 않은 현실을 '똥'과 대응시켜 의미론적 등가 관계를 만듦으로써 현실에 대해 취하는 최소한의 거부의 표현을 한 것일 수도 있다. 이 텍스트는 두 가지를 함께 보여줌으로써 무기력한 소시민과 그에 대한 자조적 태도를 함께, 그리고 동시에 상충적으로 보여주는 것이다.

15) 예술적 체험에서 감지의 중요성과 관련해서는 최준호(2012)를 참조할 것.

수행한다. 이것은 상대적으로 의미의 개방성에 기여한다. 이 때문에, 비문자적 자질은 오해의 기반이 되기도 하며, 역으로는 의미 생산의 자리가 되기도 한다. 예컨대, 띄어쓰기나 구두점, 어구나 행의 배열 등에 대한 관습화된 율독을 통해 텍스트가 취한 율격을 유추해 내고 이를 발화 맥락에 일치시키게 되는 경우에도, 율격의 효과는 곧잘 관습성을 뛰어넘는 영역에서 발생하곤 한다.

텍스트의 도상적(iconic) 양상으로부터 '읽기'의 단서를 발견하는 것이나 낭송을 하는 것 또한 주요한 감지의 활동이다. 예컨대, 시각적 감지에 해당하는 전자의 예로는 이상의 「오감도(烏瞰圖)」 연작 등에 나타나는 띄어쓰기의 무시나 문자의 비선조적 배열(nonlinear arrangement), 문자와 도상의 결합 등에 대해서 억압이나 불안 심리를 느끼는 것을 들 수 있을 것이다. 억압이나 불안 심리를 텍스트의 음소적 자질들로부터 감지하게 됨에 따라 독자는 텍스트를 주체의 강박증과 논리의 파탄을 드러내는 작품으로 읽을 수 있게 된다.16) 또한 청각적 감지에 해당하는 후자의 예로서, 김소월의 「금잔디」에서 '잔디, / 잔디, / 금잔디, / 深深山川(심심산천)에 붙는 불은' 하고 느릿느릿하게 읽다가 점차 빨라지며 6행 이하에 가서는 아예 민요조로 경쾌하게 바뀌어 가는 율독을 통해 음울한 기분이 점차 가벼운 흥분으로 바뀌게 되는 것을 들 수 있을 것이다. 음울한 기분이나 가벼운 흥분 등을 텍스트의 선율적 자질들로부터 감지하게 됨에 따라 독자는 텍스트를 죽은 님과의 영혼의 해후를 다룬 작품으로 읽을 수 있게 된다.17)

---

16) 하지만 다른 한편에서 독자는 유희적 즐거움을 느낄 수도 있을 것이며, 이 경우에는 텍스트를 합리성의 균열을 지닌 근대사회를 풍자하는 작품으로 읽게 될 수도 있을 것이다.

17) 하지만 다른 한편에서 독자는 별다른 정서적 동요를 느끼지 못하고 음울한 기분을 유지하게 될 수도 있으며, 이 경우에는 텍스트를 삶과 정분의 덧없음을 드러낸 작품으로 읽게 될 수도 있을 것이다.

어떤 정서적 공명이 일어났든 간에, 감지는 독자로 하여금 텍스트의 언어 맥락을 특정한 의미로 이해하게 하고 이를 상상된 체험으로 수용할 수 있게 한다는 점에서 중요한 작용을 한다. 특히 낭송은 감지에서 중요한 전략적 의미를 지닌다. 텍스트를 낭송함으로써 그것을 눈으로 읽었을 때보다 훨씬 정감적인 상태에 들어갈 수 있게 되기 때문이다.

텍스트의 '비문자적 자질'이란 텍스트가 담론으로 실현되는 과정에서 언어 맥락을 보충하거나 혹은 그것과는 독자적으로 기호적, 의미론적 효과를 발생시키는 음소적, 선율적 성분들의 속성 또는 작용을 말한다. 이때 음소적, 선율적 성분들은 음량이나 억양, 어조, 음색, 운, 율격 등과 같이 언어적 단위의 가장 기층을 이루는 항목들로 구성된다. 이런 점에서 '비문자적 자질'은 언어 맥락의 실현을 기능적으로 분담하는 텍스트의 비의미론적 성분들의 총합이라고도 할 수 있다.18)

비문자적 자질들은 언어 수행 과정에서 의미의 강화와 변주를 가능하게 한다. 더구나 그것은 태도나 정서를 표현하는 중요한 기능을 수행한다. 문자 언어를 음성 언어로 바꾸어 말할 때, 혹은 타인의 발화를 억양이나 어조, 표정 등을 바꾸어 익살을 부릴 때, 의미가 강화되거나 변주되는 것은 그것의 정서적 기능과 효과 때문이다.

언어 맥락이 해석을 필요로 하는 인지적 정보들을 전달하며 그래서

---

18) 텍스트의 비언어적 자질에 대해서는 이미 선행 연구가 있기는 하지만, 대개가 화용론이나 의사소통이론과 같이 언어의 일상적 사용, 곧 일상적 담론에 제한적으로 진행되어 왔다. 이들 연구에서는 '비언어적 의사소통' 같은 범주가 이와 관련된 논의였다. 예컨대, 그 중에는 음성언어와 변별되는 동작언어의 한 종류로 '주변 언어적 동작 언어'를 나누고 그 가운데 '동작적인 것'과 구분되는 '성음적인 주변 언어적 동작언어' 같은 것을 용어로 사용한 김진우의 예도 있다(김진우, 1994 : 93~94). 이에 따르면, 의사소통 과정에서 비언어적 자질들은 말 그대로 음성 언어와 동작 언어의 경계에 놓인 독특한 지위를 점한다. 그러나 이러한 화용론적 논의들이 문학(교육) 연구에 수용되어 검증되거나 심화된 예는 거의 없다시피 하다.

본질적으로 문화적 구속성을 갖고 있는 것이라면, 비문자적 자질은 생리적 '쾌/불쾌'의 직접적 혹은 계기적 작용에 기반하여 정의적 정보들을 전달하는 기능을 수행한다. 언어 맥락과의 이러한 차이로 인해 비문자적 자질은 상대적으로 의미의 개방성에 기여한다. 또한 비문자적 자질은 담론적 실현 과정에서 언어 맥락에 자연화되는 경향을 가짐으로써 이에 보충적인 기능을 수행하지만, 그 효과는 발화 맥락의 의미 실현으로 완전히 끝나지는 않는다. 이 때문에, 비문자적 자질은 오해의 기반이 되기도 하며, 역으로는 의미 생산의 자리가 되기도 한다. 다시 말해, 독자들이 율격을 띄어쓰기나 구두점, 어구나 행의 배열 등에 대한 관습화된 율독으로 파악하고 이를 발화 맥락에 일치시키는 경우에도, 율격의 효과는 곧잘 관습성을 뛰어넘는 영역에서 발생하곤 한다.[19)]

속성 면에서 텍스트의 비문자적 자질은 두 개의 차원을 갖는다. 그리고 각 차원은 서로 다른 속성을 지닌다. 첫째, 음량이나 음색, 운, 억양 등과 같이 텍스트의 언어적 단위에 결속되는 음소적 층위에서 음소의 반복이나 대립, 교차 등을 통해 기표들 사이의 기호적 관계(semiotic relation)를 형성하는 비문자적 자질을 음소적 자질이라 한다. 이 자질은 주로 기호적 관계를 형성하고 강화하며 혹은 그것에 저항하기 때문에, 화자의 무의식에서 동일시하거나 지향하거나 혹은 대상화하려는 태도 표현의 기능을 수행한다. 다만 음소적 자질은 대개 텍스트에서는 직접 실현되지 않고 언어 맥락에 동반하는 표지들을 통해 추정될 뿐이다.[20)]

19) 하지만 이러저러한 아이콘들을 글에 사용하는 행위—글자의 크기나 색상, 글자체 등을 바꾸는 것이나 문장부호들, 상형적 아이콘들, 기호적 아이콘들, 그리고 이모티콘 등을 특정한 의미로 사용하는 것—가 특정한 글쓰기의 방식으로 인정되는 조건에서 특정한 정서적 반응을 유도하는 것을 볼 때, 감지 역시 언어 문화적 조건과 가능성을 가짐을 알 수 있다.
20) 예외적으로 '운'은 텍스트에 직접 실현되기도 한다. 이 때문에 흔히 '운율'이라는 용어에서처럼 율격과 묶어 논의하는 예가 많다. 운의 효과가 병치, 혹은 선조적 배치에 의해 실현된다고 할 수 있기 때문에, 선율적 차원에 놓이는 것이 더 적절하지 않을까 하는 의견도 있

둘째, 율격이나 어조와 같이 텍스트의 언어 맥락이 구성되는 것과 동시적으로 실현되는 비문자적 자질을 선율적 자질이라 한다. 선율적 자질은 음소적 자질의 연장(extension), 곧 시간적 지속성에 의해 음소적 자질을 확장시키는 것이기 때문에, 주로 호흡의 단위와 관련된다. 그러나 이 호흡은 통사론적 단위와 일치하지 않으며, 오히려 한편으로 생리적 호흡의 단위에, 다른 한편으로 의미론적 단위에 걸쳐 있다.[21] 이것들은 독서 과정에 임한 독자들에게는 객관적인 실재로 인식되기는 하지만, 텍스트에서는 문자적 배열 속에 흔적으로만 존재한다. 다시 말해, 율격과 어조는 텍스트 자체로는 미결정된 자질인 것이다. 그 때문에, 선율적 자질은 텍스트가 그 자체로 남아 있을 때에는 실현되지 않다가 하나의 담론[작품]으로 실현되는 순간 비로소 실현된다. 또한 이는 주로 기호적 관계의 맥락화를 통해 작동하기 때문에, 화자의 무의식으로부터 심리적 항상성이

을 수 있다. 그러나 운은 시간적으로 지각될 뿐이지 그 자체가 시간적인 지속을 통해 율동적으로 작용하는 것은 아니다. 운은 소리의 강도나 양상에 관련되어 있는 반면, 율은 소리의 지속과 관련되어 있다.

21) 이것은 호흡의 단위가 동시에 의미와 정보의 단위가 되기도 한다고 한다. 이호영(1991 : 131) 참조. 그런데, 생리적 호흡의 단위가 의미의 단위에 연결되는 점은 다음 두 가지 판단을 가능하게 한다. 첫째, 텍스트의 의미 실현에 생리적 차원의 제한이 있다는 것. 둘째, 그럼에도 불구하고, 실제의 독서 과정에서는 의미의 단위가 호흡의 단위에 '저항'하고 있다는 것. 곧 의사소통적 동기가 텍스트의 생산의 효과(독자 쪽에서 볼 때 텍스트가 만들어지는 가운데 의미 이전에 원초적으로 발생하는 쾌감)에 저항하고 있다는 것. 첫 번째 판단은 텍스트에 대한 기호학적 해석으로도 의미가 완전히 소진되지 않는 이유를 설명해 준다. 텍스트를 마주 대하여 주체는 그것이 자신의 관할권 밖에 놓여 있음에 불안해하게 되고 이를 극복하기 위해 의미에 망을 그 위에 덧씌우려 한다. 이때 관점에 따라서는, 의미에 대한 텍스트의 저항을 말할 수도 있을 것이며, 또는 텍스트에 대한 주체의 저항을 말할 수도 있을 것이다(일상적 의사소통의 관습에 대해 시 담론의 관습을 통해 저항하는 것, 그리고 시 담론의 관습에 대해 텍스트의 발화적 맥락을 통해 저항하는 것. 혹은, 그 역―여기서는 담론적 실현에 의해 텍스트의 의미가 완전히 소진되지 않는 점과 담론적 실현이 텍스트의 의미를 제한하려는 시도로서 존재하는 점이 아울러 설명된다.) 따라서 두 번째 판단에서 우리는 주체에 대한 텍스트의 저항이라는 관점을 텍스트에 대한 주체의 저항으로 뒤바꾸어 놓는다. 이는 주체 부재, 혹은 다중 주체에 직면한 주체의 불안감을 적절하게 표현할 수 있다는 판단에서이다.

나 변화를 드러내는 정서 표현의 기능을 수행한다.

텍스트의 음소적, 선율적 자질은 정서나 태도의 직접적이고 기초적인 단위를 형성해 주는 것이므로, 둘 다 정동적 심리와 텍스트 사이의 유연한 관계성을 갖는 것으로 보인다. 그러나 물리적 실재성을 기준으로 하면 텍스트에서 이 두 자질은 모두 실재하지 않는 것들이다. 오히려 이 자질들은 독자의 심리 과정에서 구성되는 것들이며, 이 때문에 객관적이라거나 주관적이라고 단언할 수 없는 주·객관적 속성을 갖게 된다. 경험적으로 보아도, 우리는 주어진 어떤 텍스트에서 억양이나 음색의 반복 또는 교차, 율격이나 어조 등이 만드는 정서적 효과에 비교적 유사한 반응을 보인다. 경우에 따라 3음보니 7·5조니 하는 것들은 매우 안정적인 텍스트의 물리적 조건인 것처럼 보인다. 이는 비문자적 자질이 텍스트에 실재하기보다는 문화적으로 공준된 것임을 말해 준다. 언어 맥락에 대해 은유도식이 작용하는 것처럼 비문자적 자질은 보편적으로 작용하는 실체성을 갖는다. 이러한 점은 시각적으로 '동일해 보이는' 텍스트에 서로 다른 정서적 반응이 나타나거나 또는 서로 '다른' 텍스트에 같은 정서적 반응을 보이게 하는 문화의 작용력을 설명해 준다.

감지의 작용은 표현 층위에서 텍스트를 음성적으로 실현시키는 방식으로도 나타난다. 요즘은 흔한 일이 아니게 되었지만, 낭송이 그러한 예에 해당한다. 완전히 묵독을 통해 실현되는 텍스트가 아닌 경우, 시나 소설 어느 쪽이든 음성적 실현의 심리적 중요성은 매우 높다고 할 수 있다. 산문의 경우 문체론적 논점들이 음성적 실현과 긴밀히 관련된다.

우리 아저씨 말이지요? 아따 저 거시키, 한참 당년에 무엇이냐 그놈의 것, 사회주의라더냐 막덕이라더냐, 그걸 하다 징역 살고 나와서 폐병으로 시방 앓고 누웠는 우리 오촌 고모부(姑母夫) 그 양반⋯⋯.

뭐, 말도 마시오. 대체 사람이 어쩌면 글쎄…… 내 원!

신세 간데없지요.

자, 십 년 적공, 대학교까지 공부한 것 풀어 먹지도 못했지요. 좋은 청춘 어영부영 다 보냈지요, 신분에는 전과자(前科者)라는 붉은 도장 찍혔지요. 몸에는 몹쓸 병까지 들었지요.

이 신세를 해가지골랑은 굴속 같은 오두막집 단칸 셋방 구석에서 사시장철 밤이나 낮이나 눈 따악 감고 드러누웠군요.

재산이 어디 집터전인들 있을 턱이 있나요. 서발막대 내저어야 짚검불 하나 걸리는 것 없는 철빈인데.

우리 아주머니가, 그래도 그 아주머니가, 어질고 얌전해서 그 알량한 남편양반 받드느라 삯바느질이야 남의 집 품빨래야 화장품장사야, 그 칙살스런 벌이를 해다가 겨우겨우 목구멍에 풀칠을 하지요.

어디루 대나 그 양반은 죽는 게 두루 좋은 일인데 죽지도 아니해요.[22]

「치숙」의 주인공이자 서술자인 '나'가 사용하는 화법은 높임법에 따라 텍스트에 반영되기도 하지만 텍스트의 언어 맥락에는 직접 노출되어 있지 않은 '어조'를 통해서도 실현된다. 특히 후자는 '나'의 발언이 갖는 신뢰성에까지 영향을 미친다. '아저씨'에 대한 '나'의 빈정거림만큼이나 청자를 향한 서술자의 보고적 태도는 텍스트 문면에는 드러나지 않는 심리 태도에 대한 정보를 제공한다.

나. 인지 통합

언어는 기호를 통해 대상을 가리킨다. 이때 언어는 기호의 가장 작은

---

22) 채만식(1938), 「치숙」, 동아일보, 1938.3.25.−3.30. 본문 일부.

단위로부터 가장 큰 단위에 이르기까지 독립적으로, 또한 연쇄적으로 작
동하면서 하나의 텍스트로 기능하게 된다. 언어가 동원하는 기호는 지시
대상을 표시하기도 하며 예시하기도 한다. 대상 지시의 기능은 언어가
추상적 관념을 갖고 있기 때문으로, 예컨대 내 눈 앞에 보이는 허리춤까
지 자란 황갈색의 한 무더기 갈잎은 '갈잎'으로 추상되어 기억 속에 존
재하며, 어깨높이까지 자란 갈잎이든, 화병으로 옮겨진 갈잎이든 모두
동일한 추상으로 간직된다. 만약 이것이 기억으로부터 호출될 경우라면,
표상되는 것이 표시인지, 아니면 예시인지 판단되어야 한다.

　기호는 추상적이다. 그렇기 때문에 모든 구체적인 대상을 함의한다.
시어 '갈잎'은 모든 구체적인 갈잎들을 함의한다. 따라서 기호로서의 '갈
잎'은 구체적인 사물인 어떤 갈잎을 지시할 것이며, 그것에 대한 관념으
로서의 지시 대상을 표시하게 될 것이다. 반면 구체적인 사물과 대응하
지 않는 지시 대상에 대해 '갈잎'은 그 전모를 드러낼 수 없다. 이 경우
'갈잎'은 불완전하게 인지된 대상이 된다.

　　바다소리가 들리는 언덕에
　　갈잎은 외롭다,
　　외로운 갈잎처럼.

　　바람은 자고
　　별은 숨고.

　　하늘에는 달이
　　달에는 항구(港口)의 등불이 비쳐 있다.[23]

---

23) 장만영(1964), 「항구」, 『장만영 선시집』, 성문각.

독자는 이 텍스트에 사용된 '갈잎'이 실제 사물을 지시한다고 생각하지 않는다. 실제의 '갈잎'은 외로울 수 없고, '달'이나 '항구(港口)의 등불', 어쩌면 자신을 노출시키고 있지 않은 화자(서정적 주체) 자신과 견줄만하지 않기 때문이다. 또한 어떤 추상적 관념을 표시하고 있다고 보지 못하는데, 이는 표시되는 관념이 개념적으로 명료하게 파악될 수 있어야 한다는 요건에 부합하지 못하기 때문이다. 이렇듯 '외로운 갈잎'의 표상은 실재할 수 없는 대상에 대응해야 한다는 점에서 인지 갈등24)을 야기한다. 결과적으로 이해된 맥락에서 보면, 이 인지 갈등은 대상에 대한 독자의 정서 반응25)을 유발하며, 다시 이 정서 반응은 그것이 지각된 경험으로부터 직접적으로 야기된 것이 아니라 인지 과정 속에서 형성된 것―곧 심리적 대상―임을 인정하는 방식으로 불일치를 해소하게 된다.

인지 갈등의 해소는 서로 다른 두 방향으로 전개될 수 있다. 그 중 하나는 인지 선택으로, 갈등의 요인이 되는 요소들에 대해 선호에 따라 갈등의 요소 중 어느 하나의 가중치를 변화시킴으로써 선택의 긴장도를 줄이거나 인지적 일관성을 유지하는 선택을 말한다. 이를테면, '갈잎은 외로울 수 없으므로, 표현 중 어느 하나를 잘못 표기했거나 배열했을 것이다' 같은 선택을 할 수도 있고, '외로운 주체가 갈잎일 리 없으므로, 그 대상은 갈잎이 아닌 다른 무엇일 것이다.' 같은 선택을 할 수도 있다. 여기서 전자는 해독 과정에서, 후자는 해석 과정에서 각기 인지 갈등을

---

24) 장 피아제(김억환 역, 1993). 피아제적 맥락에서 인지 갈등은 인지적 평형이 깨진 상태를 의미한다. 피아제는 이때 발생하는 혼란을 동화와 조절이라는 평형화를 통해 발달로 이어진다고 보았다. 이는 표상된 내용과 지시 내용의 불일치가 예시의 관계라는 인정을 통해 상상적 이해를 야기할 수 있다고 보는 이 책의 관점과 부합한다. 이와 별개로 인지 요소들 사이의 균형을 유지하려는 심리 성향을 검토하고 있는 다양한 균형 이론들에 대해서는 페티, 리처드와 캐치오포(Petty, Rechard. and Cacioppo, 1981 : 125-161)을 참조해 볼 수 있을 것이다.

25) 부정할 것인가, 합리화할 것인가 하는 태도의 선택에서 후자를 택하게 되는 심리적 반응.

해소하는 선택을 취한다.26)

다른 하나는 인지 통합으로, 텍스트가 지시하는 대상을 잠정적으로 실재하는 것으로 받아들이거나 혹은 상충된 정서나 가치를 통합할 상위적 원리를 인정하는 방식으로 갈등의 원인을 해소하는 것을 말한다. 이를테면, 어쩌면 '외로운 갈잎'은 존재할 수도 있고, 인간뿐 아니라 세상 만물이 모두 외로울 수도 있다고 보는 것이다. 따라서 마치 극장 문을 열고 들어가는 순간부터 모든 가능성을 열어두고 영화 속에서 일어날 모든 사건들에 순응하기로 마음먹는 관객들처럼, 인지 통합을 통해 독자는 그것이 허구임을 알면서도 그 진술이 참임을 받아들이겠다는 약속을 스스로에게 하게 된다.

문학 텍스트에 작용하는 인지 선택은 감상 이전의 갈등 해소 방법이고 문학적 체험에 국한되지 않는다. 반면 인지 통합의 경우는 그 체험을 문학적이게 만든다.27) 「항구」에서 독자는 상상력을 동원하여 인지 통합을 시도할 수 있을 것인데, 이때 표상으로서의 '갈잎'이 예시하고 있는 어떤 관념적 대상은 텍스트의 맥락 내에서 독자의 상상력이 작용하는 방향에 따라 자유롭게 변형되고 형상화된다. 이 텍스트에서 바다소리 들리는 언덕-따라서 정작 바다가 보이지는 않을 것으로 추정된다.-에서 자라난 갈잎은 '외롭다'고 한다. 아마도 바다가 보이지는 않고 소리만 들린다면 그럴 것이다. 바다를 그리는 존재인 갈대는 외로울 수도 있을

---

26) 각 단계에 대해서는 다음 항의 [그림 2]를 참조할 것. 그런데 인지 선택은 인지 갈등을 전제하지 않고서도 개념화할 수 있다. 자각하지 못할 수도 있지만, 이해의 모든 국면에서 독자는 인지 선택을 통한 의미화를 시도하기 때문이다. 이런 점에서 [그림 2]의 '＼'는 인지 선택을, '·····＼'는 인지 통합을 보여준다고 할 수 있다.

27) 이에 대해서는 다음 항의 [그림 3]을 참조할 것. 연설이나 일상의 기록 등에서 인지 통합이 동원될 경우가 있다. 이때에도 인지 통합이 문학적 체험으로 실현될 가능성은 열려 있다. 때로는 그것이 텍스트 자체를 문학적인 것으로 여겨지게 할 수도 있다. 하지만 인지 통합 자체가 문학 텍스트를 만드는 원리라고 볼 수는 없다.

것이다. '또한' 바다 보이지 않는 언덕의 갈잎처럼 바람도 '자고'[28] 별도 '숨어 버린' 하늘에는 달이 있다. 한편 갈잎과 달 사이에 맺어지는 계열적 관계는 '갈잎'의 외로움을 '달'로 전사하고, 이를 '항구(港口)의 등불'을 통해 강화한다.[29] 이를 통해 외로움이라는 정서를 만물의 존재 방식으로 확장시켜 서정적 주체에까지 이르게 한다. 야콥슨(Jacobson, 1960)이 "시적 기능은 선택의 축에서부터 결합의 축에로 등가의 원리를 투사한다."고 했을 때, 결합의 축에서 등가의 원리를 발견하는/구성하는 이는 독자이며, 그 작용 원리는 상상력이다.

이때 '갈잎'에 대한 독자의 경험은 개별적이다. 기억 속의 자원들은 독자가 상상하는 방향에 따라서 '갈잎'을 좀 더 경험적인 대상이 되게 할 수도 있고, 아니면 좀 더 관념적인 대상이 되게 할 수도 있다. 하지만 어느 쪽이든 이 경험은 동시에 보편적인 것이 된다. 기호 '갈잎'이 예시하는 대상은 당대의 언어 관습 속에 형성된 낱말밭의 일부로 존재한다. '갈잎'이 떠올리게 하는 것은 '뒷문 밖의 갈잎'(김소월, 「엄마야 누나야」)에, 돌다리를 덮고 있는 갈대(김광균, 「외인촌」)에, 혹은 바람 부는 서귀포의 '남쪽으로 쓸리는 끝없는 갈대밭'(김춘수, 「이중섭 3」)의 갈대에 자리 잡고

---

28) 맥락으로 보면, 이 표현이 '잦아들다'라는 의미를 가리킬 수도 있을 것이라고 여겨지기도 하지만, 그렇더라도 그 의미가 '눈이 감기며 의식 없는 상태가 되는 잠'의 의미망으로부터 비롯되었다는 점에는 변함이 없다.

29) 3연에서 '하늘에는 달이' 뒤에 생략되었을 진술은 2연의 맥락에 따라 (자고/숨고 → 없고) '(홀로) 있다'와 같을 것이다. 이는 마지막 행의 '비쳐 있다'와는 발화의 초점이 다른 까닭에, '갈잎'으로부터 외로움의 정서가 전사되는 것은 '달'이고, 이 '달'의 외로움은 '항구(港口)의 등불'에 의해 의미가 강화되거나 변화되는 것으로 이해된다. 그런데 외로움의 정서가 전사되는 것은 텍스트 맥락에서는 '갈잎'에서 '달'로의 방향이지만, 발화 맥락에서는 오히려 그 역의 방향을 취한다고 보게 된다. 시에서 화자의 (진술된) 직접적 경험 대상은 '달에는 항구(港口)의 등불이 비쳐 있다'는 것이며, 이때 '항구(港口)의 등불'에는 화자의 정감적 태도가 담겨 있으므로 외로움은 화자인 나의 내면에서 '항구(港口)의 등불'로, 그리고 여기서 '달'로, 그리고 최종적으로 '갈잎'으로 옮겨가게 되는 것이다. 곧 나의 외로움의 심사가 작품세계 전체를 외로움의 공간으로 전환시킨다는 것이다.

있는 에토스(ethos)이자, 외로움이나 쓸쓸함이나 그리움 같은 정조를 불러일으키는 심리 태도이다. 그렇기에 기호 '갈잎'은 단지 예시일 뿐이 아니라 공유된 관념을 전시(展示)하는 표본으로서도 이해될 수 있는 것이다.30)

다. 초점화

심리적 과정에 초점을 두고 말하자면, 이해는 대상에 대한 정신적 표상을 산출해 내는 과정이다. 정신적 표상은 심상이나 개념을 통해 이루어지는데, 이에 따라 이해는 심상 표상(심상화)이나 개념 표상(명제화)의 과정을 포함하게 된다. 이 표상들은 각기 독립적으로, 또는 연합하거나 결합함으로써 의미를 구성한다. 텍스트의 이해에서는 언어 표현을 통해 직접적으로 환기된 심상 외에도 지각적 대상들(비문자적 자질들)이나 상황적 맥락들에 의해 심상 표상이 이루어진다. 각각의 특성상 이것들이 이루어지는 텍스트 층위는 서로 다르다.31) 이러한 까닭에 심상 표상과 개념 표상이 연합하거나 결합하여 의미를 구성할 때에는 의미가 구성되는 서로 다른 층위들이 생기게 된다. 다만 이것들이 각기 독립적으로 이해될 때에는 텍스트가 하나의 대상으로 파악될 수 없게 되기 때문에, 각 층위에서 심상이나 개념의 연합과 결합이 이루고 이를 다시 층위 간에 통합해 내는 이해의 과정이 필요하게 된다. 이를 이해의 초점화(focalization)32)

---

30) 문학적 언어가 이 상상적 세계를 전시한다고 이해될 수 있는 것은, 문학 텍스트의 이해 과정에서 독자가 선택한 언어가 예시된 것에 이미 함축되어 있다고 여기는 그 세계의 의미를 포착할 때 그 의미가 비고츠키(1999)의 논의에서와 같이 독자의 내면이 아닌 사회로부터 비롯되기 때문이다. 예시적 언어는 독자에게는 일시적이며 주관적인 체험(파토스)이지만 사회 속에서 보편적 맥락으로 공유되는 심상(에토스)에 뿌리를 둔 것이기도 하다.
31) 비문자적 자질들은 문자/기호 층위에서, 언어 표현은 어휘 층위에서, 그리고 상황적 맥락은 발화/글 층위에서 심상을 형성하게 된다.

라고 한다.

텍스트의 이해는 말소리/문자의 지각에서 시작된다. 분절되어 있는 소리/형상은 각기 고유한 조음적/형상적 자질을 가지고 있으며 문학 텍스트에서는 단지 물리적 특성만을 지닌 것이 아닌, 특정한 반응에 연관되는 범주적 성격도 지닌다. 의미 단위가 되는 어휘 차원에서도 원리는 동일하다. 지각은 범주적 자질에 대한 반응으로서 일어나며 이는 각각이 고유한 경험 대상이 될 수 있는 가능성을 제공한다.33)

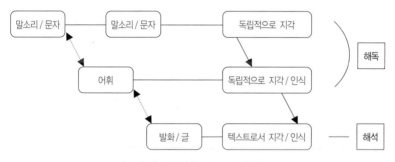

[그림 2] 일반적인 텍스트 이해 과정

32) 텍스트의 초점화는 화제에 대한 관심의 위치인 초점이 이동하는 방향으로 이루어진다. 텍스트는 화제와 초점이 누적되며 구축되기 때문에, 논리적으로만 따지면 초점화는 텍스트가 종결되는 방향을 향해 일방으로 진행된다고 할 수 있다. 하지만 실제로는 의미의 형성이 텍스트의 각 층위들에서 이루어지고, 이것들이 상호 참조를 하기 때문에 심지어는 초점화의 방향이 역진을 하게 되는 경우도 있다. 예컨대 추리 소설의 경우, 이해의 최종 도달점은 '누가 그 일을 벌였는가', 또는 '그는 왜 그 일을 하였는가' 같은 질문에 대한 답변이 되는데, 이것은 관심의 초점이 되는 사건으로 보면 그 답변은 이미 사건이 시작되었을 때 마련된 것이다. 따라서 시간으로 보면, 사건이 벌어진 시점, 또는 그 이전으로 되돌아가는 것이 된다. 담론은 물리적인 공간을 갖는 대신 심리적인 공간을 갖기 때문에, 이 경우 초점화는 텍스트에서는 종결부를 향하지만 추리 소설에서는 비어 있던 자리인 시작부를 향하게 된다. 인과 구조 같은 전형적인 서사 구조 외에도 순환 구조, 액자 구조, 반복 구조 (모방 구조) 같은 다양한 서사 구조가 존재할 수 있는 것도 이해의 층차(層差)와 초점화의 관계 때문이다.

33) [그림 2]에서 '⋯⋯▶'는 상위 층위로의 통합과 하위 층위로의 되먹임이 지속적으로 이루어지는 과정을 기호화한 것이며, '────▶'는 (넓은 의미에서) 의미가 독립적으로 축적되는 과정을, 그리고 '───'는 각 층위에서 이루어지는 지각이나 인식 과정을 기호화한 것이다.

문학이 텍스트로서 이해되는 과정은 말소리나 문자로부터 어휘를 거쳐 발화나 글로 지각34)된 자질들이 연합하며, 인식된 내용들이 통합되는 과정이다. 이때 범주적 지각은 즉각적으로, 혹은 다른 지각 범주들과 더불어 연합 심상을 형성하고 그 다음으로 점화 효과(priming effect)나 맥락 효과(context effect)를 통해 텍스트로 통합된다(이정모 외, 2003).35)

　　섣달 보름달 떴다 뜨겁다

　　허어 이놈
　　너하고
　　하룻밤 사무치자36)

　　예컨대 위 텍스트 「만월」이 텍스트로 인식되는 과정을 보면,

　　(가)　● 섣달 ――달 떴다 ――다 (1행)

　　(나)　● ㅓ ㅏ ㅗ―ㅏ ㅓ ㅏ ―ㅓ ㅏ (1행)
　　　　 ● ㅓ ㅓ ㅣ ㅗ / ㅓ ㅏ ㅗ (2, 3행)
　　　　 ● ㅏ ㅜ ㅏ ㅏ ㅜ ㅣ ㅏ (4행)

　　(다)　● 허어(허- / -하- / 하--) (2-4행)

　　(가)나 (나)에서와 같이 음 실현의 규칙적 반복이나 대비로부터 발생하

---

34) 텍스트로서 지각 대상이 되는 것은 그래픽화된 것들이다. 따라서 이때의 텍스트란 의미 단위로 분석되는 텍스트라기보다는 형태적으로 분별되는 텍스트라고 해야 할 것이다.
35) 이때의 점화 효과와 맥락 효과는 이해의 경향성을 뒷받침한다.
36) 고은(1986), 「만월」, 『시여, 날아가라』, 실천문학사.

는 리듬감이나 (다)에서와 같이 계열체를 통해 지속성을 갖게 되는 감탄
의 발화 심리가 말소리/문자 층위에서 지각 심상[37]으로 존재하며,

(라) ● 뜨겁다 (1행)
    ● 사무치자 (4행)

(라)에서와 같이 초점화된 시어들 간의 의미론적 대응 관계[38]가 직관
적으로 파악되는 어휘 층위의 인지 심상이 독립적으로 존재하고, 또한
이것들이 연합하여

(마) ● 섣달 --달 떴다 --다 (떴다≒뜨겁다) (1행)
    ● 하룻밤 사무치자 (하룻밤≒사무치자) (4행)
                      (≒의미론적 호응)
(바) ● (섣달 ↔ 뜨겁다) → (하룻밤 ↔ 사무치자)
                      (↔ 의미론적 대립, → 통합)

말소리/문자 층위에서 (가), (나)가 만들어내는 리듬감은 어휘 층위에
서 (마)에서와 같은 연합 심상(대비적 심상)을 만들어내는 데 기여하며, 나
아가 이를 통해 (바)에서와 같은 텍스트 수준의 통합된 심상을 조성하기
도 한다.

'사무치다'는 일반적으로 '어떤 것 속으로 깊이 스며든다'는 뜻을 지

---

37) 이 심상들은 즉각적으로 감지되는데, 이러한 감지는 실제로는 이미 존재하는 의미론적 맥
락에 근거한다. 따라서 기호로부터 지각 심상이 만들어지는 과정은 의미의 진공 상태에서
가 아니라 후술하게 될 의미 맥락의 도식적이고 상상적인 조건 속에서라고 할 수 있다. (3
장 및 4장 참조)
38) '뜨겁다'는 발산적 심상인 반면, '사무치자'는 투습적(透濕的) 심상으로서 의미 자질의 대비
적 특성을 지닌다.

닌 말로서 이 텍스트에서는 아마도 누군가를 그리는 마음이 보름달을 보며 한층 사무치게 느껴진다는 의미를 표상하기 위해 사용되었을 것이다. 하지만 (가)에서 (바)에 이르는 과정에서 '사무치다'는 '뜨겁다'와 통합하여 시어가 갖는 일반적인 의미 자질로서 투습적이며 응축적이며 고통을 수반한 심상을 발산적이며 열기와 환희를 수반한 심상으로 전환시킨다.

그런데 그러한 전환이 이루어지는 까닭은 무엇인가? 그리고 개별 심상들이 텍스트 차원에서 통합된다는 것은 무엇에 의해 보증되는가? 이 물음에 대한 유일한 답변은 통합된 경험을 하게 되는 주체[39]가 될 수밖에 없다. 전환과 통합이 이해 과정 속에서 이루어지기 때문이다.[40]

예를 통해 살펴보자. 위 텍스트에서 섣달 보름달은 음기가 가장 성한 시기의 달로서 습하고 찬 심상을 환기시키며 동시에 산달(産달)의 여성을 연상시킬 정도로 충만한 생산적 심상을 환기시킨다. 이것은 '떴다'와 호응이 된다. 따라서 여기까지는 텍스트가 이미 예시한 것이라 할 수 있다. 하지만 '뜨겁다'와는 어울리기 힘들다. 이것이 발화나 글 층위에서 텍스트로서 지각되거나 인식되게 하는 것을 막는다. 텍스트의 언어 맥락에서는 '뜨겁다'가 환기시키는 대상이 보름달일 수밖에 없으므로, 이제 보름달로부터 '뜨겁다'가 예시적 성격을 갖는다는 근거를 제시할 만한, 즉 '뜨겁다'와 '섣달 보름달'을 통합시키는 상위적 원리가 필요하게 된다.

보름달은 그 형상을 통해 완전성을 함축한다. 동시에 주체에게는 님을 그리게 하는 매개적 존재를 환기시킬 뿐 아니라 님 그 자체를 환기시키

---

39) 이 주체는 텍스트에 드러난 행위 주체이자 텍스트를 산출하는 주체이고 독자가 수용한 주체이기도 하다.
40) 따라서 이 과정은 시학적 텍스트가 수사학적 텍스트가 되는 과정이면서 텍스트가 작품이 되는 과정이게 되는 것이다.

기도 한다. 여기에 텍스트의 계열체 관계는 '섣달 보름달'과 '이놈'과 '너' 사이에 동일성을 형성한다. 따라서 이해의 과정에서 보름달과 님은 하나의 심상으로 연합하게 되는데, 곧 보름달은 님을 그리게 하는 계기이자 님이며 님과 하나가 된 상태가 되는 것이다. 이제 독자는 이러한 연합 심상에 이어 '하룻밤 사무치자'는 진술을 대한다. 이 진술은 애당초 대상 세계 속의 주체의 것이지만 독자에게 독백은 대상화할 수 없는 진술인 까닭에 독자 자신의 것으로 오인된다. 이를 통해 독자의 내면에 형성된 인지 갈등은 독자가 그 자신을 대상 세계 속의 주체로 상상해야만 해소될 수 있게 되고 이는 독자로 하여금 상위적 원리를 받아들이게 하는 계기가 된다. 그것은 곧 상상적 체험[41]을 하게 된다는 것이다.

이렇게 본다면, 체험 속에 존재하는 '뜨거운 보름달'은 어떤 보편적인 관념이 아니라 체험된 대상, 곧 주체의 발화 속에 환기된 관념이다. 하지만 그 관념은 '보름달'에 대한 기왕의 관념들을 확장하거나 보충하는 방식으로 새로운 보편적 관념을 형성한다.[42] 따라서 이후에 다루게 되겠지만 문학 텍스트에 대한 이해가 체험으로 이어지는 과정은 그 체험이 개인적인 것이면서 다시금 문학이라는 양식이 안정적으로 자리 잡게 되는 과정이 된다. 애당초 보름달의 파토스 역시 (님이 없음으로 해서 비롯된) 사무치는 감정이 (님과 함께 있었다면 발생했었을) 뜨거운 감정을 불러냄으로써 만들어진 전이된 감정이라 해야 할 것이므로, 보름달이 뜨거운 것은 단지 산 위로 떠오른 달의 기운 때문이 아니라 주체가 불러낸 환상 때문인 것이다.

이러한 점에 비추어 보면, 문학 텍스트로 지각된 텍스트에서 이해의

---

41) '상상적 체험'에 대해서는 Ⅲ부에서 다루게 될 것이다.
42) '보름달'에 대한 공통감이 문화적으로 양식화된 에토스에 해당한다면, '뜨거운 보름달'의 경험은 다분히 개인적 차원에서의 정감이라 할 수 있는 파토스에 해당하게 된다.

과정에는 각 층위의 텍스트 자질들에 대한 이해가 텍스트 층위로 통합 되면서 독특한 기억의 작동 방식을 활용함을 알 수 있다.[43] 이는 일반적 인 텍스트 읽기에서의 하향적 과정이나 상향적 과정과 구분되는 방식이 다. 그런데 이렇게 텍스트 층위로의 통합을 통해 문학 텍스트로서 이해 되는 과정을 보면 의미가 만들어지는 것은 일반적인 텍스트에서와는 달 리 첫 구절, 혹은 첫 문장이 아니라 이른바 초점화된 사건 혹은 심리 경 험에서부터이다. 왜냐하면 독자의 상상이 일어날 수 있는 것은-달리 말 해 독자 자신이 문학 텍스트를 읽고 있다고 여기게 되는 것은-그 대상 이 어떤 상상적 대상을 예시하고 있다고 독자에게 받아들여졌기 때문이 며, 이때 예시란 대상의 인지된 전체상을 가리키기 때문이다. 대개 시에 서는 주제적 심상이, 소설에서는 중심인물이나 사건이 이에 대응한다.

따라서 텍스트 읽기 과정에서 독자의 상상은 텍스트의 개별 정보들- 따라서 텍스트를 따라 순차적으로 등장하는 정보들 역시-에 대해서가 아니라 예시된 전체상으로 연결되는 경로-대개 시에서는 주제적 심상 과 계열적 관계를 이루는 최초의 심상이, 그리고 소설에서는 중심인물이 나 사건이 인지되는 최초의 맥락적 단서-를 따라 작동하게 된다. 또한

---

43) 텍스트 읽기가 통합된 경험 대상에 대해 이루어진다는 점에서 보면, 읽기-혹은 이해의 과 정-는 지시 대상의 환기를 돕는 기억의 작동 방식과 긴밀히 연관되어 있음을 알 수 있다. 이 기억의 작동 방식은 크게 세 가지로 나뉜다.
   ● 재인(recognition) : 작업 기억 속에서 이루어지는 정보의 내적 질서에 대한 확인. 또는 패턴이나 리듬 등과 같은 구조 원리의 발견.
   ● 회상(recall) : 장기 기억으로부터의 심상의 직접적 환기, 혹은 맥락적 단서의 발견. 여기 에는 두 가지 하위 요소가 있다. 첫째, 유사성을 통해 지시 대상에 대한 연합 심상이 형 성되는 것. 예컨대 꽃으로부터 꽃무더기, 그리고 꽃-추상으로 연결되는 과정, 둘째, 지 시 대상에 대한 경험의 연관성이 형성되는 것. 어떤 심상이 환기성이 강하다는 것은 무 잡하고 모순된 경험들 속에서 추상도가 높은 관념이 대표 심상을 형성하게 된다는 것을 의미함.
   ● 초인지(meta-cognition) : 작업 기억 속에서 이루어지는 규칙의 발견. 특히 부호화 규칙 을 발견하거나 생성하게 되는 것.

이 초점화된 사건 혹은 심리 경험은 착상의 지점이자 모티프가 형성되는 지점이며 심상이 만들어지는 출발점으로서 발화 혹은 글 내용의 조직화를 이루는 근거가 된다.

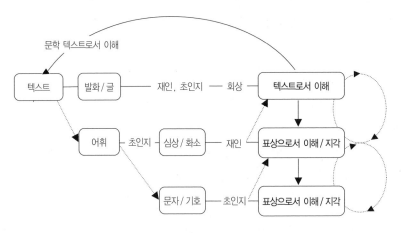

[그림 3] 문학 텍스트의 이해 과정 1

[그림 3]은 어떤 텍스트가 문학 텍스트로서 이해되는 과정을 도해한 것이다. 이 도해에서처럼 텍스트 이해 과정에서는 발화 층위와 어휘 층위 모두에서 구조 원리에 대한 재인(recognition)이나 부호화 규칙에 대한 초인지적 점검이 초점화된 사건이나 심리가 체험되는 지점까지 의미화(텍스트에 대한 상상적 이해)를 유보한다.[44] '섣달 보름달'에서 유보되었던

---

44) 「만월」의 첫 행을 읽는 시점에서 발화로서의 '시'에 대해 인지하게 될 경우, 이것이 '만월'의 심상, 또는 그것으로부터 비롯된 심상을 시적 대상으로 삼고 있을 것임을 재인하게 된다. 동시에 보름달에 대한 세상사 지식이 호출됨으로써 그것의 함축에 관한 초인지적 의미를 떠올리게 된다. 이렇게 만들어진 의미는 아직 심상화하지 않은 것이며 텍스트의 실현과는 여전히 독립적인 것이기 때문에 의미화에 미치지는 못한다. 이제 독자는 시적 대상에 대한 심상을 얻기 위해 독자 자신의 기억으로부터 보름달을 회상해 낸다. 이 과정은 텍스트에서 심상이 형성되는 시점까지 유효한데, 이것 역시 의미화에까지 이른 것은 아니다. 어휘 층위에서 보더라도 1연 첫 행의 '섣달 보름달'은 여전히 그 대상이 무엇을 예시하고

의미화는 '떴다 뜨겁다'에 이르렀을 때, 비로소 체험적 대상이 된다. '떴다'와 '뜨겁다'는 '섣달 보름달'이라는 잠정적 시적 대상에 대한 화자의 심리 태도를 드러낸다. '섣달 보름달'은 (올려본다는 의미에서) 화자와 거리를 두고 있으면서도 동시에 (뜨겁다고 지각된다는 의미에서) 화자와 맞닿아 있다는 관계의 긴밀성을 환기시킨다. 따라서 '섣달 보름달'은 '뜨거워서 뜬' 대상이 아니라 '(하늘 위에) 떠 있으면서도 뜨겁게 느껴지는' 대상인 것이다.

　어휘 층위의 정보로부터 심상 표상이 가능해졌다면, 이것을 발화 층위에서 '섣달 보름달'에 형성되어 있던 심상과 맞추어 보는 과정(재인)을 통해 잠정적 시상을 얻게 된다. 하지만 어휘 층위에서 의미화가 유보되는 사태가 발생한다면, 이에 대해서는 다시 독립적인 부호화 규칙을 발견해 가며 텍스트의 구조 단위로서 받아들일 수 있는지 점검하게 되고, 그 과정에서 발화 층위의 구조 원리에 적용된다고 판단될 때에는 텍스트에 통합하고 그렇지 못할 경우에는 문자나 기호 층위로 의미화를 유보하면서 그 자체는 독립적인 표상으로서 이해하거나 지각하게 된다.[45] 2연에서 '허어 이놈'는 최초 독해에서는 어휘 층위에서 의미화가 유보되는데, 이는 '허어'가 지시하는 대상이 그 앞과는 다르고, '이놈'에 대응할 어휘 맥락이 주어져 있지 않기 때문이다. 이 경우 독자는 이를 발화 층위로 끌어올려 '뜨겁다'는 화자의 심리 태도와 연계할 수도 있고 '섣달 보름달'을 '이놈'이라는 정감적 대상으로 맥락화할 수도 있을 것이다.

있는지 분명치 않다는 점에서 의미화에 이르지는 못한다. 이러한 의미화의 유보는 초점화된 사건이나 심리적 사태에 도달할 때까지 지속된다.
45) 이 경우 텍스트의 통일된 발화 내용에 통합되지 않거나 동일한 구조 원리에 적용되지 않는다고 판단된 어휘들은 이 텍스트에 들어와 있는 다른 텍스트의 흔적으로, 혹은 텍스트가 지닌 균열 요소들로, 혹은 실수, 망각, 오인, 무지 등에 의해 발생한 우연한 일탈 같은 것들로 판단되면서 의미화가 유보될 것이다.

이때 전술한 바와 같이 발화 층위에서 기원의 대상이자 '님'이자 님을 그리워하는 화자의 내면으로 이해될 수 있는 의미화의 가능성이 생긴다.

이제 다시 최초의 초점화된 사건 혹은 심리적 사태로 돌아가서, '떴다 뜨겁다'가 최초의 초점화된 사건 혹은 심리적 사태인지를 어떻게 판단하느냐 하는 문제를 검토해 보기로 하자. 「만월」에서는 잠정적 시적 대상에 화자의 주관적 정서가 투사된 것을 단서로 최초의 초점화된 사건 혹은 심리적 사태를 판단했다. 하지만 다른 텍스트에서라면 경우가 다를 것이다.

작품의 출발점(착상점)과 긴밀히 상관되는 초점화된 사건 혹은 심리적 사태는 발화 층위에서는 현재와 가장 가까운 시점을 점하게 되며, 이렇게 본다면 예컨대 「항구」에서는 항구의 등불이 비쳐 있는 달을 목격하게 되는 마지막 행이 시의 착상점이 되며 초점화된 사건이 된다.[46] 이러한 접근에 따르면, 이 텍스트는 달을 바라보며 얻은 외로움의 심상이 언덕 위의 갈잎으로 투사되어 '외로운 갈잎'을 표상하게 된 것으로 이해된다. 또한 '외로운 갈잎'이 보이지 않고 오로지 들리기만 하는 연모의 대상을 가지고 있다는 점에서 밤하늘의 무수한 별들을 지우고 오로지 하나로만 존재하는 달을 그곳에 배치하는 처리 방법을 통해 갈잎과 등불의 계열적 연관이 만들어졌다고 이해되기도 한다.

초점화된 사건 혹은 심리적 사태는 일상의 균열 속에서 문제적 대상이 된다는 점에서 어휘 층위에서 인지 갈등이 야기된 지점도 주목할 부

---

46) 이러한 판단은 항구의 등불이 비쳐진 달이 목격된 대상이며 갈잎이 상상된 대상이라는 해석에 기반한다. 하지만 갈잎을 목격된 대상으로 보고 항구의 등불을 상상된 대상으로 볼 수도 있을 것이다. 여기서 '갈잎'과 '등불'은 마치 쌍둥이별처럼 서로에게 의존하면서 동시에 영향을 미치는 관계로 연결되어 있다. 다만 초점화된 사건 혹은 심리적 사태는 그것이 작품의 도달점이 아니라 출발점이라는 점에서 해석적 단서는 되지만 주제가 된다고 보기는 어려우므로, 맥락상 주제에 더 가까워 보이는 '외로운 갈잎'보다는 '항구의 등불'이 비쳐진 달을 초점화된 사건이나 심리적 사태로 보는 것이 좀 더 설득력 있어 보인다.

분이다. 만약 어떤 대상이 일상의 이해 맥락 그대로 이해되고 있다면 그 것은 표시하거나 예시하는 어떤 맥락이든 문학적 체험을 유발하지는 않을 것이다. 문학적 체험은 이른바 환기됨을 전제하고, 환기는 예시된 대상이 야기하는 인지 갈등을 통합함으로써 새롭게 얻게 되는 대상의 전체성에 대응하기 때문에, 만약 작품에서 인지 갈등을 야기하는 지점을 파악한다면 그곳이 초점화된 사건 혹은 심리적 사태와 밀접한 관계를 지닐 것이다. 전술한 「항구」에서 인지 갈등이 유발되는 첫 지점은 3연 2행의 '달에는 항구(港口)의 등불이 비쳐 있다' 부분이다. 1연의 2행이나 2연의 1, 2행은 단순한 의미 확장으로도 '외롭다'와 '자다', '숨다' 등의 의미가 처리되는 데 반해, 3연의 2행은 가능 세계 속에서는 실현될 수 없는 사건을 밝히고 있으므로 의미 확장으로 해소될 수준을 넘어선다. 이 지점은 지금까지 일상의 언어 맥락을 준용하여 이해해 왔던 것들이 깨지게 되는 지점이자, 새로운 이해 접근이 필요한 지점인 것이다.[47]

또한 문자/기호 층위에서 유표화되는 계열적 관계는 초점화된 사건, 혹은 심리적 사태를 중심으로 일정한 질서를 갖게 될 것이다. 「항구」에서 어휘 층위에서 만들어지는 '갈잎'과 '달'의 계열적 관계는 문자/기호 층위에서 지각되는 'ㅏ' 소리의 계열적 관계에 대한 초인지적 이해에 의해 뒷받침된다.

---

47) 한밤중 항구의 등불은 외로움을 환기시키는 외로움의 표상이다. 이 등불이 달을 비추는 것은 일어날 수 없는 사태인데, 따라서 독자는 이 갈등을 해소하기 위해 여러 해석적 접근을 시도할 것이다. 만약 어떤 독자가 등불이 달을 비출 수 있다고 받아들이려면 이것은 실제의 빛(그러니까 달빛보다 약할 수밖에 없는)이 아니라 등불이 가진 어떤 속성의 투사로 이해되어야 한다. 맥락상 그 속성은 '외로움'일 것이다.

어휘	바다소리 들리는 언덕 - 갈잎	→	하늘 - 달(항구의 등불)
문자 / 기호	ㅏ - ㅏ		ㅏ - ㅏ(ㅏ)

의미	결핍된 존재(대상의 속성)	→	결핍된 존재
경험	외로움	←	외로움(경험)

　이는 문학 텍스트가 일종의 통합 체제이며 그 자체로서 유일하며 완결되어 있는 전체성을 갖는다는 것을 보여준다. 이와는 별개로 이 체계는 초점화된 사건, 혹은 심리적 사태를 중심으로 계열적이고 통합적인 관계를 갖는다는 것을 보여준다. 「항구」에서 초점화되는 것은 '항구(港口)의 등불'이 비쳐진 '달'인데, 이는 계열적 관계에 있는 '외로운 갈잎'을 관념적 대상으로부터 체험적 대상으로 전환시키는 작용을 한다는 점에서 그러하다. 여기서 이 시 구절에 이르기까지 '바-', '갈-', '바-', '자-', '하-', '달-', '항-'의 'ㅏ' 소리들이 연속되고 있음을 확인해 두자. 이것들이 어떤 질서 속에 있는지는 초점화된 심상에 이르기 전까지는 명확하지 않다. 말하자면, 이 텍스트를 미리 읽어 보지 않고 낭송을 하는 경우를 가정해 볼 때, 실제 낭송은 각 행의 첫소리들이 반복하는 데서 비롯되는 효과 이상은 얻기 힘들다. 하지만 초점화된 심상은 외로움을 주는 세계('바다소리'와 '하늘')와 외로운 존재('갈잎'과 '달')를 분리함으로써 'ㅏ' 소리를 계열화한다. 같은 'ㅏ' 소리는 다른 음영을 갖게 된다.

　발화 층위에서 문자/기호 층위까지 문학 텍스트로 지각된 「항구」를 이해하게 되는 과정은, 따라서 아마도 다음과 같은 과정을 거치게 될 것이다 : 이 시는 항구의 정경을 소재로 하고 있는 작품이다.[시의 제목으로부터 맥락적 단서를 발견함-부호화 규칙의 발견] 항구는 정착하지 못하는/않는 삶의 공간이다. 청춘에게는 도전의 출발점이고, 지친 선원에게는 잠깐 동안의 휴식처이며, 이방인에게는 결국 떠날 수밖에 없는 이별의 공간이다.['항구'에 대한 일반적인 의미를 이해함-발화 의미 해석] 그런데 시는 항구를 비추는 달빛이 사실은 항구의 등불이 비추인 결과라고 한다.[현실에서 일어날 수 없는 사태를 인지함-인지 갈등] 그러니 달은 그저 하늘에 떠 있는 일상의 달이 아니고, (되돌아가 읽으면) 언덕 위의 갈잎이 외로운 것처럼 밤하늘에 바람도 없고 별도 없고 달만 떠 있는 것이 외로운 것이 아니라 항구의 등불이 외로운 까닭에 그 등불이 비쳐진 달도 외롭고 그렇듯 세상이 모두 외로워 갈잎도 외로운 것이다.[인지 갈등을 해소하기 위한 발화의 층위를 탐색함-구조 원리의 발견1] 또한 항구의 등불이 외로운 것은 그것을 외롭게 보는 내 심사 때문이니[텍스트 전체를 통어할 설명을 탐색함-구조 원리의 발견2], 어느 밤 항구에서 느낀 내 외로운 마음은 세상 만물이 저마다 외롭게 존재하는 세계를 만들어내고 마는 것이다.[텍스트 의미의 이해를 바탕으로 상상적 체험을 시도함-의미화 실현]48)

　그 다음 단계의 텍스트 이해 과정을 잠시 살펴본다. 이미 문학 텍스트로 지각된 텍스트의 이해 과정에는 의미를 과잉하게 만드는 과정들이 존재하게 된다. 물론 여기서의 과잉(surplus)은 텍스트의 다양한 이해를 가능하게 하는 잠재적 의미망이 되기도 하고, 오독이나 유보된 의미화의 흔적, 혹은 기생 텍스트의 배경이 되기도 한다. 최초의 텍스트 읽기가 하나의 텍스트를 이해해 가는 과정으로 작동한다면, 문학 텍스트로서 텍스트 읽기는 이보다 더 강한 규범으로 단일 텍스트를 만들려는 동기가

---

48) 문학 텍스트로 지각된 「만월」을 이해하게 되는 과정은, 따라서 아마도 다음과 같은 과정을 거치게 될 것이다 : 이 시는 보름달을 소재로 하고 있는 작품이다.[부호화 규칙의 발견] 보름달 중에 섣달 보름달이기에, 가장 춥고 아린 밤의 음기 가득한 달이 뜨고 있는데[발화 의미 해석], 시는 이를 '뜨겁다'고 한다.[인지 갈등] 그러니 뜨거운 것은 달이 아닐 것이며 달을 보고 있는 내 심사이려니[구조 원리의 발견1], 이 달 같은 내가 달과 뜨겁게 '하룻밤 사무치자'고 할 때 여기에는 님 그릴 때마다 바라보는 대상이었던 까닭에 그만 님과 동일시되어 버린 달을 통해[구조 원리의 발견2] 님과 뜨겁게 사랑하고픈 심사가 담기기도 하며, 님에 대한 내 뜨거운 마음이 투영된 달과 함께[구조 원리의 발견3] 님을 그리워하겠다는 예고가 담기기도 하는 것이다.[의미화 실현]

작동한다. 그에 따라 과잉은 더 많아지고 인지 갈등의 소지는 더 커진다. 이를 해소하려는 과정이 문학 텍스트의 이해 과정이라 하겠는데, 그것은 다음 도해에서 (2)와 (4)가 각기 다른 텍스트 B와 C의 가능성을 열어놓는 방식을 통해서이다.

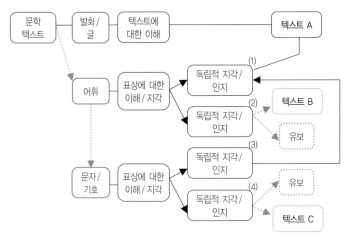

[그림 4] 문학 텍스트의 이해 과정 2

은유도식*

문학 텍스트의 특정 표지들에 반응하는 정윤의 이야기는 문학교육의
출발점에 관한 것이었다. 초등학교를 졸업하고 중학교에 들어가면서 정
윤은 읽기 기능에서 많은 발전을 보였다. 문학의 이해와 감상에 대해서
는 사실 그렇지 못하였다. 무엇이 이해의 방식인지, 감상은 또 어떻게
하는 건지 여전히 알 수 없었다. 그럼에도 불구하고 선생님들은 작품 읽
기를 당연한 듯 요구했고, 정윤은 어찌어찌하여 실제로 작품 읽기를 하
고 있는 자신을 발견할 수 있었다.

무엇이 작품 읽기였을까? 논리적으로만 말한다면, 이해 주체의 외부로
부터 주어진 문학의 관념이 이해 주체의 선행하는 경험들과 대응될 때,
문학에 대한 이해가 비로소 가능해질 것이다. 하지만 시나 이야기(이제
소설이라는 이름을 얻게 되었다)를 어떻게 읽어야 한다는 방법적인 이해 없
이 작품 읽기를 실제로 수행하는 것이 가능하기도 할 것인데, 이는 정윤
이 이전에 경험했던 문학, 혹은 유사 문학의 구조화된 읽기 방법들을 무

---

* 이 절의 내용은 최지현(2001b)에 바탕을 두고 있다.

의식적으로 적용하기 때문이다. 이 구조화된 읽기 방법이란, 읽기 과정에서 주목받지 못함으로써 의미 과잉 상태로 남겨지게 되는 텍스트의 요소들을 잠재적 의미망에 통합해 내는, 일종의 읽기 규범이다.

텍스트의 초점화된 이해 과정이 잠재적 의미망과 상보적(complementary)이라는 점에서 앞 장의 [그림 4]는 작품 읽기의 도식을 보여준다고 할 수 있다. 이 그림의 문학 텍스트의 이해 과정이 [그림 3]에서와 결정적으로 다른 점은, [그림 4]가 보여주는 작품 읽기는 이미 문학이라는 제도 속에서 그 관습과 권위에 기대어 텍스트를 읽기 시작했다는 점이다. 어떤 텍스트가 문학 텍스트로서 인식되고 그것이 텍스트의 잠재적 의미망을 읽을 읽기 규범을 발효하면, 그 중 하나를 택하여 하향적 읽기를 수행하면서 텍스트의 의미 구조를 만들어간다. 이는 상향적 읽기를 통해 사후적으로 문학 텍스트를 인지해 가는 과정과는 성격이 다를 수밖에 없다.[1] 이렇게 작품 읽기에서 해석의 선택을 통해 특정한 잠재적 의미망을 현실화하게끔 하는 읽기 규범을 은유도식(metaphorical schema)이라 한다.

가. 은유도식의 정의

은유도식이란 경험을 의미 있게 조직하는 사고의 언어적 모형을 말한다.[2] 기억된 지식과 정서에 바탕을 두고 재구성되는 이 도식은, 유사한 경험적 자료들을 묶어 명료한 단일 질서로 만드는 속성을 지닌다. 도식

---

1) 상향적 읽기를 통해 작품 읽기를 시도할 때 읽기의 초점은 해석의 방향이 아니라 해석의 성격에 놓인다. 즉 어떤 문학 작품이냐에 관심을 갖기보다는 문학으로서 어떤 의미를 지니냐에 관심을 갖는다는 것이다.
2) 마크 존슨(Johnson, 1992)은 이를 세계 해석의 은유적인 구조, 다시 말해 동적인 질서를 부여하는 구조화된 사고방식이라 규정한 바 있다.

은 일종의 압축된 백과사전적 지식으로 작용하며(이정모 · 방희정, 1996), 따라서 이를 통해 독자는 짧은 시간 내에 대상에 대해 언어적 질서를 부여하고, 혹은 언어에 일정한 상황적 맥락을 부여할 수 있게 된다.

은유도식은 인지 작용의 구조화된 형식을 뜻하지만, 그것이 적용된 이해나 표현에는 독자의 정의적 반응이 개입된다. 왜냐하면, 그것은 지식이 아닌 체험의 형식으로서 상위 수준에서 이루어지는 초인지의 방향을 결정하기 때문이다(이홍철, 1994). 그런가 하면 은유도식은 의미를 생산하는 데 기여하지만, 동시에 의미를 제한하는 것이기도 하다. 은유도식은 그것과 일치하는 정보는 쉽게 받아들이는 반면, 일치하지 않는 정보에 대해서는 더 많은 노력을 필요로 하기 때문에, 독자는 이 도식과 일치하지 않는 정보를 일치하는 정보에 비해 주변적인 것으로 치부하고 제한하려는 욕구를 느끼게 되기 마련이다. 또한 독자는 익숙한 도식에 의존해 수용하려는 경향도 가지게 마련이다. 이런 경향이 세계에 대한 정형화된 이해와 타성적인 정서적 반응으로 이어질 가능성은 얼마든지 있는 것이다.

은유도식이 정서적 심리 작용, 혹은 상태에 대한 지식을 문화적 감수성으로 발전시키는 작용 기제로서 긍정적 작용을 하게 하기 위해서는, 우선적으로 그 자체가 안정적으로 적용될 수 있어야 한다. 은유도식은 선험적으로 주어진 것이 아닐 뿐 아니라 그것 또한 그것이 가능하게 하는 상상적 체험을 통해 강화되거나 변화될 수 있는 것이기 때문이다.

나. 은유도식의 기능과 유형

은유도식은 문학적 이해 과정에서 다음과 같은 기능과 특성을 가진다.

첫째, 은유도식은 상상을 가능하게 한다. 은유도식은 그 자체로도 지각의 대상이 될 수 있는데, 그 예에 해당할 만한 것들이 약도나 각종 표지판, 부호들이다. 하지만 문자로 이루어진 텍스트에서 은유도식은 심상을 형성하고 그것으로 물질성을 갖게 한다. 이로써 인간은 사물을 구체적인 형상으로 파악할 수 있게 되는데, 이를 상상이라고 한다.

이 과정에서 도식은 부분적 단서만으로도 전체의 상을 그려낼 수 있게 하는 경제성의 원리를 구현한다. 단순한 예를 하나 생각해 보자. 화살표(↔)는 실제의 화살과 형태에 있어서는 부분적으로만 유사하다. 그러나 이 기호를 보고 화살을 떠올리게 되는 것은 즉각적인데, 그것은 화살을 이루는 요소들인 촉과 대, 그리고 깃의 형태(<, ―, <)가 그 결합을 단순화하는 방식(<―<)으로 즉각적으로 수용 가능한 도식을 형성하기 때문이다. 다시 말하면, 이 도식은 화살의 기호를 통해 실제의 화살을 떠올릴 수 있게 하는 효율적인 수단이 되고 있는 것이다. 반면 도식의 적용을 어렵게 만드는 결합이 이루어졌거나, 화살을 이루는 요소 가운데 하나라도 빠지게 되면 실제의 화살을 떠올리기에는 그만큼 많은 시간과 노력이 필요하게 된다.

둘째, 도식의 작용에 의해 상상적 대상의 모든 과정이 간명하게 축조된다. 방향 도식에 의해 화살의 심상이 만들어지면, 그것은 화살이 시위를 떠나 표적을 향해 일정한 방향으로 날아가고 있는 상황을 함축하게 된다.[3] 따라서 도식이 만든 심상에는 표상되어 있지 않은 활시위와 표적(특히 표적의 중심)이 화살의 심상만으로도 상상될 수 있게 되는 것이다.

다른 예를 살펴보자. 지구의 공전, 곧 지구가 태양의 주위를 일 년에 한 번씩 회전하는 것을 원형의 띠로 모형화할 수 있는 것은 우리의 상상력이 만들어낸 은유도식 때문이다. 지구의 공전을 직접 본 사람은 없지

---

[3] 그래서 위에서 아래로 꽂히거나 아래에서 위를 향한 화살의 기호는 거의 사용되지 않는 것이다.

만, 사람들은 태양계를 일정한 궤도로 그려냄으로써 태양 주위를 도는 지구의 행로를 일시에 포착할 수 있다. 이때 사람들의 마음에 형성되는 심상은 폐쇄된 원형의 띠이다. 물론 필요한 과학적 지식을 갖춘 사람들은 공전 궤도가 타원형이며 지구가 같은 궤도를 반복하여 지나지는 않는다는 사실을 '안다'. 게다가 태양이 은하계의 주변부에 있기 때문에 이 공전 궤도의 정확한 중심을 측정하기 어렵다는 것도 '인정한다'. 그럼에도 불구하고, 이 원형 궤도는 여전히 유효하다. 그것은 대상을 직관적으로 통찰할 수 있게 해 주기 때문이다.

셋째, 도식은 발신자의 사고 속에 복잡하게 얽혀 있는 관념들을 간명하게 표상하고 이를 수신자의 마음에 이해하기 쉬운 형상으로 구체화할 수 있게 한다. 혹은 발신자의 사고 속에 이미 형상적 질서를 갖춘 상상적 체험의 경우, 도식은 수신자 또한 이러한 체험을 공유할 수 있도록 한다. 말하자면, 도식은 의사소통의 매개자가 되는 것이다. 이 때문에 도식은 친숙한 것일수록 더 빈번하게 반복적으로 사용되는 경향이 있으며, 도식의 적용은 도식적인 경우가 많은 것이다.

이러한 은유도식은 두 가지 방향으로 작동한다. 하나는 관계적 방향이며, 다른 하나는 절차적 방향이다. 이 두 방향은 마치 은유와 환유의 관계처럼 공간축과 시간축을 각기 담당하면서 도식을 구체화한다.

❶ 관계−은유도식 : 프레임

이 은유도식은 상상의 구도를 형성한다. 사진틀, 혹은 그림틀이 직접적으로 보여주는 것처럼, 이것은 인지된 세계의 전체이며 동시에 한계이다. 이 세계 속에서 먼 것은 멀리, 가까운 것은 가깝게 보이고(원근법), 서로 유사한 것과 대립되는 것들에 자리를 배치한다. 이때 프레임(frame)은 인과적 서열의 간섭을 받지 않고 세계에 대한 지식을 형성하고 집적한다. 따라서 더 복잡하고 정교한 도식이 발전된 것으로 평가된다.

프레임은 전체적인 짜임새를 가리키기 때문에, 그 속에 들어가는 주요 구성 요소들과 주변적인 장식들에 의해 각 도식들이 변별된다. 예컨대 「맹인부부가수」(정호승)에서 추운 겨울 밤 사람도 없는 길거리에 맹인 부부 가수가 서 있는 모습은 측은지심을 유발하는 프레임이다. 그들은 구제 받을 길이 없다. 그런데 이 구도에서 맹인 부부 가수가 부르는 노래는 '사랑할 수 없는 것 사랑하기 위'한 노래이다. 이렇게 되면 맹인 부부 가수는 마치 폭풍우 치는 어두운 밤바다 위에 한 점 비추이는 등대 같은 존재로 변해 버린다. 프레임의 설정은 요소들의 분포와 배치에 따라 영향을 받는다. 「삼포 가는 길」(황석영)에서 영달, 백화, 그리고 정씨는 각기 일감 떨어진 공사장 인근 하숙집 여인숙과 작부로 있던 술집, 그리고 교도소를 떠나 길 위에서 만난다. 길은 그들이 출발한 곳에서 그들이 향하고 있는 곳, '삼포'를 향하여 이어져 있는데, 길이 매개하는 두 공간(들)이 만들어내는 프레임은, 출발지와 도착지라는 의미론적 대립 관계가 만들어내는 상징성이 너무나 큰 까닭에 인물들보다 더 주요한 주제 요소를 이루기까지 한다.[4]

❷ 절차-은유도식 : 스크립트

이 은유도식은 상상의 배역과 진행을 형성한다. 시간축에 따라 역진 없이 전개되는 절차는 사건을 중심으로 행위자와 행위, 속성, 관계적 대

---

4) 따라서 삼포를 향하는 도중에 영달이 백화에게 기차표를 사 주고 고향으로 보내는 것은 서사적 진행에 별 영향을 미치지 않는다. 그들이 출발한 곳이 정착할 수 없는 공간이었음은 분명하지만 그들이 도착한 곳이 이미 과거 속에서만 존재하는 곳이었다는 사실은 이 프레임의 의미를 약화시키는 것이 아니라 오히려 특별하게 만들고 있는데, 그 까닭은 매개였던 길이 초점화 되면서(즉, 모든 곳이 '길'로 바뀌면서) 인물들을 귀향자가 아닌, 이방인으로 만들어 버리기 때문이다.

상 등에 대한 배치와 행위의 연속성에 대한 규칙(rule)을 제공한다. 이 규칙 속에서 행위자와 관계적 대상 등에 '기대하는' 역할과 예상되는 행위를 배치한다.

스크립트(script)는 텍스트의 기능을 규정하는 표지로서 텍스트가 어떤 논리 구조 속에 펼쳐지는지를 틀 잡는 도식이다. 여기서는 스크립트의 구성 요소와 시작점, 종착점이 중요하다. 시작과 종착이 무엇이냐에 따라 도식이 보여주는 서사 전개의 의미가 전혀 달라질 수 있다. 일반적으로 스크립트는 완결적으로 구성되며, 일련의 절차 요소들을 갖는다. 이 요소들은 약속된 순서를 지키며 스크립트의 의미 구조를 유지하는데, 만약 그 순서가 바뀌거나 요소 중 일부가 빠지는 등의 변화가 생기는 경우 작품의 의미 또한 바뀌게 된다. 예컨대 탐정물 형식이나 연속극 형식의 서사물에 자주 등장하는 스크립트는 흔히 5단 구성이라 불리는 전형적인 고전 서사 스크립트에서 온 것이지만 앞부분의 요소를 빼거나 중간부터 시작하고 끝내는 방식으로 서사 구조를 의도적으로 비틀어 긴장도를 높이거나 흡인 요인을 높인다.[5]

다. 은유도식의 공유와 의미 맥락의 형성

은유도식은 텍스트의 의미 구조를 안정되게는 하지만 의미 자체를 확정짓지는 못한다. 그 대신 제한된 발화로부터 전체의 이야기를 확장시킬 수 있도록 텍스트를 구조화하는 기능이 있어서 대체로 전체 구조 차원

---

5) 탐정물은 이미 사건이 벌어진 상태에서 시작하여 그 사건의 시작 부분을 복원해 가는 과정으로 서사가 진행된다. 스크립트는 고전 서사물의 '발단' 부분을 서사의 끝으로 옮기는 방식으로 변형된다. 연속극은 지속적인 시청(혹은 청취)을 유발하기 위해 서사의 '위기' 부분에서 서사를 중단함으로써 극의 완결을 지연시키며 그 다음 회에서는 다시금 '위기'를 짧게 재연해 보이고 그 뒷부분을 진행한다.

의 도식과 세부 단위의 도식을 복합적으로 활용하기도 한다.

문학 텍스트의 언어 맥락은 은유도식을 통해 그것을 조건 짓는, 하지만 실제로는 자의적 관계일 수밖에 없는 상황적 맥락과 결부된다. 이 조건에서 텍스트는 비로소 '어떤' 의미로 '읽히게' 된다. 만일 이러한 가정이 없다면, 텍스트의 의미 실현은 대개 실패로 돌아가거나 혹은 지속적으로 유보될 것이다. 이러한 이유 때문에 의미의 실현을 위해 은유도식이 공유될 수 있는 환경은 안정적으로 제공되어야 한다.

하지만 도식과 유사하게 일어나는 경험 사건은 도식으로 수렴되는 경향이 있기 때문에, 인식의 동일성은 실제 인식되는 내용의 동일성보다 더 클 수 있다. 그리고 이는 우리가 문학 텍스트를 더 쉽게 이해할 수는 있지만 그것들의 차이에 충분히 주목하지 못하게 하는 원인이 될 수 있다. 그렇다고 세상의 모든 도식을 갖출 수 있는 것도 아니어서 도식으로 문학 텍스트가 이해 가능하게 되는 것도 아니다. 어떤 의미에서 확장된 의미의 도식들에 대한 정리라고 할 수 있는 문학 이론6)은 근본적으로는 개별 문학 텍스트에 대해 충분한 설명을 제공하지 못하거나 아니면 (모든 이론들이 적용됨으로써) 지나치게 복잡하고 난해한 설명을 갖추게 될 수 있다.

만약 어떤 은유도식이 텍스트에서 반복적으로 사용된다면 그것들 간에는 상호적인 맥락이 형성될 수 있을 것이다. 만약 어떤 은유도식이 여러 텍스트들을 통해 반복적으로 사용되거나 여러 시인/작가의 텍스트들에서 반복적으로 발견된다면, 그것 역시 텍스트에 일정한 맥락을 부여할 것이다. 그런데 만약 이때의 도식이 충분히 예시적일 뿐 아니라 안정적이라면, 이러한 도식을 갖는 텍스트는 도식에 의해 (지시 대상 없이도)

---

6) 예컨대 츠베탕 토도로프(Todorov, T.)나 세이모어 채트먼(Chatman, S.) 등과 같은 서사 문법은 직접적으로 이러한 도식들에 대한 설명을 제공한다.

상황적 맥락을 가질 수 있게 된다. 우리가 텍스트가 예시하는 상황이나 사태와 유사한 우리 자신의 경험이 없이도 문학 텍스트를 일정한 의미 연관 속에서 읽을 수 있다면, 그것은 도식의 공유 때문이다.

예컨대 정지용의 시들에서는 '물' 심상과 이를 뒷받침하는 '삶(인생)은 바다'라는 은유도식이 빈번하게 등장하고 있는데, 이는 정지용뿐 아니라 1930년대 후반의 한국 근대시 일반에 널리 퍼진 도식이기도 했다.[7] 널리 퍼지다 보니 이 도식과 관련된 시어들이 구체적인 시적 상황과는 무관하게 연결되면서 일종의 상투적 표현(cliche)를 만들어 가기도 하는데, 대개가 슬픔의 심리를 전경화하지 않도록 하면서도 기저 정조로서는 작용하도록 돕는 기능을 하고 있다. 거꾸로 말해, 이 도식이 슬픔이나 고독을 고통으로 전이시키지 않고 내면화하게 하면서 심리적 이완을 돕는 효과가 있었기에, 특별히 심상이나 심리 상태를 전경화하는 부담을 갖지 않아도 수사적으로 쉽게 사용할 수 있게 되지 않았을까 추정해 볼 수 있다.

도식의 공유는 구도로도 실현되지만, 때로는 시어로 실현되기도 한다. 마치 십자가나 별, 족쇄, 삼각지(혹은 원형 교차로) 같은 상징 어휘가 신과 인간, 이상과 현실, 자유와 예속, 순환과 반복이라는, 대립적이거나 혹은 비대립적인 구도를 도식으로 취하고 있는 것처럼, 문학 텍스트 내에서 함축성을 부여받게 되는 시어는 은유도식을 형성하는 씨앗 역할을 하기도 한다. 물론 이때 함축성은 이 시어의 반복적 사용을 통해, 특히 단일 텍스트를 넘어서는 맥락이 형성됨을 통해 강화된다.

---

7) 최지현(2001b)을 참조할 것. 이는 아마도 『정지용 시집』을 통해 실현된 높은 수준의 표현 형식을 얻게 된 것에 영향을 받은 것으로 보인다. 하지만 당시 동료 시인들의 시에서도 공히 발견되는 것이어서 당시 많은 시들에 공통적인 시정(詩情)이 자리잡고 있었음을 짐작하게 한다.

예컨대 유치환의 시에 빈번하게 등장하는 시어 '드디어'는 단순히 수식적 기능만을 갖는 시어만은 아니다. 이 시어는 그의 시에 개인어처럼 등장하면서 시적 상황의 결절점 역할을 하는데, 대개 이 시어가 사용된 곳에서는 역사적 흐름을 갖는 세계 속에 분리된 '시간적으로 정지된 세계'가 구성된다.[8]

그의 시 「바위」를 통해 이 과정을 검토해 보기로 하자.

> 내 죽으면 한 개 바위가 되리라
> 아예 애련(愛憐)에 물들지 않고
> 희노(喜怒)에 움직이지 않고
> 비와 바람에 깎이는 대로
> 억년(憶年) 비정의 함묵(緘默)에
> 안으로 안으로만 채찍질하여
> 드디어 생명도 망각하고
> 흐르는 구름
> 머언 원뢰(遠雷)
> 꿈꾸어도 노래하지 않고
> 두 쪽으로 깨뜨려져도
> 소리하지 않는 바위가 되리라[9]

사전적으로 '드디어'는 어떤 원인에 의해 비롯된 결과, 혹은 어떤 사태가 극단화되어 이르게 된 종국적 사태를 뜻하는 말이며, 그 끝을 예상할 수 있었기에 비로소 어떤 사태가 종결되었다고 판단하는 말이다. 일

---

8) 「정적(靜寂)」, 「일모(日暮)에」, 「병처(病妻)」, 「밤 진해만두(鎭海灣頭)에 서서」, 「마지막 항구」, 「동해안에서」, 「뉘가 이 기(旗)를 들어 높이 펴득이게 할 것이냐」, 「깨우침」, 「격투(格鬪)」 등에서 이 시어가 등장한다.
9) 유치환(1947), 「바위」, 『생명의 서』, 행문사.

상어의 맥락에서는 '결국'과는 의미가 비슷하지만 기대감을 전제로 한 상황에서 좀 더 긍정적인 뉘앙스로 사용된다. 하지만 유치환에게서는 주로 부정적 사태의 심화라는 맥락에서 쓰인다. 부정적인 사태에 이 표현이 잘 사용되지 않는다는 점을 고려해 볼 때, 이 시어의 사용은 화자의 특별한 심리 태도를 반영하고 있다고 읽혀진다.

이 텍스트에 대한 일반적인 독해는 '바위'를 일종의 아날로지(analogy, 유비)로 읽는 것이다. 곧 화자는 어떤 역경과 고난 속에서도 '바위처럼 단단한/듬직한/흔들리지 않는' 생명 의지를 가지려고 한다는 것이다. 하지만 이렇듯 쉽게 접근할 수 있는 유비10)로는 어째서 (비와 바람에 의한) 역경과 고난 속에서 안으로만 채찍질하고 생명도 망각하는지를 설명하지 못한다. 생명을 망각함이 어떻게 의지로 연결되는지는 그 뜻이 어떻게 풀이되더라도 무리가 있을 수밖에 없다.

만약 이 텍스트에 두 개의 시간대가 있다면, 하나는 "비와 바람에 깎이는 대로 / 억년(億年) 비정의 함묵(緘默)에 / 안으로 안으로만 채찍질하"는 시간이고, 다른 하나는 이것과 병치 관계로 연결되어 있는 '물들지 않고 / 움직이지 않고 / 노래하지 않고 / 소리하지 않는'의 시간이라 하겠다. 이 두 시간대에 각기 연결되는 것이 '바위'이므로, '드디어'는 (앞 시간대의) '바위'에 생긴 사태가 필연적으로 귀결하는 (뒤 시간대의) '바위'에 대한 선언으로 제시된 셈이다. 그런데 전술한 대로 이 진술의 맥락이 낯설기 때문에, 텍스트가 구조화된 의미망을 지닌 것으로 이해하기 위해서는 표면에 놓인 부정적 사태를 긍정적인 사태로 전환시킬 논리, 즉 의미의 전환이 필요하게 된다.

아마도 그 첫 번째 해결책은 앞서의 유비를 버리는 것이 될 것이다.

---

10) 여기서 '쉽게 접근할 수 있는 유비'라고 한 까닭은 이 유비가 사물 대 사물로서 이루어지는 대신, 체계 대 체계로서 이루어지고 있기 때문이다.

만약 텍스트의 첫 행에 등장한 바위부터 의지적 존재라고 읽어 왔다면, 그 바위가 아직 '바위'가 아님을 인정하는 것이다. 그것은 아직 억년 동안 비바람에 깎이지도, 깎여 사라지지도 않은 것이다. 크고 무겁고 단단한 껍데기로 우리에게 지각되었던 그 대상은 순수한 결정체만 남을 때까지 단련되어야 한다. 그리하여 '드디어' 생명도 망각하는 상태에 이르면 그때 비로소 그것은 '바위'가 되는 것이다.

여기서 형체의 유무는 실제로는 중요하지 않다. 우리의 관심이 무형의 존재에 있는 것이 아니라, 온전히 드러낸 실체에 있게 될 것이기 때문이다. 이것이 내가 '죽으면'의 가정법이 만나는 지점이다.[11] 그리고 바로 그 시점에서 세계는 명멸하고 초점화된 사건, 혹은 대상은 극대화된다. 두 개의 시간층은 앞 시간대를 배경으로 하고 뒤 시간대를 전경으로 하여 구도가 짜인다. 이렇듯 '비, 바람'과 '바위'의 구도도, '생'과 '사'의 구도도, '애련'과 '비정'의 구도도 형성되지 않는 이 텍스트는 함축적인 의미를 갖게 된 시어[12]를 통해 문학적 이해의 단서를 형성한다.

정지용의 「유리창 1」과 관련해서는 '침전(沈澱)'이라는 시어가 '인생(삶)은 바다' 도식을 압축적으로 드러낸다고 설명한 바 있는데, 이 시어 또한 그 시기에 흔하게 사용되는 것이기도 했다. 1930년대 후반에 이르면 당시 학생들의 습작이나 투고시 등에서는 빈번하게 등장하여, 한 신문 매체를 통해 확인한 것만으로도 그 무렵 투고란에서 이십여 편에 걸친

---

11) 이 바위는 텍스트 밖에서는 주변에 허다한 사물이지만 (그리고 손쉬운 아날로지를 제공하는 대상이기도 하지만), 텍스트에서는 그렇지 않다. 이 바위는 억년의 시간 끝에 도달한 실체로서의 바위이다. 그렇기에 이 텍스트에서 말하는 바는, 나의 바위 되기가 아닌, 바위의 바위 되기이며, '내 죽으면' 비로소 될 수 있는 나의 나 되기를 말하는 것이 된다.
   여기서 나의 의지란, 나의 나 되기 과정 속에 있는 것이 아니라 종국적으로 도달한 나에게 부여된 것이다. 따라서 의지는 그 자체가 품성이며, 태도만으로 형성되는 것은 아니다.
12) 애당초 함축어가 아니라 텍스트에서 함축성을 부여한 시어. 이와 유사하게는 긴장 상징이 같은 기능을 갖는다고 할 수 있다.

유사한 용례들이 확인된다.[13] 학생들의 투고시들에서 빈번하게 사용되었다는 것은 그들이 이를 유행처럼 수용했음을 시사한다. 윤동주에게서는 「肝」, 「쉽게 씌어진 詩」에서 확인할 수 있으며, 이와 유사한 의미의 시어들이 「황혼이 바다가 되어」, 「흐르는 거리」에서도 보인다.

도식은 그 표현이나 의미의 진폭이 좀 더 풍부하고 일반화되는 경향을 갖지만, 시어는 훨씬 명료하게 주제 의식을 드러낼 수 있다. 그러한 까닭에 '인생(삶)은 바다' 도식에서 포괄적인 삶의 태도가 반영되는 것에 비해 '침전(沈澱)'은 이보다는 좀 더 구체적인 심리 태도를 나타낸다. 이 시어가 인접한 다른 시어들[14]과 함께 형성하는 의미를 보면, 다음과 같다.

- 주위와 절연된다.
- 저항하지 못한다.
- 감각이 차단되고 내성화된다.
- 서서히 이완되거나 몽롱해진다.

이것은 슬프되 애통하거나 비통하지는 않은, 일종의 낭만적 우울의 심리 상태와 비슷하다. 슬픔의 심리는 있지만, 어쩌면 슬픔의 근원을 알 수 없는, 그렇기 때문에 슬픔을 벗어날 수도 없지만 또 달리 생각해 보면 그 슬픔에서 굳이 도망하려 할 필요도 없는 심리 상태인 셈이다. 어쩌면 이러한 심리가 당대의 젊은이들의 내면에 기본적으로 자리 잡고

---

13) 당시 학생들의 전체 작품 투고 편수가 "조선일보"를 기준으로 할 때 매주 한두 편 정도였으므로, 이 같은 분량은 상당히 의미 있는 수치라고 할 수 있다.

14) 이 시어는 대개 '밤', '거리', '가로등', '불빛'처럼 '밤' 심상을 나타내는 시어들과 '흐르는', '깊은', '잠긴', '스며드는'처럼 '물' 심상을 나타내는 시어들을 동반하면서 텍스트 맥락을 이루고 있다.

있었을지 모른다. 전쟁의 기운이 점차 고조되고 생활과 인심이 피폐하고 미래가 불투명해진 시대를 살아가기란 너무나 어려운 일이었을 것이다. 하지만 이 불안의 정체를 알 수 없고 또한 그러한 외중에서 일상은 항상 같은 모습이기에, 구체적인 심상으로 형상화되기 어려웠을 것이다. '밤'과 '물'이라는, 어찌 보면 구체적이면서도 달리 생각하면 추상적인 두 사물의 심상이 결합하여 시 텍스트에 반복적으로 쓰이면서도 거의 전경화하지 않고 있는 것은, 그것이 일종의 장르적 관습처럼 도식으로 굳어지고 작품으로 이해되는 과정의 맥락으로 작용했기 때문이었을 것이다.

라. 은유도식의 통합과 주제화

문학적 이해의 인지 과정에서는 인지 통합이 인지 선택에 비해 더 중요한 의미를 갖는다. 왜냐하면 그것은 인지 통합이 상이한 도식들을 통합하는 방식으로 상위 원리가 되는 과정을 통해 점차 주제에 접근할 수 있기 때문이다.[15] 인지 통합은 해석상의 장애를 일관된 설명이 가능한 상태로 돌리려는 일종의 합리화 과정이자 텍스트를 하나의 주제로 통합하는 과정이기 때문에, 일반적으로 새로운 도식은 기존의 도식보다 더 큰 설명력을 갖게 된다. 그리고 이는 좀 더 안정적인 의미 실현의 조건이 형성된다는 것을 뜻한다.

하지만 도식의 통합이 반드시 인지적 갈등을 전제로 하지는 않는 것으로 보인다. 도식의 통합은 텍스트와 무관한 외부의 도식이 텍스트 해

---

15) 물론 인지 갈등이 자각되지 않는 경우라면, 기존의 도식을 통해서도 주제에 접근할 수 있다. 인지 선택은 인지 갈등이 자각되었을 때에만 일어난다기보다 모든 이해의 과정에서 일어나며, 심지어는 인지 갈등이 없을 경우에조차 항상적으로 일어나기 때문이다. 독자는 도식의 교체를 통해 이해를 시도한다.

석에 상위 원리로 동원되는 것을 뜻한다기보다는 텍스트에 잠재해 있던, 달리 말해, 독자에게 인지되지 않았던 도식이 기존의 도식을 대체하거나 변형시키는 방식으로 해석에 간여하게 되는 것을 뜻하기 때문이다. 따라서 만약 문학 텍스트의 이해를 위해 어떤 은유도식들을 사전에 학습하는 경우, 만일 그것을 텍스트 맥락으로 발견하지 못한다면 결국 그 도식들은 텍스트 이해의 상위 원리가 되지 못할 것이다.

도식의 통합은 특히 문학적 영향 관계를 통해 직접적인 계기를 얻는다. 이 영향 관계는 해럴드 블룸(Bloom, H.)에 의해 '영향의 불안'이라는 개념으로 설명된 바 있다.16) 하지만 위대한 시인/작가의 작품까지 검토하지 않더라도 문학 텍스트에는 언제나 작품들 사이의 문학적 영향이 흔적으로 남아 마련이며, 그 흔적이란 다른 문학 텍스트와 같은 방식으

---

16) 해럴드 블룸(양석원 역, 2012) 그 자신이 프로이트에 대해 영향 관계에 있는 블룸은 이 개념을 위대한 선배 시인/작가에 영향 관계에 있는 후배 시인/작가의 불안 심리와 관련짓는다. 말하자면, 후배 시인/작가는 '문학적 아버지'와 같은 존재인 선배 시인/작가의 영향에 대한 불안으로부터 도피하기 위해 그의 작품에 대한 의도적인 오독이나 변주를 시도하고 그 속에서 자신의 창의적 공간을 만들어낸다는 것이다. 블룸은 이에 해당하는 적실한 사례들을 제시하기도 한다.

문학적 영향은 강한 영향 관계로는 교조(dogma), 사사(appentice), 전차(borrowing), 인유(allusion) 같은 직접적인 인과성이 있는 경우로부터 문학적 자양으로서 느슨한 환경적 조건을 갖는 경우까지 다양하다. 그중 심리적 주제를 직접 다루고 있는 영향 관계를 도출해 보면 다음과 네 가지가 주목된다.

첫째, 작가를 둘러싼 영향. 영향은 그로부터 벗어나기 위한 불안과 대응한다. 작가들은 정신사적으로 연관되며, 계승과 지양이라는 두 방향의 영향적 압력 속에서 표본이 되는 정전을 구축하거나 아니면 오독을 통해 그 영향권에서 벗어나 버리는 책략을 사용할 수도 있다. 불안과 오독의 문제는 문학 수용에 관한 심리학적 주제이다.

둘째, 작가와 독자 사이의 영향. 문학사 연구, 선집, 비평 등의 영향은 작가에 대한 평가를 통해 독자에게 의미 수용의 범례적 기준을 제공한다(라영균, 2000). 독자에게 이 영향 관계는 문화적 합의의 형성과 밀접하게 관련이 있다.

셋째, 텍스트/작품을 둘러싼 영향. 텍스트 또는 작품은 학습 독자에게 직접적으로 전달된다. 만약 해당 텍스트 또는 작품이 표본으로서의 기능을 갖는다면, 학습 독자에게는 담론의 맥락을 결정하는 관습적 관계가 성립한다고 할 수 있다.

이러한 기제들을 통해 독자는 자신이 읽게 될 작품이 이러저러한 의미와 가치를 지녔음을 알게 된다. 그러니까 작품으로서 문학의 존재는 감상의 일차적 조건이 되는 것이다.

로 읽게 만드는 도식인 것이다. 다만 이때의 도식은 잠재적인 것으로서, 우연히 발견되기도 하지만 주로 텍스트 너머의 읽기(컨텍스트적 읽기, 또는 상호텍스트적 읽기)를 통해 획득되기도 한다.

만약 문학 텍스트를 읽어가는 과정에서 자명하게 적용되던 기존의 도식으로는 설명할 수 없는 텍스트의 맥락이 발견되었다고 하자. 이것이 의미 있는 맥락이라고 추정되는 조건에서는 이제는 자명하지 않게 된 기존의 도식을 배제해야 하는 상황이 되었음을 뜻하게 된다. 하지만 기존의 도식은 그 나름대로 문학적 이해의 과정에 기여해 왔고 텍스트는 통일성 있는 의미 연관을 가질 것으로 기대되기 때문에, 단순히 도식을 대체하는 것으로는 이 문제 상황을 해소할 수 없게 된다. 도식의 변화 요구와 기존 도식 간에는 긴장 관계가 형성되고 이 긴장은 문학적 이해를 방해하지만, 기존의 도식을 버리고 새로운 도식을 취하는 것으로 문학적 이해가 지속되는 것은 아닌 것이다.

이때 문학 텍스트가 여러 도식을 받아들일 수 있는 잠재적 의미망'들'로 존재한다는 동의는 읽기 과정에서 기존의 도식을 포괄한 새로운 도식이 형성되는 것을 허용한다. 그리고 여기에 문학적 영향 관계를 고려하면, 도식은 단지 심상이나 화소 수준에서 이해되는 차원을 넘어서 텍스트 전체 수준에서 관점이나 착상(시상), 의미 구조 등으로 통합되는 차원으로 상위 원리화한다고 볼 수 있는 것이다.

이제 도식의 통합이 문학적 영향 관계를 통해 어떻게 상위 원리화하는지 앞서 살펴보았던 '인생(삶)은 바다' 도식을 통해 예시해 보자. 전술한 대로 이 도식은 1930년대에 이른바 문학적 표현 형식을 얻었다. 다시 말해 은유도식으로 텍스트 이해의 맥락을 제공할 수 있게 되었다는 뜻이다. 물론 이 도식은 그 이전 시기인 1910년대에도 「봄은 간다」(김억) 같은 텍스트에서도 그 원형[17]에 해당할 만한 예가 확인된다. 1920년대에는 예컨대 「내 世上은 물이런가, 구름이런가」(김억), 「외로움」(주요한), 「未知의 나라에」(노자영) 등에서 유사한 예들을 찾아볼 수 있다. 다만 이 시기의 텍스트들에서는 이 도식이 명료하지 않은 채 그것이 포함하는 심상들('물'의 심상과 '밤'의 심상)이 병치되면서 직접적으로 슬픔의 정서를 드러내는 방식에 머물러 있었다.

이렇게 보면, 정지용에 와서 이 도식이 심상의 결합을 통해 형성되고 그것이 감각화하면서 시적 정조까지 만들어낼 수 있게 된 것은 우연에 가까운 것이라 할 수 있다. 아마도 이는 시인의 일본 유학 체험에서 기인하였을 것으로 짐작된다. 여기에는 일본 감각파의 영향도 있었을 것이고 생활 체험과 감정의 특수한 상황성도 있었을 것이다. 이것이 조어법이나 심상 형성에 영향을 미치면서 독특한 표현 형식을 이루게 되자, 반복적으로 사용되면서 비로소 도식으로 자리 잡게 되었을 것이다. 우리가 작품 속 상황과는 무관한 심상 결합을 보게 되는 것도 이 즈음이다.

정지용의 시 텍스트에서 삶의 태도를 드러내는 장치로서 사용된 '인생(삶)은 바다' 도식은 시인의 문학적 영향이 매우 커졌던 1930년대 말에서 1940년대 초에 이르면 한편에서는 상투화되기도 하고 다른 한편에서는 주제적 심화가 이루어지기도 하는 등의 변화를 보이다가,[18] 해방과 전쟁을 겪으면서 '인생(삶)은 초목(草木)' 같은 도식으로 대체되는 양상을

---

17) 인생을 순환하거나 인과적으로 이해하는 인생은 강물' 도식은 근대 이전에도 널리 사용되었던 은유도식이었지만, (삶의 태도가 근대적이었던 때문이라기보다 근대 이전에는 일반적이지 않았던 점에서) 근대에 들어서 비로소 형성된 것으로 보이는 '인생은 바다' 도식은 삶의 관점 면에서 그것과는 매우 큰 차이를 보인다. 이 도식에서 '바다'는 더 이상 목적론적으로 이해할 수 없는 삶의 은유적 대상이다.

18) 둘 다 정지용 시의 영향권 내에서 이루어진 것으로, 전자는 당시 많은 문학 소년·소녀들의 모방, 습작 등을 통해 일종의 문체로 전파된 것이고, 후자는 특히 윤동주 시에서처럼 화자가 처한 심리적 상황이나 화자의 인생관을 함축적으로 드러내는 장치로서 상위 원리화한 것을 말한다.

보인다.19)

　이처럼 은유도식은 문학적 영향을 통해 공유되고 변화되며 통합되고 혹은 교체되면서 문학적 이해의 바탕을 이룬다. 다만 이렇게 하여 도식의 수가 적정 수준으로 통제되는 것은 아니며, 그와는 반대로 도식의 수가 무한정 늘어나 모든 문학적 이해를 도울 수 있는 것도 아니다. 또한 그 모든 도식을 기억하면서 문학적 이해에 동원할 수도 없다. 도식은 문학적 이해의 출발점과 같은 것으로, 이해의 실제 과정에서는 상상이 중심 역할을 하게 된다.

---

19) 이 도식 자체는 특정한 시대에 집중한 것으로 보기는 어렵다. 싹이 자라고 생장하며 번성하고 쇠락하는 일련의 과정이 인생과 같다는 점에서는 어느 때고 있었을 만한 순환적 인생관을 반영한다고 할 수 있다. 다만 한국 전쟁을 겪으면서 삶이란 마치 땅에 뿌리 박혀 있는 운명처럼 현실에 적극적으로 대응하지 못하는 수동성을 지니고 있으며 죽음이 일상화된 현실에서는 죽음이란 마치 나무가 열매를 떨어뜨려 생명의 영속을 얻어 가듯 죽음 이후를 준비한다는 태도가 이 도식을 통해 시적으로 다양하게 변용되고 있음을 보게 된다. 「남신의주 유동 박시봉방(南新義州柳洞朴時逢方)」(백석)의 '갈매 나무'라든가 「목마와 숙녀」(박인환)의 '목마'를 전자의 예가 된다면, 「낙화」(조지훈)나 「하관」(박목월), 「눈물」(김현승) 등에서의 '꽃'이나 '열매'는 후자의 예로 삼아볼 만하다.

상상*

　상상은 은유도식을 통해 이루어지는 사고 과정이다. 해독이나 해석과 달리 독자가 개입된 직접적이고 구체적으로 과정이기 때문에 개념적으로는 구분되지만, 문학 텍스트를 기준으로 말하면 실제로는 대개가 해독이나 해석의 실현 방식으로 존재한다. 상상은 또한 감상의 직접적인 계기이며 체험의 근본 조건으로 작용한다.

　상상은 현존하지 않는 대상에 대해 어떤 구체적인 심상을 마음에 갖게 되는 사고 작용을 일컫는다. 이 정의에 따르면, 상상은 사물에 대한 직접적인 지각과 구분될 뿐 아니라 추상적인 사고 작용과도 구분된다. 상상은 대상이 눈앞에 있지 않아야 하며, 그러면서도 구체적인 심상을 형상해야 한다. 예컨대 화랑에서 그림을 보며 일정한 형태의 구도와 색채를 느끼는 것이라거나 거기서 즉각적으로 즐거움이나 거부감을 느끼는 것은 지각이나 감정이 될 수는 있을지언정 상상이라 하지는 않는다. 그와는 달리 고향에서 멀리 떠나와 살던 집을 떠올리고 뒷산과 정자나

---

* 이 절의 내용은 김창원·정재찬·최지현(2000)의 저자 집필 부분에 바탕을 두고 있다.

무, 사랑했던 이의 모습을 그리는 것은 상상이라고 할 수 있다.[1)]

상상의 개념적 정의는 매우 제한적일 수 있고, 혹은 그보다는 좀 더 경계가 넓을 수 있으나, 다음의 용례들 모두를 포괄하고 있다고 보는 것이 합당할 것이다.

- 내 어린 시절을 상상하면 그리운 친구들의 모습이 하나둘씩 떠오른다. (회상, 기억)
- 새로 이사한 집은 내가 상상했던 것과는 달랐다. (기대, 예상)
- 그의 그림에서 우리는 현대인의 고독과 불안을 상상해 볼 수 있다. (연상, 추측)
- 네가 상상하는 것은 현실에서는 이루어질 수 없는 일이다. (억측, 비현실)
- 만일 내일 지구의 종말이 온다고 상상해 보자. (가정)

물론 일정한 제한이 따를 것이다. 이 예들로 볼 때, 상상은 기억과 유사하며, 부분적으로는 그것을 포함한다. 어린 시절의 친구들, 학창 시절 소풍 갔을 때의 일, 대학에 합격했을 때 내리던 눈, 이런 것들에 대한 선명한, 혹은 아련한 심상 형성될 때가 있다. 상상 속에서 그것들은 '회상' 된다. 그러나 기억들 중 다른 일부, 곧 심상이 아닌 개념의 형태로 환기되는 기억들은 상상을 경유하지 않는다. 어렸을 때 사귀었던 친구들의 이름과 학창 시절 배운 세계사 지식, 대학 입시 원서에 적혀 있던 수험 번호, 이런 것들은 잊지 않고 기억해 낼 수 있지만 상상을 필요로 하는 것은 아니다. 길버트 라일은 이러한 기억들을 '알다(know)'라는 말로 바꾸어 쓸 수 있다고 기술하였다.[2)]

---

1) 그러나 이 경우에도, 이러한 체험을 가져온 상상과 상상적 체험, 그리고 이 상상이나 상상적 체험에 대해 사후적으로 설명하는 추상적 사고 작용은 구분되어야 한다.

상상은 미래에 대한 예상이나 기대와 유사하며, '기억'과 마찬가지로, 부분적으로는 그것들을 포함한다. 하지만 이때에도 상상은 구체적인 심상을 필요로 하게 될 것이다. 이에 따라, 미래 사회에 대한 유토피아적, 혹은 디스토피아적 묘사는 상상을 위한 자원이 될 수 있지만, 추정의 내용은 상상이 될 수 없다. 상상은 어떤 사물에 대한 지각이 현전하지 않는 대상의 연상에 이르게 되는 경우도 있다. 신입 사원을 면접하면서 그의 아버지의 이미지를 떠올리거나 집안의 분위기를 떠올릴 때. 이러한 연상은 상상의 한 과정이 된다.

어떤 사람도 현실 세계의 연관을 갖지 않는 심상을 떠올릴 방법을 가지고 있지 못하다. 따라서 극단적으로는 환상이나 망상들까지도 상상에 포함된다. 심지어 상상 속에서 '가상'의 동물들은 실제로 존재하는 것으로 여겨지기까지도 한다. 용이나 네스호(Noch Ness)의 괴물 같은 것이 그러하다.

이와 같이 기억이나 연상, 예상이나 기대, 환상이나 망상 등과 유사하면서도 상상은 심상의 형성을 사고 과정의 핵심적인 특징으로 삼는다는 점에서 그것들과 변별된다. 심상의 형성은 지각이나 개념적 인식을 상상으로부터 구분하는 결정적인 차이가 된다. 용이나 네스호의 괴물에 대한 상상에서는 가상과 실재의 경계가 비교적 분명하게 설정된다. 사람들은 이제 더 이상 이것들을 실재하는 동물로 생각하지 않게 되었는데 그것은 아무도 이러한 동물의 실재를 확인하지 못했기 때문이다. 그러나 일부이기는 하지만, '확인할 수 없음'을 이유로 용이나 네스호의 괴물이 실재한다고 믿는 사람들도 있다. 그리고 그것은 판단을 유보하는 방식으로 유효성을 유지한다. 경험적으로 실재 여부를 확인하지 못한 사실은

---

2) Ryle, G.(이한우 역, 1994 : 354-363) 참조.

그것이 실재하지 않는다는 근거가 되지 못한다.

　따지고 보면, 우리가 사회 구조나 생활양식이라고 이름 붙이는 것도 실상 자의적인 것, 곧 상상적인 것이다. 경험주의자들이 대상에 대한 심상뿐 아니라 그것의 개념까지도 실재와 맞닿아 있다고 주장하지만, 과학적 분석이라는 것 자체가 사실의 기술이 아니다. 사람들은 객관 세계 속에서 많은 것들을 직접 대면하며 경험하지만, 그들이 누리꾼으로 살아간다고 할 때 누리꾼으로서의 체험은 다름 아닌 상상적 체험이다.[3]

가. 상상의 본질

　상상은 '차이가 아니라' 그것의 원천(source)과 지시하는 대상(target) 사이의 동일성을 전제로 성립한다. 그렇기 때문에 상상은 사후적 설명과는 전혀 성격이 다르다. 즉, 상상은 상상하기 전에 이미 동일성이 그 대상 사이에 있다고 가정된다. 이러한 까닭에 유비적 상상이나 유추적 상상이 모두 가능하지만, 비유법이나 유추 논리는 상상과는 상관이 없다.

　상상은 '대상 그 자체가 아니라' 그것의 원천으로부터 지시하는 대상을 인식한다. 상상할 수 있는 만큼만 그 대상에 대해서 알 수 있다는 뜻이다. 따라서 어떤 의미로는 상상은 정작 '대상이 아니라' 그것의 원천

---

3) 체험에 대해서는 Ⅲ부에서 다시 다룰 것이다. 상상적 체험의 대표적인 예가 종교적 상상이다. 종교를 상상적 구성물이라는 관점에서 생각할 때, 중요하게 부각되는 것은 종교적 숭배 대상이 실재하느냐 여부가 아니라 그것이 어떤 체험을 주느냐, 혹은 그것이 어떤 체험의 형식으로 존재하느냐이다. 종교적 체험이란 다름 아닌 상상의 체험이다. 종교적 숭배 대상은 물론이고 제의와 관습, 상징체계나 역사 문화적 연관 등 모든 것이 가장 풍부한 상상 체계를 이룬다. 신은 숭배되기 위해 형상을 얻으며, 성소를 얻는다. 종교 공동체에는 세속의 가족과 같은 관계의 울타리가 만들어지며, 여기서 아버지와 자식의 역할이 형성된다. 신도들은 길 잃은 양이거나 눈 먼 자이거나 어리석은 아이이기 때문에, 위계가 설정된 신앙의 수준에 따라 한 계단씩 신의 세계에 다가서야 된다. 이 모든 것들이 지식이 아닌 체험의 형식으로 신도들에게 부여되는 것이다. 이러한 종교적 상상은 문학적 상상과 매우 흡사하다.

을 이해하는 과정이라고 할 수도 있다. 하지만 상상이 이루어지는 순간에는 그것의 원천을 망각하게 되는 것이 일반적이다. 예컨대 「나의 침실로」(이상화)에서 독자가 '마리아'를 상상하는 과정을 생각해 보자. 그녀는 연인이다. 상상하는 독자는 연인의 구체적인 모습을 그린다. 그것은 독자 자신의 선행 경험에서 파생된 기억의 조각들을 재구성하는 과정이다. 이를 통해 어떤 인물이 형상화된다. 물론 이 형상은 독자의 기억 속에 있던 관념의 조각들이 조직되어 만들어진 것이며, 텍스트가 그려 보이는 형상으로 이해된다. 하지만 텍스트는 형상을 가지고 있지 않으므로 그것이 텍스트 자체의 형상이라고 말할 수는 없다. 유일하게 구체적인 것은 독자의 상상 속에 있기 때문에, 일단 상상이 일어나면 텍스트의 상상적 대상은 이 상상에 의해 대체된다. '마리아'는 어쩌면 성서적 인물에서 왔을 것이고 '마돈나'와 구별되면서 (시인에 의해 새롭게 창조된) 완전히 새로운 인물로 그려졌을 것이지만, 개별 독자들이 그려진 상상적 인물은 이와 같을 수 없다.

이러한 까닭에 결국 상상은 동시에 망각의 과정이 된다. 우리는 상상한 것을 대상이 본래부터 취하고 있던 속성으로, 혹은 대상 자체로 오인하게 되는데, 이러한 점에서 우리가 이해하는 상상은 대부분 전도된 것들이다.

상상은 크게 유사성 발견과 유사성 창조의 두 가지 속성을 지닌다. 유사성 발견은 기본적으로 유비적 상상을 가리키며, 유사성 창조는 상상 이전에는 상상적 관계가 형성되지 않았던 것의 상상을 가리킨다. 마땅히 유사성 창조가 더 낯설고 쉽지 않기 마련이며, 상상으로 오래 유지되기도 쉽지 않다. 유사성 창조가 상상으로 유지되기 위해서는 충분한 자기 맥락화가 필요하다.

유사성 발견의 상상은 상상 이전에도 상상의 대상이 존재하고 있었다고 가정되며, 다만 상상은 그 원천이 망각된 상태로 이루어진다. 그래서 유사성 발견에서는 기표와 기의의 유연(由緣)한 관계가 인정된다. 우리가 '마리아'를 상상할 때에는, 실은 우리가 그녀를 알고 있었거나 목격한 적이 없었음에도 우리가 가진 그녀에 대한 지식이 투사한 우리의 지난 경험을 원천으로 하여 심상을 만들어낸다. 그녀의 성스러움에 대한 인정의 정도에 따라 그녀는 평범한 여인으로부터 성모(聖母)에 이르기까지 서로 다른 품성을 발산하게 되며, 어린 아이로부터 노년의 여인네까지, 가냘픈 몸매에서 풍만한 몸매까지 서로 다른 심상들을 제각기 유일한 것으로서 상상된다. 「나의 침실로」에서 처음 등장하는 '마리아'는 우리가 가진 이러한 심상의 자원을 바탕으로 유사성 발견에 의한 상상을 통해 구체화된다.

하지만 유사성 창조의 상상에서는 상상 이전에 상상의 대상이 존재하지 않으며 상상을 통해 비로소 형성되는 관계이다. 이 과정은 의식의 층위를 뚫고 표출되는 무의식적 과정처럼 기표와 기의의 어긋남에서 비롯된 우연하고도 폭력적인 결합을 받아들이는 것으로 인식된다. 세상에는 수백만의 '마리아'가 존재할 수 있고, 종교적 맥락에서도 세 명의 서로 다른 '마리아'가 존재하는 것으로 되어 있지만, 예수의 어머니인 '마리아'와 예수의 부활을 목격한 '마리아'가 전혀 다른 인물인 것은 분명한 사실이다. 그런데 이 두 '마리아'가 「나의 침실로」에서 동일 인물로 설정된다. 처음 유사성 발견에 의한 상상을 통해 구체화되었던 '마리아'는 텍스트의 전개 과정에서 그 상상을 유지할 수 없게끔 다른 맥락을 부여 받게 된다. 곧 화자의 연인으로 설정되었던 '마리아'가 (부활의 동굴에 있다는 진술로부터 연상되는 인물로서 화자의) 성스러운 어머니 '마돈나'이기도 하다는 맥락이 형성되면서, 상상의 중단, 혹은 새로운 형식의 상상이 필요하게 된다. 이 중 후자의 경우가 유사성 창조의 상상이 되는 것이다.

상상이 표상과 그것이 예시하는 대상 사이의 관계를 새롭게 형성하고 이것이 유지되는 방향으로 지속된다면, 그것은 심미적 상상이 된다. 일찍이 바슐라르는 이를 시적 상상이라고 부른 바 있다(바슐라르, 김현 역, 1982). 이렇게 유사성 창조의 상상은 인과와 유추에 의해 논리화되는 상상에 묶이지 않고 표상이 이끌어내는 심상 그 자체를 상상한다. 그러한 까닭에 예컨대 「피아노」(전봉건)에서 이루어지는 유사성 창조의 상상은 같은 텍스트에서 이루어지는 유사성 발견의 상상과는 가리키는 방향이 다를 수밖에 없다.[4]

> 피아노에 앉은
> 여자의 두 손에서는
> 끊임없이
> 열 마리씩
> 스무 마리씩
> 신선한 물고기가
> 튀는 빛의 꼬리를 물고
> 쏟아진다.
>
> 나는 바다로 가서
> 가장 신나게 시퍼런
> 파도의 칼날 하나를
> 집어 들었다.[5]

유사성 발견의 상상은 비교적 안정적이다. 은유도식이나 심상 관계를 통해 그 상상의 경로가 어느 정도 마련되어 있고, 상상의 과정도 보통은

---

4) 이 두 상상의 예시는 독자의 것이 아니라 텍스트를 통해 구성된 것이다. 독자의 상상은 그 것대로 새로운 유사성 창조를 보여줄 수 있다.
5) 전봉건(1980), 「피아노」, 『꿈속의 뼈』, 근역서재.

유추적 연상을 통해 이루어진다는 점에서 환유적이다. 텍스트의 은유 심상들은 이 환유적 상상에 직접적으로 연결되며, 따라서 상상은 자명한 연상 체계에 따라 이루어진다.

이 텍스트에 대한 유사성 발견의 상상의 과정을 재구해 보자. 텍스트는 경쾌한 음색을 만들어내며 피아노를 치는 여성 피아니스트의 심상을 형성한다. 이 여성의 피아노 선율은 매우 빠르고 생동감 있다. '나'는 그녀의 피아노 연주에 감동하며 그 음악을 '내 것'으로 만들고 싶다는 생각을 한다. 이러한 상상이 이끌고 가는 것은 환유다. 상상은 어느 때고 현실의 연주 장면으로 되돌아온다. 그렇기 때문에 '신나게 시퍼런 파도의 칼날' 같은 음악적 감수성과 욕망은 '신선한 물고기들'의 경쾌한 움직임 같은 연주를 대상화한다.

유사성 창조의 상상은 새로운 은유도식이나 낯선 심상 관계를 통해 이루어지고, 그러한 까닭에 상상에의 접근이 용이하지 않다. 새로운 은유도식은 낯선 심상 관계에 대한 인식의 전환을 요구하고, 낯선 심상 관계는 그것을 하나의 장(場)에 있게 할 새로운 은유도식을 요구한다. 따라서 유사성 창조의 상상에서는 상상의 계기와 출발점이 중요하다. 시인/작가에게는 그것이 창조적 작업에 해당하는 것이겠거니와, 독자는 텍스트가 제공하는 여러 단서들(언어 맥락과 비문자적 자질들)이 맺을 수 있는 가능한 의미 관계들을 다양하게 모색하는 과정을 통해서 단순한 오독을 넘어서는 창조적 오독과 재해석, 그리고 의도된 의미 읽기까지 수행할 수 있다.

이 텍스트에 대한 유사성 창조의 상상을 재구해 보면, 다음 두 가지 중 하나의, 혹은 두 가지가 공조하는 새로 읽기 과정이 있게 된다. 하나는 낯선 심상 관계를 새로운 의미망으로 수용하는 것이다. 예컨대 이 텍스트에서 '신선한 물고기'들은 대상이 될 수도 있지만 '내'가 될 수도 있음을 인정하는 것이다. 이 물고기 떼는 '여자의 두 손'으로부터 '튀는 빛의 꼬리를 물고 쏟아'지는 순간, 여자의 두 손으로부터 독립한 심상을 갖게 된다. 이 물고기는 하나하나가 소리이다. 그 소리가 경쾌하면서도 각각 다른 음색과 크기, 높낮이를 가지고 있는 것처럼, 물고기 떼는 시시때때 그 색채를 바꾸어가며 이리저리 크고 작은 무리로 몰려다니며 수면 위를 차고 오르기도 하면서 빠른 속도로 사라지고 또 쏟아진다. '나'는 이 경쾌한 선율과 리듬의 향연을 욕망한다(여기까지는 유사성 발견의 상상으로도 실현된다). 그런데 '내' 욕망은 '신나는 시퍼런' 칼날이고 이것은 물고기 떼가 만들어내는 파도의 은유이기도 하다. 그러니까 1연의 '물고기의 튀는 빛의 꼬리'는 2연의 '시퍼런 파도의 칼날'과 등가적이다. 환유적으로 읽으면 앞의 것은 대상이고 뒤의 것은 주체이지만, 시인이 만들어 놓은 심상 관계는 이 두 심상을 동시적으로 읽으라는 것이다. 이 심상 관계를 전제로 독자는 '나'의 욕망과 '여자'의 연주가 일치된 상태를 상상할 수 있게 된다.

하지만 이것을 수월하게 받아들일 수 있기 위해서는 이 낯선 심상 관계가 새로운 도식에 뒷받침되고 있음을 인지해야 한다. 그것이 다른 하나의 읽기 과정이다. 이 텍스트의 표면에는 '어부의 바다'라는 시적 공간이 있고 이는 포식자와 피식자(어부와 물고기) 도식에 의해 형성된다. 그런데 텍스트에 사용된 심상들에 의해 이러한 도식을 통한 이해에 장애가 생긴다. '칼날'과 '튀는 빛의 꼬리'가 같은 대상으로부터 은유된 것이기 때문이다. 따라서 상상이 지속될 수 있기 위해서는 이제 도식의 교체, 혹은 통합이 필요하게 된다. 이 두 심상은 '기생종과 숙주' 도식으로 연결된다. 이 텍스트에서 '내'가 능동적인 행위자로 그려져 있고 경쾌한 음악이 그 행위(욕망)의 대상으로 설정되었음을 고려해 보면, '기생종과 숙주' 도식은 낯설어 보이고 심지어는 적절하지 못한 설정처럼 보이기도 한다. 하지만 '칼날'과 '튀는 빛의 꼬리'가 동일한 대상의 은유로 상상되

는 경우, 전자는 후자의 대체물이고 '나'의 행위는 음악이 이끌어낸 것
으로 이해된다. 그렇기에 이 상상의 끝에는 내 손에 잡힌 물고기의 심상
이 그려지는 것이 아니라 내 속에 들어와 있는 '뛰는 빛의 꼬리들'의 심
상이 그려지는 것이다. 마치 무도회장의 중심을 춤을 추며 돌고 있는 두
남녀처럼 서로는 구분되지만 춤은 하나일 수밖에 없는 장면이 이 상상
의 종착점인 것이다.

　유사성 발견이나 유사성 창조 모두가 문학적 이해를 위해 필요한 상
상이다. 전자는 해석의 안정성을 뒷받침하고 상상의 공유를 쉽게 한다.
후자는 새로운 해석을 가능하게 하고 상상의 심미성을 강화한다.

나. 상상의 체험 공간

　상상은 은유도식을 통해 확장되는 심상의 확장, 혹은 연장이자 구체적
심상을 얻는 과정이다. 이러한 상상은 무의식적으로 이루어지는 은유 작
용이므로 상상만으로는 그것이 가치 있는지 여부를 가릴 수 없다.[6] 그래
서 여기서 언어적 상상, 특히 문학적 상상이 중요한 문제가 된다. 언어
속에서 이루어지는 상상만을 가치 있는 것으로 판단하게 된다. 상상의
원천이 언어를 통해 구성되며 상상적 대상이 언어로 표상될 수 있는 것
을 언어적 상상이라고 할 때, 문학적 상상은 언어로 표상된 대상에 대해
정서적 공명을 하게 됨으로 해서 상상을 완성시키기 때문이다.

　이와 관련하여 상상의 두 가지 경로를 생각해 볼 수 있을 것이다. 하
나는 텍스트에 진술된 내용으로부터 실제 세계의 어떤 상황이나 사건을
연상하고 그것에 대한 추체험을 통해 감동을 느끼게 되는 것이며, 다른

---

6) 상상이라 하는 것 자체가 무의식과 결부된 은유 작용이다. 마크 존슨(Johnson, 이기우 역,
　1992) 참조.

하나는 텍스트를 통해 형상화된 어떤 상황이나 사건을 상상을 통해 체험함으로써 감동을 느끼게 되는 것이다. 두 경로의 성격은 분명히 구별된다. 하나는 텍스트 '너머'의 세계를 향해 있고, 다른 하나는 텍스트 '내'의 세계를 향해 있다는 점에서 그러하다. 또한 하나는 자신의 경험 세계에 비추어 상상하는 것인 반면, 다른 하나는 타자의 상상 속에 일정한 위치를 차지하며 동참하는 것이라는 점에서 그러하다. 정서적 체험을 동반하는 상상은 모든 텍스트에 열려 있지만, 문학적 상상으로서 고유한 것은 특히 텍스트에 형상화된 타자의 상상적 체험에 동참하는 상상이다.

일상의 수많은 상상은 나 자신의 경험에 기반하여 윤리적인 평가를 받는다. 그런데 나의 경험 세계 속의 실제 세계란 다름 아닌 상상을 통해 구축된 세계, 곧 상상 세계이다. 결국 내가 체험한 상상 속에 모든 물음은 이미 자명한 답을 가진 동어 반복적 질문이 되어 있을 수밖에 없는 것이다. '내게 옳게 보이는 것은 옳게 보인다.' 그래서 언어적 상상은 우리가 살고 있는 세계를 충실히 재현하는 것으로 보이고 또한 그러한 역할을 통해 존재 이유를 갖게 되는 것이다. 언어적 상상을 일반적으로는 '지시한다'고 표현한다.[7]

문학적 상상에서도 (당연히) 상상 세계가 존재하며 이것 역시 경험에 기반한다. 이 상상도 어떤 것을 재현하는데, 다만 이 재현의 대상은 우리가 살고 있는 세계는 아니다. 어떤 경우 그 재현은 집단적 관념, 혹은 관습화된 관념으로서 구성된 어떤 세계일 수 있다.[8] 만약 상상의 주체가

---

7) 이 표현은 조심스럽게 사용할 필요가 있다. 여기서 '지시하'는 기호의 의미를 떠올리는 것을 상상이라고 할 때에는 그 기호의 표상을 일정한 심상으로 갖는다는 것을 뜻한다. 이것은 실은 막연한 상상이다. 왜냐하면 일상의 언어 맥락에서 보면, 특정한 맥락 없이 기호가 구체적인 심상을 나타낼 수 없고 '어떤' 대상을 표상한다고 하는 것은 '어떤' 맥락에 의존할 때이기 때문이다. 두 경우 모두 실제로는 암묵적으로 어떤 맥락에 의존하여 상상이 이루어지지만, 이 사실은 망각된다. 일상의 언어적 상상은 어느 정도의 지시 맥락을 전제로 하여 재현적 성격을 갖는다.

그 세계가 현실과 다름을 망각하게 된다면 문학적 상상은 더 이상 현실의 일상적 상상과의 구분의 경계를 갖지 못하게 될 것이다. 하지만 일반적으로 말할 때, 문학적 상상은 그것이 현실의 재현이 아님을 인지한 상태에서 이루어진다. 그리고 이를 통해 일상적 상상과 부분된다.

물론 문학적 상상은 일시적으로 그 상상이 재현하는 현실(곧 텍스트가 예시하는 대상)이 우리가 살고 있는 현실과 다름을 망각하게 하는 장치를 가지고 있고 이것은 우리로 하여금 상상을 지속할 수 있도록 한다. 이 일시적 망각은 체험이라는 형식으로 실현된다.9) 따라서 문학적 상상은 이 일시적 망각이 종료되고 현실로 돌아오는 것으로 완성된다고 할 수 있다.

문학적 상상이 계속될 수 있는 것은 재현의 신화에서 벗어난 상상이 상상으로서의 가치를 인정받는다는 것을 뜻한다. 또한 윤리적 평가는 쉽없이 내려지지만 계속해서 유보된다.

다. 이해의 과정과 상상의 작용

문학 텍스트에 대한 이해 과정은 크게 관심, 해석, 그리고 감상으로 진행된다. 먼저 텍스트의 기호적 의미를 분석하고 그것이 표시하거나 예

---

8) 공교롭게도 이 세계와 우리가 사는 세계는 구분하기 쉽지 않다. 우리는 우리가 사는 세계에 대한 집단적인 왜곡상을 가질 수 있으며 그것이 왜곡상인지 진상인지도 구분하기 어려울 수 있다. 문학적 상상 가운데 집단적으로 공유되고 반복적으로 수행되며 구조화된 유사성 발견의 상상 역시 이러한 상상의 본질을 갖는다(예컨대 4세 전후 아이들의 동화나 만화의 세계를 생각해 보라).
9) 이 장에서는 의도적으로 '체험'이라는 용어를 피하고 있다. 앞항에서 밝힌 바도 있거니와, 문학 향유 과정에서 독자와 작품/텍스트의 만남은 기호에 대한 지각으로부터 내면화에 이르기까지 연속적이면서도 동시적이라 할 정도로 복합적이고 전면적으로 이루어진다. 따라서 상상은 기호의 의미를 파악하는 과정이기도 할 뿐 아니라 심미적이고 윤리적인 체험의 과정이기도 하다. 다만 그 체험의 과정을 분석적으로 살피기 위해 이 책에서는 부(部)와 장(章)을 나누어 기술하고 있다.

시하는 바를 파악함으로써 작품으로서의 담론적 의미를 구체화한 다음, 상상적 체험을 통해 내면화한다는 것이다. 이 과정은 여기서는 비록 순차적으로 기술되었지만, 문학 텍스트에 대한 접근이 쉬울수록 그 선후가 자각되지 않을 정도로 동시적으로 이루어진다고 할 수 있다. 또한 상상은 감상 단계에서 본격화되지만 관심 단계에서부터 이미 시작하며, 각 단계에 따라 상상의 작용에는 차이를 보이지만 기본적으로 상상은 문학적 상상을 향해 발전해 간다고도 할 수 있다.

❶ 관심

관심 단계에서는 독자가 문학 텍스트에 대한 이해의 계기가 형성되거나 혹은 그렇지 못하게 되는 선택이 일어난다. 무관심에 따른 감상 불능과 달리, 관심의 형성은 문학 텍스트에 대한 해독으로 이어진다.

해독(decoding)은 이해의 개념으로는 2장 '가' 절에서 언급한 '지각과 감지'에 대응한다. 이것은 문학 텍스트를 인지하는 출발점이며 의미의 첫 산출 과정이다. 이 과정에서는 독자가 텍스트에 대해 독립해 있으면서 이를 대상화하며, 그 의미를 재인(recognition)함을 목표로 한다.

관심 단계에서는 독자가 얼마나 정교한 텍스트 분석 도구(예컨대, 심상, 리듬, 구성, 성격, 목소리, 시점, 장면, 무대 같은)를 가지고 정합성을 가진 맥락을 구성하느냐가 이해의 가장 중요한 판단 요소가 되며, 이른바 '선택 제약' 처리 문제가 가장 어려운 문제가 된다. 선택 제약 처리를 위해서는 은유적 이해의 요구가 수용되어야 하며, 따라서 다음 단계에서는 은유의 해석이 과제가 된다. 이 은유적 이해는 대부분 은유도식의 선택이나 통합을 통해 실행된다.

이 단계는 이해의 텍스트 외적 맥락이 아직 조성되기 전이고, 그 때문에 상상은 텍스트를 중심으로 이루어진다. 따라서 기호가 표상하는 바가 상상의 내용이 될 수밖에 없다.10) 이 상상은 어휘 수준에서 형성된 심상을 통해 이루어진다.11) 이러한 상상의 작용을 '연상적 상상(associative imagination)'이라 한다.

❷ 해석

해석 단계에서 독자는 주로 작품 속 인물에 동조된 의사 주체(pseudo-subject)로 존재하며, 이 의사-주체성을 통해 작품과 관계를 맺는다. 해석(interpretation)은 이해의 개념으로는 2장 '나'절에서 언급한 '인지 통합'에 대응한다. 문학 텍스트에 적용 가능한 여러 은유도식들 중 전체를 아우를 수 있는 도식을 선택하고 이를 독자 자신의 경험 맥락에 비추어 대리 상상을 하게 된다.

감상 단계에서 해석 단계로 이어지는 과정에서는 텍스트가 특정한 의미 맥락에서 작품으로 실현되는데, 특히 해석 단계에 이르면 독자는 작품의 의미 맥락에 영향을 주는 수많은 배경 지식들을 정리한다. 이를 통해 작품의 잠재적 의미망을 현실화하고 맥락 형성을 통해 선택 제약 문제를 처리하게 되는 것이다. 하지만 의사-체험 주체로서의 가장 큰 어려움은 그것이 실제의 체험 주체가 되지 못한다는 점이다. 텍스트와 달리 작품은 일정한 의미 맥락을 갖추고 있지만 여전히 주체에게는 대상화되어 있는 존재이다. 따라서 다음 단계에 이르면 체험의 실재감12)이 형성되는 것이 가장 중요한 과제가 된다.

이 단계는 인지적 활동인 해석이 상상에 기여하는 것이 관건이 된다.

---

10) 실제로는 이 장의 각주 8)에서 언급한 제약 속에서 상상이 이루어진다.
11) '앵두'의 심상도 상상이며 '앵두 같은 입술'의 심상도 상상이다. 두 경우 모두 연상을 통해 이루어진다.
12) 현실과 혼동될 정도의 사실감을 말하는 것이 아니라 자신의 체험이라고 인정할 정도의 질감을 말하는 것이다.

상상의 해석적 정향은 의사–문학 주체인 독자에게 작품의 분위기와 주체의 정서를 부여한다. 이 단계의 상상을 '재현적 상상(representative imagination)'이라 한다.

❸ 감상

감상 단계[13)]에서 독자는 상상을 통해 자신의 내면에 작품세계를 구체화하며, 주체로서 그 세계의 일부가 된다. 이 과정을 인지적으로 내면화라고 한다면, 정서적으로는 '욕망 추구'에 대응한다. 이때 욕망 추구란 작품이 다루는 세계를 전유하고자 하는 욕망이 작품세계, 곧 독자인 '나'의 세계를 실현시키는 구체화의 과정을 말하며, 또한 독자로부터 거리를 갖고 있던 작품의 사건이나 상황들이 독자의 심리 태도를 통해 작품세계에서 그 (상상의) 거리를 줄이거나 넓히게 되는 자기화의 과정을 말한다. 이에 따라 작품세계는 매우 핍진(逼眞)해질 수도 있는가 하면, 유쾌하게 변용될 수도 있다.

이 단계에서 독자는 문학 주체로서 자신의 체험 위치를 설정하는 것이 가장 큰 과제가 된다. 체험 위치의 설정에 따라 체험의 내용이 달라지며, 내면화의 양상도 다르게 나타나게 된다. 작품세계는 실현된 문학이며, 동시에 감상의 객관적 형식이다.

감상 단계는 작품세계 속에서 상상이 일어나기 때문에 상상의 주체는 상상을 체험의 형식으로 받아들이게 된다. 따라서 이 단계의 상상을 가

---

13) 감상은 작품을 이해하고 평가하며 주관적으로 수용하여 즐기게 되는 일련의 과정을 통칭한다. 다시 말해 부분적으로 해독을 그리고 해석의 전 과정을 포괄하는 문학 향유의 전체 과정이다. 하지만 이 일련의 과정에서도 주관적 수용의 내적 및 외적 과정(상상적 체험과 문학적 문화의 형성)을 핵심으로 한다(이러한 점 때문에 단순히 문학 텍스트에 대한 해독 과정만 놓고 감상이라는 표현을 사용하지는 않는다). 감상에 대해서는 Ⅱ부에서 자세히 다루기로 한다.

리커 '구상적 상상(concrete imagination)'이라 한다.

이제 앞의 내용을 정리하면 다음 표처럼 나타낼 수 있다.

[표 1] 문학적 이해 과정의 단계별 특성

이해의 과정	관심	해석	감상
주체	읽기 주체	의사-문학 주체	문학 주체
대상	텍스트	작품	작품세계
상상의 작용	연상적 상상	재현적 상상	구상적 상상
인지적 과정	도식 파악	맥락 형성	내면화
정서적 과정	감지	공감	욕망 추구

라. 은유도식에 의한 상상

상상을 가능하게 하는 근원적 원동력은 상상력이다. 이마누엘 칸트(Kant, I.)는 상상력을 도식(schema)의 산출자라고 하였거니와, 그의 말대로 이것은 유사성에 기반하여 사물을 인지하는 마음의 틀로서 도식을 만들어 내고, 이 도식은 세계에 대한 우리의 무질서한 인상들을 정리하여 구체적인 형상으로 체험할 수 있게 한다. 말하자면 도식이 대상을 '어떤' 대상을 수용하는 상상을 가능하게 한다고 할 때, 이러한 도식을 산출하고 관장하는 것이 상상력인 셈이다.

상상의 과정이 은유도식(metaphorical schema)과 긴밀히 관련되어 있다는 생각은 마크 존슨도 개진한 바 있다(Johnson, 이기우 역, 1992). 원래 도식이란 신체적인 경험이 끊임없이 세계와 작용하며 형성된 매우 단순한 인지 구조로서 일반적으로 대상의 범주를 명료화, 간명화하여 현상에 적용되는 심상을 산출해 내는 형식을 뜻한다. 그런데 대상의 범주가 명료해지고 간명해지기 위해서는 불가불 사물들 간에, 그리고 사물들에 대한 우리의 인상들 간에 유사성의 관계가 만들어져야 한다. 이 점이 도식을 은유도식으로 바꾸어 생각해야 하는 까닭이 된다.

예컨대 상하의 방향 도식이 지위의 높고 낮음을 은유하는 것으로 구체화되는 과정을 생각해 볼 수 있다. 어른은 아이보다 더 큰 권위와 더 높은 지위를 가지고 있다. 그런데 어른은 아이보다 키가 크며, 이에 따라 아이는 어른을 '쳐다보게' 되고 어른은 아이를 '내려다보게' 된다. 여기서 자신의 시선보다 높은 곳에 있는 대상을 바라보는 행위는 더 큰 권위와 더 높은 지위를 바라보는 행위와 유사성의 관계를 갖게 된다. 게다가 이것은 매우 보편적인 현상이어서, 물리적 경험 세계에서 이루어지는 기본적인 상하의 관계는 심리적 세계로 전이되면서 광범한 유사성의 관계들을 파생시킨다. 대부분의 문화권에서 왕은 신하들보다 '높은' 곳에 자리를 잡고 '높은' 관을 쓰며, 신하들은 왕 앞에서 '엎드려' 복종을 서약한다. 유사성의 관계가 좀 더 확장되면, 고개를 '숙인' 것, 눈물을 '떨구는' 것, 손바닥이 아닌 '손등을 보이는 것', 어깨를 축 '늘어뜨리는' 것, '낮은 목소리'로 말하는 것 등은 대상에 대한 패배나 복종, 기피, 좌절, 침울, 주저, 근심, 공포 등의 심리적 상태를 뜻하는 것으로 의미화된다. 이러한 은유도식에 의한 유사성의 확대를 통해 앞서 언급한 심리적 관계나 상태들은 비로소 상상의 대상이 될 수 있게 된다.

신체적인 경험이 우리가 살고 있는 물리 세계에 대해 이루어지고 있다는 점에서, 도식은 시·공간의 질서를 틀 지우는 관계와 방향을 기제로 삼게 된다. 이를 3장 '다'절에서 구분한 관계—은유도식과 절차—은유도식을 통해 살펴보기로 한다.

관계—은유도식은 대칭, 중심—주변, 부분—전체, 연결—분리, 안—밖, 위—아래, 앞—뒤 등의 관계들에 기초한 여러 도식들을 갖는다. 이것들은 사물들의 위치를 가리키는 근원적인 형식으로서, 이에 대한 인식은 직관적인 것에 가깝다. 따라서 사물을 파악하는 기본 구도(frame)로서 작용한다고 볼 수 있다. 이 도식에서는 조화-부조화에 기반한 쾌-불쾌의 심리 작용과 그것의 다양한 파생이 상상적 체험을 이끌어 가는 것으로 보인다. 따라서 이를 적절하게 설명하기 위해 우리는 이러한 상상의 과정을 '심미적 상상'[14]이라 부르기로 하겠다.

심미적 상상은 상상의 원천을 근원적 형식으로 파악하기 때문에 본질적으로 동일성의 가정을 갖는다. 예컨대 '한일 친선 축구 대항전, 우승의 향방은?'[15]이라는 신문 기사의 제목은 한국과 일본의 축구 대표팀들이 각기 좌-우의 한쪽을 맡아 대칭적 구도를 형성한 관계-은유도식을 보여주고 있는데, 여기 등장하는 한국팀과 일본팀은 서로 구성원도 다르고 사용하는 전략이나 이해관계도 다르지만 각기 11인을 선발로 내보낸 축구팀이며 동시에, 어떤 정보도 추가되어 있지 않지만, 흡사한(아마도 색깔은 다르겠지만) 유니폼에, 흡사한 운동화, 흡사한 신체적 외형, 흡사한 포지션, 흡사한 경기 진행 방식을 취할 것임을 직관적으로 파악할 수 있게 한다. 또한 동시에 이 경기는 상호 실력이 대등한 상대 간에 벌어지게 될 것임을 가정하게 한다. 무엇보다 전쟁[대항전]에서는 경쟁하는 적수 간에 서로를 닮게 마련이므로,[16] 따라서 아마도 이 경기는 대등한 조건에서의 대등한 경쟁을 전제로 한 경기일 것이다.

우리가 이러한 경기를 관전하며 심미적 쾌감을 즐기게 되는 것은 기

---

14) 이러한 명명은 이 상상이 심미성의 기초가 되는 '쾌-불쾌'의 경험 형식을 제공하기 때문이다.

15) 각각의 진영을 두고 공방(攻防)을 거듭하는 전쟁과 유사하다는 측면에서 대항적 성격을 띠는 단체 경기는 전쟁에 비유되곤 한다. '경기 전적', '승전보', '기습 작전', '작전 타임', '공수 전환', '전력 노출' 등.

16) 적이 비열한 기습을 시도한다면, 그 전에 우리가 먼저 기습한다. 적이 우리의 취약한 전선을 공격했다면, 우리는 여기서 교훈을 얻어 취약한 전선을 미리 방비하는 한편, 적의 취약한 전선을 공격할 생각을 갖게 된다 등.

본적으로는 위태하게 유지되는 균형과 안정 때문이다. 지속적으로 교차하는 위기감과 위기감의 해소는 긴장된 흥분을 가져온다. 적어도 균형이 깨지기 전까지는 그렇다. 물론 대등하게 진행되는 축구 경기만 그런 것은 아니다. 높다랗게 동전을 쌓아올리기, 더 큰 단위로 옮겨가는 내기(betting), 조금씩 수위를 높이는 금기의 파괴, 러시안 룰렛(Russian roulette). 어린아이들의 놀이에서부터 심지어는 도덕적 자책감을 무릅쓰고도 충동되는 행위들까지 위태한 균형에 집착하게 되는 것들이 있다.

그런데 이런 행위 양식들을 지탱하는 것은 우리가 직면한 순간이 아닌 상상적으로 체험한 잠재된 위험의 상황이다. 정작 위험이 해소되어 버리거나 혹은 실제적으로 위험한 상황에 직면하게 되면 위태한 균형에서 느꼈던 심미적 쾌감은 급속히 소멸되거나 축소되어 버리고 만다. 우리가 응원하는 팀이든 아니면 다른 팀이든, 어느 한쪽이 일방적으로 주도해 가는 경기에서는 대등한 경기에 비해 긴장감이 떨어지는 만큼 그것이 야기하는 심미적 쾌감 또한 이에 비할 바 되지 못한다. 이러한 심리(집단 무의식)를 반영하여, 축구와 같은 집단 경쟁적 경기 종목들을 방송하는 TV 매체는 모두 좌-우의 대칭적 구도를 취한다.

한편 절차-은유도식은 관계-은유도식을 유지하거나 강화하는 이차적 도식의 성격을 지니게 되는데, 강제, 저항, 긴장, 개입, 전환, 좌절, 순환 같은 것들이 여기에 속한다. 이 도식은 사물들의 관계 변화를 가리키며, 이에 대한 인식은 좀 더 논리적이며 추리적이다. 상상을 통한 구체화 과정에서는 변화를 가져오는 시간에 초점을 둔 서사적 절차(script)가 만들어진다. 여기서는 절차-은유도식을 통해 체험하게 되는 균형과 안정에 대한 호-오(好惡)의 태도가 상상적 체험을 이끌어 가는 것으로 보인다. 따라서 이를 적절하게 설명하기 위해 우리는 이러한 상상의 과정을 '윤리적 상상'이라 부르기로 하겠다.[17]

윤리적 상상은 변화하는 상상이며, 상상의 변화이다. 그것은 심상의 접합(conjunction)을 정당화하는 상상이다. 이때 심층적 층위에서 유지되는 동일성의 관계는 상상되는 대상이 비록 그것의 원천과 다를지라도 대상에 대한 상상의 합당함을 보증하거나 혹은 대상에 대한 합당한 상상을 가능하게 하는 근원적인 기반이 된다. 물론 이러한 심층적 동일성의 관계는 대상에 대한 주체의 태도에 의해 유지되기도 하고 파기되기도 한다.

앞서 살펴본 '한일 친선 축구 대항전, 우승의 향방은?'이라는 신문 기사를 다시 한 번 예로 삼아 보자. 이미 우리는 '축구는 전쟁'이라는 관계 —은유도식이 이 기사를 대하는 독자의 상상의 틀로 작용함을 보인 바 있다. 그런데 일단 이러한 대립적 구도가 형성되면 원천으로부터 대상으로 속성의 전이가 일어나기 시작한다. 이를테면, 전쟁은 승리를 목적으로 한다. 필요하다면 어떤 수단도 용납된다. 이러한 전쟁에서 승리를 쟁취한 장수는 영웅이 되지만, 패배한 장수는 전범(戰犯)이 되고 만다. 전쟁은 군(軍)이 수행하지만 그 영향은 군이 소속한 사회의 시민 모두에게 파급된다. 그래서 시민들은 각기 적절한 역할을 맡아 군을 지원한다. 이러한 양상은 '축구는 전쟁'이라는 관계—은유도식이 작용한 축구 경기에도 여실히 적용된다. 축구 경기는 승리를 목적으로 한다. 경기에서 패배한 감독은 비난받는다. 관중들은 후방(後方)의 보급창이나 지원 부대가 되어 개인적으로, 혹은 집단적으로 '우리 팀'을 위해 환호한다. 적어도 그것이 축구를 관전하는 우리에게 이해관계가 있을 때에는 그러하다.

'친선'이라는 축구 경기의 성격은 '인간의 한계 극복'이나 '공정한 경기 진행'과 함께 스포츠의 정신을 표상하는 하나의 중요한 지표이다. 이

---

17) 이때의 '윤리적'이란 성격은 도덕성의 척도로만 판단되는 것은 아니다. '옳고 그름'에 앞서 '좋고 싫음'이 먼저 작용하며, 후자(後者)의 합리화 기제로서 전자(前者)가 요구되는 만큼 사회 윤리의 측면만을 주목하는 것은 옳지 못하다.

기고 지는 것에 앞서 경기를 통해 육체적 건강성뿐 아니라 정신적 고양을 교감하는 것에 주목하는 것이다. 따라서 경기가 끝나고 나면 각자 공정한 조건에서 최선을 다한 것에 대해 서로를 격려하고 칭찬하는 것이 의례적이다. 그런데 '축구는 전쟁'이라는 관계―은유도식이 작용하게 되면, '친선'의 의미도 매우 위태로워진다. 그래서 심미적 상상을 통해 체험하게 되는 상황의 긴장된 균형성은 오래 유지되지 않는다. 독자는 신문기사를 대하면서 승패에 우선 주목한다. 만약 이해관계가 없는 두 팀간의 경기라면 그렇지 않겠지만, 그것이 '우리 팀'과 관련이 있는 경우라면 승패는 매우 중요한 문제가 된다. 패배는 기피되는 것이며 그래서 불쾌한 상상의 대상이 된다.[18]

여기서 심미적 상상은 근원적인 것이지만 윤리적 상상에 의해 제약되거나 고무됨을 알게 된다. 그것은 마치 무의식이 자아에 의해 억압되는 것과 같은 이치이다. 이 기사가 다룰 만한 여러 가지 상황들 가운데 우리에게 만족감을 주는 윤리적 상상은 매우 제한적이다. ㉠ (일본 축구 대표팀의 실력에 미치지 못하는) 한국 축구 대표팀이 지닌 힘의 저항이 둘 사이의 관계를 대립적 긴장 관계로 발전시키거나 ㉡ 한국 축구 대표팀이 지닌 힘의 강제가 일본 축구 대표팀의 저항을 무너뜨리는 것이 상상의 가능태이다. 균형이 지켜질 수도, 혹은 깨질 수도 있지만, 호오(好惡)에는 분명한 일관성이 있다.

윤리적 상상은 심미적 상상의 기본 구도를 바꾸기도 한다. 앞서의 예는 애당초 대칭적 관계 도식으로 설명되었으나, 경기의 승패와 관련한 긍정적 상상을 위해서는 안―밖의 관계 도식이나 위―아래의 관계 도식으로 바뀌는 것이 더 유익하다. 전자는 (국내 수준에서 국제 수준으로의

---

18) 경쟁의 원리에 기초한 경기를 놓고 보면, 팀 경기에서보다 개인 경기에서 이러한 도식의 발전이 더 크게 나타난다.

경기력 향상 같은) 힘의 확장이나 한계의 극복이라는 측면에서, 후자는
지위의 향상이나 수준의 진일보라는 측면에서 심미적 상상은 윤리적 상
상과 부합하게 된다.19)

　이 두 방향의 은유도식이 실제 문학 텍스트 읽기에 어떻게 작용하는
지 생각해 보자.

　　"뭐 하러 왔네?" 가게 안에 북적거리는 손님들에게 셈을 치러 주느라
　몇 번이고 주판알을 고르는 데 바쁜 혹부리영감의 눈길을 잡아두는 데
　성공한 나는 더듬더듬 자초지종을 말했다. 그러나 귓등에 연필을 꽂은
　채 심술이 덕지덕지 모여 이뤄진 듯한 왼쪽 이마빡의 눈깔사탕만한 혹
　을 어루만지며 듣던 혹부리영감은 풍기 때문에 왼쪽으로 힐끗 돌아간
　두터운 입술을 떠들쳐 굵은 침방울을 내 얼굴에 마구 튀겼다. 애초 자기
　눈앞에서 까 보이지 않은 것은 인정할 수 없다며 막무가내였다. 나중엔
　아버지까지 함께 내려가서 하소연을 해봤지만 돌아온 대답은 정 그렇게
　우기면 거래를 끊겠다는 협박성 경고뿐이었다. 거래가 끊긴다면 아버지
　한테는 큰 타격이 아닐 수 없었다. (중략) 결국 아버지는 자신의 과오를
　인정하지 않을 수 없었다. 당신의 자그마한 구멍가게로 돌아와 나머지
　열여덟 병의 진로소주를 넘나간 사람처럼 쓰다듬던 아버지는 기어코 아
　들인 내 앞에서 눈물을 보이고 말았다. 아! 아버지 한 닷새쯤 지났을까,
　아버지와 나는 다시 그 수도상회로 물건을 떼러 갔다. 아버지는 또 고만
　고만한 물건들로 구색을 맞춰 골랐고 혹부리영감은 일일이 헤아린 다음
　우리 부자가 가져온 정부미 자루에 집어넣으라고 손짓을 했다. 아버지
　와 나는 허겁지겁 물건들을 자루에 휩쓸어 담았다. 평소와 달리 아버지
　의 손은 약간 떨려서 헛손질을 많이 해 일부러 나한테 훼방질을 놓는
　사람 같았다.20)

19) 곽광수(1995) 중 「바슐라르와 상상력의 미학」 부분을 참조할 것.
20) 김소진(1995), 「자전거 도둑」, 『문예중앙』, 문예중앙, 본문 일부.

  김소진의 「자전거 도둑」에서 중풍으로 쓰러져 일도 제대로 할 수 없
는 아버지와 아버지의 구멍가게를 망하게 할 수도 있는 힘을 가진 혹부
리 영감 사이에 맺어진 권력 관계는 당연히 불평등하다. 이들의 인물 관
계는 형식적으로는 소매업자와 도매업자의 관계이지만 실질적인 관계는
마치 종과 주인처럼 근원적 불평등을 가진 것처럼 보인다.21) 그렇다고
이것이 외딴 섬의 고립된 마을을 배경으로 형성되어 있는 전근대적 인
물관계를 그린 것도 아니기에 독자에게 이 인물 관계는 불안정한 관계 –
은유도식으로 존재한다. 게다가 혹부리 영감에게 받지 못한 물건을 보상
받으려고 하는 아버지의 시도가 실패하면서 이 관계는 더욱 불안정해진
다.22) 이러한 불안정성은 '나'의 관점에서 상상을 해 가던 독자는 텍스
트 읽기의 심리적 부담을 가중시키는 사태가 된다.

  그런데 '내'가 혹부리 영감의 가게에 오물을 뿌리는 복수를 하게 되고
결과적으로 혹부리 영감이 파산하게 되면서 상황이 변화된다. '내'가 한
행동은 가해 행위이자 범죄이며 '나'에게 죄책감을 가져다주는 일이다.
하지만 독자에게는 그렇게 받아들여지지 않는다. 우선 '나'의 행위는 받
아들이기 어려운 관계 – 은유도식을 바로잡는 의미를 지닌다. 적어도 형
식적 평등성이 당연하게 받아들여지는 현대사회에서 주종 관계와도 같
은 관계 – 은유도식을 통해 인물 그 긴장이 유지된다는 점에서 '나'의 행
위는 심미적 쾌감의 원천이 된다.23) 동시에 이 쾌감은 (만약 독자가 현

---

21) 일찍이 1920년대 이른바 자연주의 소설들에서는 주요 인물들 간의 관계를 뒷받침하는 관
   계 – 은유도식이 아예 수탈자와 피탈자(곧 지주와 소작농)를 전제하고 있었고 이 도식에 의
   해 인물 관계도 파국적인 결말을 가질 수밖에 없었다.
22) 혹부리 영감 몰래 정부미 포대에 진로 소주 두 병을 넣었던 아버지는 그렇게 해서 보상받
   고자 했던 행위가 실패로 돌아가자 자신의 행동을 '나'의 잘못으로 치부하면서 혹부리 영
   감 앞에서 '나'를 때린다. 이 과정 전체를 '내'가 알고 있었기에 그 행동은 혹부리 영감에
   대해서는 비굴함을 보이는 일이었을 뿐 아니라 '나'에 대해서도 아버지가 한없이 약하고
   무능한 존재임을 자백하는 일이 되어 버린다.
23) 물론 여기서 쾌감이란 현실에서 느끼는 유쾌한 감정을 말한다기보다는 적절한 수준에서

실과 작품세계를 혼동하지 않는다면) 여전히 긴장을 동반한다. 따라서 심미성의 실체가 구체적으로 어떤 것이든 간에, 주인공 '나'와 일체화된 시선으로 사건을 좇아가면서도 죄책감이 아닌 심미적 쾌감이 형성되며 그러면서도 동시에 그것에 긴장감을 부여되는 것에 대해서는 설명이 필요할 것이다. 현실에서 이러한 경우는 '나'의 행위가 정당화될 때에 국한되고, 그것도 항상 그러한 것은 아니기 때문이다.

현실에서의 '이러한 경우'란, 복수나 영웅적 행위를 말한다. 하지만 이 이야기는 복수담이나 영웅담으로 전개되지 않는다.24) '나'의 행동은 아무리 정당화하더라도 비겁한 개인적 복수였을 뿐이다. 그러므로 영웅담은 커녕 복수담이라고 할 수도 없다. 그런데 흥미로운 점은 이 이야기가 복수담이나 영웅담과는 다른 서사 유형에 속하지만, 평형을 되찾아가는 과정이라는 점에서는 공통된 절차-은유도식을 갖는다는 것이다. 그리고 더 흥미로운 점은 (이 이야기가 독자에게 하나의 작품세계로서 구체화될 때 체험되는 바로는) 그것이 치유담을 형성한다는 것이다. 말하자면 독자가 느끼는 심미적 쾌감의 실제는 복수라는 행위와 관련되기보다는 치유의 과정과 관련된다는 것이다.

혹부리 영감에 대한 복수 사건 이후 '나'는 그 일을 잊은 채 성장한다. 그러다가 자전거 도난을 계기로 <자전거 도둑>이라는 영화 비디오를 보게 되는데, 비디오 시청은 실은 그가 반복해 왔던 행위25)였고 또한 일종

___

긴장이 강화되고 완화되기를 반복하면서 문학적 상상을 유지하게 하는 호기심과 충족감의 흥분 상태를 말하고, 달리 말해서는 문학적 상상이 지속될 만한 동기가 계속 형성되고 있다는 것을 말한다.

24) 이 두 서사는 주인공의 지위(평범한 존재인가, 고귀한 존재인가에 따른)와 문제 해결의 층위(사적 문제 해결인가, 공적 문제 해결인가에 따른)에서 차이를 보이고는 있지만 정의를 바로세우는 이야기라는 점에서는 공통적이다.

25) "나는 불현듯 2차 세계대전 종전 뒤에 유럽을 휩쓸었던 네오리얼리즘 운동의 대표적 영화로 꼽히는 이탈리아 비토리오 데 시카 감독의 <자전거 도둑>에 나오는 장면들을 떠올렸다. 그러다가 상체를 벌떡 일으켰다. 오늘밤도 그 비디오를 한 번 더 볼까? 나는 테이프를

의 진지한 의례 같은 것임이 밝혀진다. 그러니까 '나'는 스스로 알지 못했던, 혹은 자각하고 있었는지는 모르지만 의식하지 않으려 했던, 무기력하고 소심하며 부끄럽게도 자식을 핑계 삼아 간신히 자신의 자존감을 붙잡고 있는 아버지에 대한 이중적인 감정을 상처처럼 가지고 있었고 그것을 치유 받고 싶어 하는 내면의 욕구를 가지고 있었던 것이다. 영화 <자전거 도둑>은 그 욕구를 드러내는 계기였고 그때마다 치유의 방법이 '나'에게는 필요했던 것이다. 그런데 '서미혜'가 '나'의 자전거를 몰래 훔쳐 타는 것을 알게 되고 또 그녀의 사연을 듣게 되면서, '내'가 가졌던 죄책감과 미움이 실은 하나의 근원에서 비롯되었음을 깨닫게 된다.[26]

이 깨달음이 치유의 과정으로 그려진다. 이처럼 복수라는 '나'의 행동이 작중에서 죄책감의 원천으로 작용하지 않고 치유 대상으로서 (독자에게) 동의되는 것은, 단지 작가가 그렇게 작품의 주제를 의도했기 때문이 아니라 이 관계−은유도식이 조성하는 상상의 구도가 이를 뒷받침했기 때문이다.

정리하자면, 관계적 방향의 은유도식, 달리 말해, 관계−은유도식은 동일성의 관계를 가정한다. 동일성의 관계는 도식을 이루는 요소들의 대칭적 구조를 설정하고, 균형 그 자체보다는 균형을 만들어가려는 정신 역동적 작용에 주목한다. 이 태도는 매우 미학적인 것이어서 그 결과 주로 심미적 상상을 촉발하는 것으로 받아들여지고 있다. 한편 절차적 방향의 은유도식, 곧 절차−은유도식은 심층적 층위에서의 동일성 유지를 상상한다. 이는 대개 서사적 전개를 전제하여 논리적이며 추리적인 과정을 상하는 이유로 윤리적 상상을 촉발하는 것으로 받아들여진다.

손가락으로 콕콕 찍으며 잠시 망설였다." 김소진, 위 작품 중에서.

26) 혹부리 영감에 대한 복수는 실은 아버지를 대신한 것이고, 그로 인해 무능력한 아버지에 대한 미움은 감추어진 채 남겨져 있었던 것이다.

II. 감상

정윤은 한창 책 읽기에 흥미가 생기고 있는 중이다.
어렸을 때에는 변신과 모험이 결합된 이야기 읽기를 좋아했고
한동안은 애니메이션이나 게임에 정신이 팔려 책 읽는 것은 안중에 없었는데,
이즈음에 와서 닥치는 대로 책을 읽고 있다. 하지만
문학 작품 읽기에는 여전히 관심이 덜하다.
정윤의 얘기에 따르면, 문학 작품에 나오는 인물들의 말이나 행동은
그냥 그런가 보다 하는 정도로 받아들여진다. 왜 그런지,
어떤 생각이나 느낌으로 그러한 건지에 대해서는
특별히 생각해 본 일이 없다는 것이다. 그러다 보니,
정윤은 그나마 일부 작품에서 주인공이 살아 있는 인물 같이 느낄 뿐,
나머지는 모두 잠깐 등장했다가 사라지는
게임 속 보조 캐릭터들 같다는 생각을 한다.
심지어는 주인공조차 재미없다는 생각을 할 때가 있다.
도대체 문학 작품을 읽는다는 것이 일반적인 책을 읽는 것과 어떻게 다른지,
그걸 제 스스로에게 설명할 수 없는 게 답답하기도 하다.
문학 작품 읽기가 문학 텍스트를 읽는 것과 어떻게 다르기 때문인가?
감상은 해독과는 어떻게 다르며,
해석과는 다른 어떤 특별한 관계 속에 있는가?
이것이 정윤이 갖는 큰 의문이다.

감상의 기본 개념*

자기중심적 읽기는 정윤이 첫 문학 독서를 시작한 이후로 작품들이 뒷받침한 유효하고 강력한 감상 방법이었다. 작품에는 시선을 일치시킬 유일한 대상이 있었기 때문에 거기에 동조하며 읽어 가면 이해에는 어려움이 발생하지 않았다. 정윤이 읽었던 대부분의 작품들에서는 주인공 외에는 선택을 고민하거나 상황에 정서적인 반응이 형성되는 인물이 없다시피 했기 때문이다. 인물들의 화를 내거나 반가워하는 반응들도 해석적 반응이 아닌 자동화된 반응에 가까웠고, 오히려 반응에 대한 해석이 주인공의 몫이었다. 이러한 작품의 특징들은 어린 독자들을 위한 배려에서 비롯되었겠지만, 아직 어린 독자인 정윤은 이것이 감상의 단단한 외연을 이루었다.

화면을 향해 달려가는 주인공과 그 외에는 잠깐 등장하고 사라지는 적들과 협력자들, 보물과 함정들. 이것들은 정윤에게는 매우 익숙한 대

---

* '감상'은 이해와 체험을 포괄하는 개념이지만, 이 책의 II부에서는 작품의 평가적 수용과 주로 문학 향유의 외적인 차원에 초점을 두고 집필하였다. 문학 향유의 내적인 차원인 체험에 대해서는 III부에서 다루기로 한다.

상 세계의 프레임이었다. 정윤은 어쩌면 즐겨 놀던 일인칭 롤플레잉게임 (RPG)의 영향을 강하게 받았을지도 모른다. 아니면 기왕 읽었던 작품들의 초점화 방식이 정윤으로 하여금 그렇게 읽게 하였을지도 모른다. 그런데 이렇게 작품에서 주인공 외의 인물들이 삽화처럼 등장하고 사라지며 고민 없는 인형, 논리적인 장치처럼 기능하는 동안, 정윤의 주인공들 또한 '판단 기계' 같은 존재가 되었다. 왜냐하면 그의 주인공들에게는 판단해야 할 상황과 선택의 방안들만 있었지 고려해야 할 다른 인물의 감정이나 심리적 처지는 없었기 때문이다.

그리하여 감정이 존재하지 않게 된 『심청전』의 심 봉사와 장승상 부인과 남경 선인들 등은 심청에게는 윤리적 결행을 해야 할 대상이거나 계기가 되고, 출항 전날 밤 심청의 고뇌와 슬픔은 이 행위의 정당성을 주는 의례가 되는 것이다. 수많은 정윤들이 이 작품을 읽고 서슴없이 윤리적 주제를 감상의 내용으로 말하는 것은 이 윤리적 주제가 감상으로부터 나온 것이 아님을 말해 준다. 주제를 도출함으로써 텍스트를 작품으로 읽었지만 이때의 '작품'이란 우리가 문학 텍스트라 부르지 않았던 텍스트들이 하나의 의미 구조로 조직될 때에도 부르는 이름인 것이다.

'감상(appreciation)'은 작품을 이해하고 평가하며 주관적으로 수용하여 즐기게 되는 일련의 과정을 통칭한다. 독자는 감상의 과정 전체를 통해 문학에 대해-문학을 통해- 해독과 해석, 상상적 체험, 평가 등을 하게 된다. 이 과정은 '문학 텍스트'가 작품이자 텍스트로 독자에게 주어지면서 본격적으로 시작된다. 이때, 독자는 작품으로 주어진 텍스트의 언어 맥락을 선이해의 단서로 삼아 상상의 계기를 얻고 이를 바탕으로 텍스트에 상상적 개입을 함으로써 텍스트를 작품으로 의미화한다.

아직까지 상상적 개입은 은유도식에 의해 형성되었던 심상들을 통해 제한적으로 이루어지며, 다만 이러한 상상을 통해 텍스트의 단편적인 의

미들이 하나의 주제나 의미구조로
통합됨으로써 작품을 형성할 수 있
게 되면 작품 전체에 대한 추체험이
가능해진다. 이 과정에서 작품 속
인물이나 상황, 사건 등에 대한 정
서적 반응이 형성되며, 이 반응의
풍부함에 따라 독자와 작품이 상상
적 체험의 관계를 가질 수 있는지
여부가 결정된다. 이 과정은 [그림
5]와 같이 구조화될 수 있을 것이다.
　해석 단계는 독자가 아직 본격적
인 문학 주체로서의 역할을 수행하

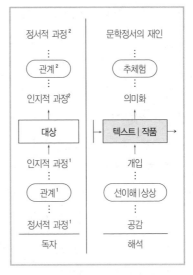

[그림 5] 해석 단계의 심리적 과정

기 전이고, 문학정서 역시 아직 체험되기 전이다. 하지만 체험 전의 의
미와 정서는 독자 밖에서 문화적 합의로 존재하면서 독자에게 직접적으
로 영향을 미친다.

가. 작품

　독자가 접하는 문학은 대부분 작품으로서, 그리고 일부 텍스트로서 존
재한다. 이 둘은 동시에 하나의 대상에서 실현된다. 우리는 그 대상의
이름을 '텍스트/작품'으로 부를 것이다. 텍스트/작품은 시인/작가로부터
온 것이지만 독자들 앞에 놓일 때에는 시인/작가로부터 독립한다. 시인/
작가의 영향력은 작품으로 존재하는 이름 뒤에서 그것의 분류와 가치에
직접적으로 영향을 미친다.
　해석 단계에서 이 텍스트/작품은 작품으로 실현된다. 작품은 이미 알

려져 있던 작품1)에서부터 이와는 전혀 다른 새로운 작품2)까지의 다양한 스펙트럼을 가진다. 하지만 대개는 독자의 개입이 기존의 작품을 참조하되 텍스트에 대한 새로운 해석을 결합시킨 작품으로 실현된다. 따라서 해석 단계는 현실적으로 작품을 대상으로 하여 독자의 감상 활동이 시작되고 이루어진다.

작품은 작품세계와는 구별된다. 전자는 해석된 것인 반면, 후자는 체험된 것이다. 전자는 독자에게는 대상으로서 남겨져 있지만, 후자는 독자의 내면에 형성된 존재가 된다. 감상 과정에서 작품은 작품세계로 발전하게 되지만, 이를 위해서는 문학이 내면화되어야 한다. 작품에 대한 독자의 개입은 일정한 상상적 위치를 조건으로 한다. 이 위치는 상상의 대상과의 거리를 통해 정해지기도 하고, 상상하는 주체에 대한 위상학적 설정을 통해서도 정해지기도 한다. 이 상상적 위치를 통해 독자는 작품에 대한 일관된 상상을 수행할 수 있으며, 또한 일정한 정서 태도를 가질 수 있게 된다.

나. 선이해와 추체험

텍스트/작품을 해석하기 전에도 이미 독자에게는 작품에 대한 이해가 존재한다. 이 이해는 때로는 은유도식 같은 사고 형식으로서 독자에게 주어지기도 하고, 때로는 독자의 경험 속에서 축적된 문화적 합의로서 존재하기도 하면서 텍스트/작품 읽기에 선입관처럼 작용한다. 하지만 이 것은 단지 개인의 임의적이고 편파적인 관념은 아니다. 이것은 독자의

---

1) 즉, 텍스트로 의미가 개방되기 전의 작품이자 지식의 형태로 독자에게 제공된 작품.
2) 달리 말하면, 오인(誤認)된 작품이거나 기왕의 작품에서 비롯된 의미 맥락을 전혀 갖지 않은 채 이해된 작품.

경험 속에서 들어와 있는 사회적 경험이자 독자의 경험을 통제하는 규범의 체제로 존재한다.

우리는 완전한 무(無)인 상태에서 텍스트와 만나지 못한다. 항상 텍스트는 어떤 의미 맥락 속에서 텍스트/작품으로 존재한다. 말하자면 이미 이해된 존재로서 대하게 된다는 것이다. 한스-게오르그 가다머(Gadamer, 이길우 외 옮김, 2000)는 이해의 시간성이라는 맥락에서 이해가 선천적이며 실존적인 상태에 있다고 보았다. 말하자면, 이해 이전에 이미 선이해(foreunderstanding)가 있다고 본 것이다. 이러한 의미에서 이해는 선이해가 그보다 앞선 선이해와 만나는 과정이 된다.[3]

그런데 이러한 생각을 확장시키면, 우리에게는 항상 선이해되었던 것들만 존재하며, 작품 이해란 선이해되었던 것을 선이해된 것에 의해 구성된 사고를 통해 이해하는 과정이 된다. 게다가 그 과정은 무한 반복된다. 그렇다면 우리가 이해한 작품이란 무엇을 뜻하게 되는가? 작품 이해의 맥락을 설명하기에 이 개념이 유의미한 것은 사실이지만, 해석학적 맥락에서는 작품의 존재가 사라져 버리는 문제가 발생한다.

이 때문에 이 책에서는 '선이해'라는 용어를 사용하되, 이 용어가 가진 해석학적 의미 맥락을 완화하기 위해 다음과 같은 단서를 두기로 한다. 우선, 선이해는 독자의 내면에 형성되어 있는 이해의 맥락을 뜻하는

---

3) 이 개념을 가다머는 '지평 융합'이라는 개념으로 설명한 바 있다(Gadamer, 이길우 외 옮김, 2000). 가다머에 앞서 이미 하이데거(Heideger, M.)가 선이해를 개념화하였지만, 세계의 모든 존재들이 갖는 존재론적 조건으로 이 개념을 사용했던 하이데거와는 달리 가다머는 역사적 지평 위에서 이 개념을 정초한다. 그런데 이러한 선이해에 의해 형성된 기대 지평들이 조우하는 지평 융합에 이르면, 가다머 역시 선이해를 선험적인 개념처럼 사용한다. 이 경우 지평 융합은 작품의 균열적이고 모순적인 부분을 사상(捨象)하고 이상화하게 되는데, 이러한 까닭에 테리 이글튼(Eagleton, T.)은 가다머가 이해를 전통이라는 이성으로 논증할 수 없는 정당성에 기대어 거기에 승복하는 과정으로 보고 있다고 비판하기도 했다. Eagleton(김명환 역, 1989).

것으로 그 의미를 제한한다. 이는 선이해가 작품 이해에 동원될 수 있는 모든 이해 맥락으로 확장되는 것을 막기 위함이다. 상상적 체험을 통해 작품세계를 경험한 독자는 이미 문학을 선체험한 세계로 가지고 있고 이를 이해의 맥락으로 삼을 수 있으므로, 선이해는 선체험과 개념적으로 등가적이 될 수 있다.

다만 작품으로 의미화하는 과정에서 독자 자신이나 타인의 문학적 선체험을 바탕으로 작품세계를 추체험하게 되는 것을 선체험 자체와 구분할 필요가 있다. 전자는 아직 체험 이전인 반면, 후자는 체험 내용을 가진다. 본질적으로 추체험은 의사-체험(pseudo-experience)이다.

다음으로, 선이해는 선지식과는 구분하여 사용한다.[4] 선지식은 그것이 나타내는바 문학 이해 과정을 거치지 않고도 독립적으로 주어질 수 있기에 문학적 체험의 조건으로 작용하는 선이해와는 다른 방향으로 영향을 미친다. 예컨대, 선지식은 대상이 되는 작품이 이야기시의 특징과 양상을 지닌다는 지식을 갖게 된 상태를 가리키고, 선이해는 작품의 상황은 작품 속 대상과 유사한 속성을 갖는 다른 사물로부터 유비적으로 이해할 수 있다와 같은 지식을 갖게 된 상태를 가리킨다. 둘 다 지식의 형태로 전달되지만, 독자인 학습자, 곧 학습 독자 내부에서 전자는 지식의 형식 그대로 남아 있는 반면, 후자는 상상적 체험을 위한 은유도식으로 전환될 수 있다. 이를 통해 이용악의 「오랑캐꽃」을 감상한다면, 선지식은 학습 독자로 하여금 "「오랑캐꽃」은 이야기시의 특징과 양상을 지니고 있다."고 반응하게 만들며, 선이해는 "「오랑캐꽃」은 꽃술의 모양으로 인해 오랑캐꽃이라 불리던 야생화(제비꽃)처럼 변방 지역의 조선 유이민들이 같은 조선 민족에게조차 오랑캐처럼 타자화 되어 고통을 겪었음을

---

4) 이에 대해서는 이미 Ⅰ부 1장에서 개념적으로 구분한 바 있다.

시로 형상화했다."고 반응하게 만든다.

만약 다른 수업에서 문학 교사가 김승옥의 「1964년 서울 겨울」을 함께 읽는 장면에서 학생들에게 작품에 대한 감상을 물었다고 가정해 볼 때, 학생들이 '고독'과 '절망감'을 느꼈다고 반응한다면 이 반응은 선지식이 그대로 반복된 것일 가능성이 언제든 존재한다. '고독'이나 '절망감'으로 개념화되는 감상은 선지식이나 선이해 모두에서 가능하지만, 이러한 개념화가 반복될수록 실제 감상은 여기에 기대어 위축될 수 있으며 결과적으로 선이해로서의 기능을 멈추고 선지식으로 남게 될 수 있다.

선이해는 감상할 작품에 대한 직접적인 지식이 아닌, 이전의 문학 감상에서 얻은 이해의 맥락이다. 따라서 문학 이해의 순환적 과정 속에 지속적으로 기능하는 요소가 될 수 있다.

다. 공감

타자와 같은 마음을 갖는다는 뜻의 공감(empathy)은 좁은 의미로는 감정이입을 뜻하고 넓게 보면 확장적인 의미에서는 유사한 감정의 공유를 가리킨다. 공감은 감상의 첫 계기를 제공하는 것으로, 공감의 방식이라 할 수 있는 감정이입이나 투사는 감상의 일차적인 조건이다. 여러 연구들에 기대면, 공감은 타자에 대한 이해를 지향하며 이를 통해 정서적인 감염(emotional contagion)을 겪게 되는 것을 뜻한다고 한다(Eisenberg and Miller, 1987; 박미주, 1994; 신경일, 1994). 또한 연구들은 타자의 긍정적인 정서 상태에 대해 공감이 긍정적인 반응으로서 뚜렷한 일관성을 보인다고 한다. 그러나 타자의 고통이나 슬픔에 대해서는 그렇지 않은 것 같다.[5]

공감은 상황의 구체성과 실제성을 높이고 학습 독자로 하여금 체험 주체로서 위치 설정을 할 수 있게 한다. 공감은 상상력과 감수성이라는 엔진을 작동시키는 동력과 같은 것이다. 공감은 관계적이어서 공감에 의해 이루어지는 위치 설정은 상상 내에서 단지 어떤 공간적 점유를 한다는 것을 뜻하지 않고 어떤 관계를 형성한다는 것을 뜻하게 된다.

공감은 주어진 상상적 체험 내에서 다양한 관계망을 형성할 수 있게 하기도 한다. 동일시나 감정이입, 투사 같은 방식으로 위치 설정을 할 수 있을 뿐 아니라 공감의 역치(거리두기)를 통해 위치 설정을 할 수도 있다. 예컨대 충담사의 「찬기파랑가」에 대한 상상적 체험은 이 작품의 주인공이면서도 알려진 것이 거의 없는 인물인 '기파랑'을 통해서만 이루어지는 것이 아니라 '달'과 같은 작중의 상징물이나 '기파랑'을 추모하는 심정, 심지어는 '화랑' 같은 배경 지식을 통해서도 이루어질 수 있다. 이를 통해 독자는 다른 경험 있는 독자들이 시도하는 감상의 방법이 막막하게 여겨질 때에도 그들이 쉽게 접근할 수 있는 경로를 통해 또 다른 상상에 들어설 수 있다.6)

타인에 대한 공감은 감정이나 정서의 해석에 기초한다. 기쁜 모습을

---

5) 박성희(1997)는 이때 나타나는 정서적 반응이 타자 지향적이냐, 아니면 자기 지향적이냐에 따라 동정(sympathetic distress)과 개인적 고통(personal distress)으로 다르게 나타난다는 사실을 보고하였는데, 여기서는 동정이 실제로는 공감과는 구분되는 심리적 반응일 것이라는 주장이 제기되었다(박성희, 1997 : 85). 공감 없이도 고통 받는 타자에 대해 연민이나 동정을 갖게 될 수 있으므로, 이 주장은 타당성이 높아 보인다. 실제로 어떤 정서에 대해서는 공감적 각성이 동정 아닌 죄책감을 불러일으킬 수도 있다.

6) 예찬이나 흠모와 같은 일방의 정서적 체험 외에도 비감이나 애통 같은 체험도 가능하게 한다. 어쩌면 후자가 상상적 체험을 위해서는 자연스러울 뿐 아니라 오히려 다행스러운 일이 될 수도 있다. 이를테면 어떤 독자는 이 작품을 읽으면서 자신이 존경했던 분의 죽음을 떠올리게 될 것인데, 이때 존경의 대상이었던 사람의 죽음은 독자가 작중 상황을 재구성하고 이에 일정한 방식으로 공감하게 하는 데 도움을 주는 상상의 원천이 될 수 있다. 공감 능력에는 차이가 있지만, 다양한 수준과 방법에서 공감이 가능하다는 것은 문학 감상이 다양한 수준과 방법으로 실행될 수 있음을 말해준다.

보면 즐겁고, 슬픈 장면을 보면 안타까움을 느낀다. 아무 표정이 없이 앉아 있는 어린아이를 볼 때에도 즐겁거나 안타까운 마음이 드는 경우가 있는데, 이는 그 아이가 처한 상황이나 내면 심리를 정황으로부터 유추함으로써 거기에 대해 공감하기 때문이다. 작품에 대한 공감은 이보다 복잡하다. 공감 대상에 대한 감정이나 정서의 해석에는 공감 주체로서 독자의 위치 설정이 필요하기 때문이다. 독자가 시인/작가의 시선을 취하여 작품 감상을 하게 되는 것을 쉽게 대할 수 있는 것은 공감의 위치 설정이 상대적으로 쉽기 때문이다.

공감 대상의 감정이나 정서가 부정적일 때, 이에 대한 공감은 독자가 수용한 역할에 따라 다르게 나타날 수 있다. 예컨대 '한(恨)'이나 '고독', '부끄러움' 같이 근·현대시 작품들에 빈번하게 형상화된 부정적 정서들은 독자의 성장에 따라 더 자주 대하게 되는 것들인데,[7] 이것들에 대해서는 동정의 공감도 가능하겠지만 동일한 정서를 느낄 수도 있고, 혹은 그 감정과 상반된 감정을 느끼게 될 수도 있다. 하지만 정서의 해석이 공감에 앞선다는 점에서 공감 없는 공감적 표현이 있을 수도 있다.[8] 이 경우 작품에 대한 감상이 실행되었는지를 판단하는 방법은 감상의 구체적 실현으로서 상상적 체험 여부를 확인하는 것이다.

---

7) 이렇게 부정적인 정서가 특히 상급학년으로 올라가면서 더욱 많이 다루어지게 되는 점은 간단히 설명될 성격의 것이 아니다. 훌륭한 작품일수록 인간사의 부정적인 모습을 다룬다는 사실에는 여기에 작용하는 특별한 가치화와 그에 대한 인간 정서의 동기 부여 문제가 결부되어 있다. 오래된 철학적 난제인 이 문제를 흔히 '비극의 역설'이라 부른다.

8) 김소월의 「진달래꽃」을 읽으면서 '정한(情恨)을 느꼈다'고 말하기보다 '정한의 정서를 담고 있다'고 말하고, 박두진의 「도봉」을 읽고 나서 '고독을 공감했다'고 말하기보다 '고독감을 표현했다'고 말하며, 윤동주의 「참회록」을 대하며 '부끄러움을 느꼈다'고 말하기보다 '부끄러운 자신의 행동을 참회하고 있다'고 말하는 것은 공감이라고 할 수 있겠는가. 그렇게 답할 수 없으면서도, 독자들이 텍스트를 통해 표출되는 시적 자아의 모습에 '불쌍하다'거나 '안타까움을 느꼈다'고 반응하는 것을 우리가 교육적으로 긍정하는 것은, 말하자면 정서적 공명을 동반하지 않은 동정의 심리적 상태를 공감과 혼동하고 있거나 아니면 공감보다 동정을 교육적으로 가치 있게 생각하기 때문일 것이다.

개입과 의미화

해석 단계에는 문학이 작품으로 실현될 때 기능하는 두 가지 인지적 과정이 있다. 하나는 개입(intervention)이며, 다른 하나는 의미화(signification) 이다. 개입을 통해 텍스트/작품은 이해 가능한 전체가 되며, 의미화를 통해서는 체험적 대상이 된다. 하지만 개입과 의미화는 단계적으로 거쳐 가는 과정이라기보다는 연속적이면서 상호 계기적인 과정으로 이해하는 것이 합당할 것이다.[1]

시인/작가의 시선으로 작품을 읽었을 경우라 하더라도 대개는 그러하겠지만, 만약 정윤이 다른 인물들의 시선을 이해하며 작품을 읽을 수 있게 되었다면, 그것은 이미 정윤이 작품에 개입한 상황임을 의미한다. 정윤이 살아가는 현실 세계의 논리가 작품 속 특정한 인물의 시선에 자리잡은 세계의 논리와 만난 것이다. 개입으로 인해 작품은 현실 세계의 논리에 영향을 받으며, 독자인 정윤은 특정한 인물의 시선에 반영된 주제의식과 작품 속 세계관에 영향을 받게 된다. 이것은 정윤으로 하여금 작

---

[1] 다만 두 과정이 각기 다른 인지 활동을 초점으로 삼고 있음을 드러내기 위해 [그림 5]에서 선후를 구분하여 배치하였다.

품을 통합되고 체계화된 의미 구조로 받아들이게 하는 원인이 되기도 하지만, 동시에 정윤에 의해 이해된 현실의 논리가 작품의 해석적 맥락이 되게 하는 원인도 된다.

한편 특정한 주제의식과 세계관을 통해 형상화된 것으로 의미화된 작품은 정윤에게는 이해할 수 있는 하나의 세계가 된다. 이 세계는 아직까지는 대상화된, 일종의 의사—체험 대상이므로, 독자인 정윤은 이를 개념화하여 받아들인다. 예컨대 시의 경우에는 주제와 정조가 의미화 대상으로 파악되며, 소설에서는 주제와 분위기가 그 대상이 된다.

이처럼 개입과 의미화를 통해 하나의 의미 체계를 형성한 작품이 수용된다. 그것이 텍스트의 해독된 자료들을 남김없이 활용했는가는 문제가 되지 않는다.

가. 개입

❶ 독자의 개입

텍스트와 달리 작품은 본질적으로 소통적 존재이다. 텍스트는 우연히 소통의 상황 속으로 던져짐으로써 읽혀질 수 있으나, 작품은 소통 맥락에서 태어나며 독자의 이해 과정 속에서 완성된다. 작품과 관련된 수많은 해석적 단서들은 독자와 만났을 때 비로소 아름다운 질서를 갖추며 통합될 수 있다. 이 때문에 작품은 본질적으로 독자를 필요로 하게 된다.

독자에게 작품은 이미 어떤 의미로 실현된 대상이다. 하지만 이 대상이 독자의 상상적 체험과 연관될 때에는 하나의 세계가 된다. 작품이 (앞으로 체험하게 될) 작품세계로 이어지는 과정은 독자가 작품을 통해 이미 있어 왔던 여러 작품세계들과 만나는 과정이기도 하다. 이는 독자가 작품과 만나게 되는 과정인 감상이 '개입'의 성격을 지님을 뜻한다.

세계들의 조우라는 관점에서 보면, 개입은 다층적이고 복합적이라고 할 수 있다. 왜냐하면 이것은 단지 작품 속 어떤 사건을 독자가 들여다보는 과정이 아니라 '어떤' 사건의 내용이 바뀌고 그것의 '사건적' 성격이 바뀌며 그 '사건'을 구성하는 요소들까지 바뀌는 전면적인 변화의 사태가 되기 때문이다. 한 작품 안에서 여러 세계들의 총회(convention)가 열릴 때 독자는 그 자신이 한 세계의 대표자이자 동시에 중재자로서 여기에 개입한다.

개입이 서정시처럼 독백의 형식에도 개입이 성립할 수 있는지가 문제가 될 수 있다. 하지만 시인 자신이 의사소통적 상황을 전혀 염두에 두지 않고 시를 썼을 경우에도 독자에게 감상하고 해석할 여지가 남겨지는 것[2]은 문학이 담론으로 실현되기 때문이다. 서정시가 독백이 아니라 대화라고 부를 수 있는 것은, 시인이 그것을 단지 텍스트가 아닌 작품으로 산출해 내었고, 작품으로 산출됨으로써 독자가 청자의 지위로 서정시에 개입할 근거가 마련되었기 때문이다.[3]

② 경험 있는 독자의 개입

감상은 개인적인 과정으로 이루어지지만 때로는 문학 교사처럼 경험 있는 독자의 도움을 통해 이루어지기도 한다. 이 경우 감상을 위해서는 경험 있는 독자와 텍스트를 매개로 상상된 체험을 공유하는 것이 반드시 필요하다. 이때 경험 있는 독자의 역할은 그 자신이 이 작품으로부터

---

2) 서정시가 고독 속에서 꽃을 피우는 것, 그것을 시인의 독백이나 그의 내면 고백으로만 본다면 에밀 슈타이거가 말한바 "가요(Lied)를 듣는 연주회의 청중"이 겪는 각별한 고독의 시간을 어떻게 설명할 수 있겠는가(Steiger, 이유영·오현일 공역, 1978 : 78-79).

3) 이에 대해서는 최지현(1998c)를 참조할 것.

작품세계의 상상적 체험을 도모하는 또 한 명의 독자가 되어 도움을 얻게 될 독자와 공체험적 관계를 형성하는 것이다.

문학교육의 관점에서 보면, 공체험은 문학적 체험의 가장 심화된 형식이고 문학에 대한 구체적이면서도 동시에 보편적인 이해에 도달하게 된 과정이므로, 경험 있는 독자의 개입이 갖는 중요성은 매우 크다고 하겠다. 다만 이때 경험 있는 독자는 그 자신의 상상적 체험을 개입의 핵심적인 목표로 삼고 있는 만큼, 도움을 얻고 있는 독자의 감상에 직접 간여해서는 안 되며, 자신 또한 이 과정에서 문학적 체험을 심화하게 될 것임을 기대할 수 있어야 한다.

나. 의미화

❶ 전유

도래할 가치의 체계를 미리 조회한다는 뜻을 지닌 전유(appropriation)는 어떤 대상에 대한 통찰이 가져다주는 전면적이고 예기적인 파악을 말한다. 전유가 해석 단계에서 중요한 의미를 지니는 까닭은 하나의 작품을 이해하기 위해 무수한 맥락으로 열려 있는 텍스트를 읽어가는 과정에서 작품이 지닌 전체성은 텍스트의 언어 맥락으로부터 직접적으로 도출되지 않기 때문이다. 텍스트의 모든 단서들이 활용되지도 않거니와 텍스트로부터 단서 모두가 얻어지지도 않지만, 독자는 이로부터 작품을 읽어낸다. 그것이 가능한 것은 독자가 작품의 의미와 가치를 전유하기 때문이다. 이처럼 전유는 작품의 전체성을 포착할 수 있게 하는 인식의 속성이자 의미화의 핵심적인 방식이다.

전유를 통해 파악된 작품이 전체성을 갖는 과정에서는 그 전체성이 유일성으로서 평가되는 일이 발생할 수 있다. 모호하게 해석되는 부분은 사상(捨象)하고 논리적으로 불일치하는 것은 배제하는 방식으로 작품의 주제나 가치를 도출해냄으로써 작품을 불명료와 모순이 없는 상태로 만들려고 할 수 있다. 이것이 해석적 유일성을 갖게 되는 일인데, 그 결과 초월적 비판 외에는 그 전체성을 반성할 방법이 없게 될 수도 있다. 이 때문에 폴 리쾨르(Ricoeur, trans. John B. Thompson, 1981)는 '거리두기(distanciation, 혹은 소격화)'라는 개념을 함께 사용하기도 한다.

일반적으로 독자가 전유를 위해 참조하는 것은 정전(正典)이다. 그것은 작품으로서 존재하기도 하고 때로는 이른바 '비어 있는 정전'처럼 규범화된 관점으로 존재하기도 한다. 어느 쪽이든 정전은 합목적적 존재로서 이상화되는 과정에서 그것을 공리나 보편적 원리인 것처럼 받아들이도록 그 스스로를 정당화한다. 물론 공리나 보편성 같은 규범은 준수될 때에만 의미가 있기 때문에, 이러한 정당화는 공동체 구성원들의 자율적 준수와 그것을 통한 자발적 합의(consensus)를 이끌어내는 작용을 한다. 말하자면, 정전은 담론 주체들이 그 속에서 가치 있는 것과 가치 없는 것을 분별하게 하고, 나아가 그 가치 있는 것의 유일한 모델을 정전으로부터 발견해 내도록 하는 일을 자발성에 기초하여 수행한다는 것이다. 여기서 정전은 신화처럼 확실하면서도 그 증거를 추궁당하지 않는 자연화(naturalization)의 효과를 갖게 된다.

알띠에리(Altieri, 1990)는 정전이 '가치 있는 것으로 간주되는 상상력의 형태를 예시해' 준다고 말한 바 있다. 그것이 맞다면, 이 상상력은 자발적으로 공유될 것이며, 나아가 사회적으로 공유될 것이다. 담론 주체들은 정전을 통해 동일한 상상을 하게 된다. 게다가 여기에는 기대와 가치 판단의 긴밀한 관계가 조성되기 때문에, 작품을 읽으며 유사한 상상을 하게 되는 것은 매우 자연스러운 현상이 된다.

이런 점에서 정전은 재귀적이며 순환적이다(Altieri, 1990). 자명한 실체가 아님에도 불구하고 그것은 일종의 '선이해(foreunderstanding)'에 의존하여 일반적인 규범을 만들어낸다. 여기서 유발되는 정전의 효과가 '동일화(identification)'이다(Macdonell, 1992).

이렇듯 전유(專有)라는 기제는 담론 주체들의 자발적 합의를 이끌어내고 동일한 상상 체계를 공유하게 하며 그것들의 중심에 놓인 정전으로 끊임없이 지향하게 한다. 그러나 이러한 전유의 기제가 미치지 않은 모든 경우, 이를테면 자발적 합의를 회의하거나 정전의 기반을 파헤치려 하거나 혹은 정전 자체를 추궁하거나 아니면 일탈적인 상상을 하거나 하는 경우, 정전은 그것을 배제한다.

배제한다는 것은 곧 금기로 삼는다는 것을 뜻한다. 그것은 경계를 만드는 것이고, 경계의 안과 밖을 문화와 야만, 이성과 무지, 창조와 파괴 같은 이원적 대립 구도로 만드는 것이다. 정전에 있어서 경계 밖이란 열등한 것을 의미하는 것이 아니다. 그것들에 이름을 붙이기는 하지만, 지배권의 바깥에 있어서 등급이나 서열을 매길 수 없는 미지의 것을 의미한다. 그렇기 때문에, 정전은 경계 밖의 금기 대상들을 부재(不在)하는 것으로 만들려 한다. 정전이 갖는 배제의 기제는 정전의 권력 효과가 미치는 모든 대상들이 이 지배권 밖의 도전에 공포를 느끼고 문을 굳게 닫아 걸도록 만든다.[4] 자발성에 기초한 전유만큼이나 배제 또한 자발성에 기초한다. 그리고 그것 또한 자연화된다.

---

4) 이를 통해 경계 밖에 있는 대상들은 정전이 주장하는 가치를 원천적으로 박탈당하게 된다. 배제의 기제는 이처럼 금기를 만들어 박탈한다는 점에서 그리고 박탈을 통해 금기 대상을 만든다는 점에서 이중의 작용을 한다.

② 오독

전유는 해석의 독점을 추구하는 것이다. 따라서 전유를 통해 작품의 의미화가 시도될 때, 텍스트의 남겨진 해석적 단서들과 해독되지 않는 요소들은 대개는 부재하는 것으로서 치부된다. 하지만 독자가 텍스트를 작품으로 수용한 이후에도 여전히 해독과 해석에서 배제된 요소들은 여러 도식들의 경쟁 공간이 된다. 이 상황은 삼중으로 오독(誤讀)의 가능성을 열어놓는다.

먼저, 해독되지 않거나 해석되지 않은 텍스트의 요소들 중에는 시인/작가가 의도한 작품의 의미 맥락 속에 있기를 기대했던 것들이 포함될수 있다. 이는 독자가 시인/작가가 기대하는 작품을 충실히 읽지 못했다는 것을 뜻하게 된다. 일반적으로 텍스트/작품에는 시인/작가가 의도한 작품화의 경로가 있게 마련이고 이 경로는 (의도한 것이 아니라면) 해독되지 않거나 해석되지 않은 요소가 '잘못' 이해한 의미 맥락에서보다 훨씬 적게 산출되도록 하는 경제성의 원리를 갖기 마련이다. 따라서 여전히 이해되지 않거나 다른 의미로 읽힐 여지가 있는 것들이 의미 있는 수준에서 남겨져 있을 때 독자는 오독을 했다고 할 수 있다.

다음으로 시인/작가가 의도하지 않은 경우라 하더라도 텍스트에는 여전히 해독되거나 해석될 수 있는 요소들이 있을 수 있는데, 이것들은 상대적으로 더 많은 요소들을 해독되거나 해석되지 않은 상태로 남겨놓게 될 은유도식과 부합할 수 있다. 만약 독자가 이러한 은유도식을 통해 텍스트를 작품으로 이해한 경우 경제성의 원리를 근거로 오독했다고 평가받을 가능성이 생긴다.

끝으로 시인/작가의 의도와 다르게 텍스트를 해독하거나 해석했거나, 혹은 독자들에 의한 일반적인 해독이나 해석과 다른 의미를 산출했을 때, 이를 오독했다고 평가 받을 수도 있다.

세 가지 오독은 각기 다르게 평가된다. 첫 번째 오독은 불충분한 이해로 인한 오독이라 하며 전유에 의해 독점된 해석의 질서를 따르고 있다는 점에서 '합당한 이해'와 위계적 관계를 갖는다. 하지만 여기서 문제가 되는 것은 전유이다. 독자는 텍스트를 어떻게 의미화해야 할지 모르는 상태에서 의도된 해석적 질서를 좇는 모험을 하게 되는데, 독자의 이러한 상태를 의도적으로 활용하는 경우도 있기 때문이다. 곧 여기서 오독은 의도된 오독이며 작품의 또 다른 실현태가 될 수도 있다.5)

두 번째 오독은 다른 작품으로 읽음으로써 '합당한 이해'와 경쟁적 관계에 서게 된 것으로 때로는 작품 다시 읽기로서 정당화될 수도 있다. 예컨대 줄거리 중심으로 이해되는 민담에서는 서사 요소만으로 작품이 실현되는 경우도 있는데, 이처럼 텍스트의 극히 일부분만으로도 작품으로 실현될 수 있다는 점에서 해독이나 해석되는 요소의 비율만으로 오독 여부를 따지기 어렵다는 것이 작품에 대한 논쟁을 유지시킨다.

세 번째 오독은 해독이나 해석의 정합성을 두고 이루어지는 논란으로 해석 주체들이 판단의 객관적인 근거를 합의하고 있다는 점에서 일반적인 오독의 유형이라 할 수 있다.

오독이 때로 창조적인 이해로서 수용되기도 하는 것은 첫 번째 오독과 두 번째 오독이 갖는 의미 맥락의 상대성 때문이다. 작품 이해를 위한 지식은 감상의 주요한 지지대가 되기도 하지만 감상을 오도하기도 한다. 하지만 지식을 배제하고 작품 이해가 이루어질 수 없으며 전유는

---

5) 잠언이나 풍자담, 우화 같은 형식들이 대표적이다. 일반적인 작품에서도 오독은 의도될 수 있을 것으로 보인다. 해럴드 블룸(Bloom, H.)의 『영향에 대한 불안』(양석원 역, 2012)이나 자크 데리다(Derrida, J.)의 『그라마톨로지』(김성도 역, 2010)와 연관 지어 생각해 보면, 오독은 소비의 과잉이라기보다는 생산의 전략, 그러니까, 독자에 의한 오독이라기보다는 작가에 의해 유발된 오독으로 볼 여지가 있다.

사후적이고 결과론적으로 확인되기 때문에 불가피하게 (작품으로의) 의
미화에는 오독에 대한 강박을 갖게 되거나 오독이 유희로서 수용되는
선택이 생기게 된다. 오독의 개념적 내포가 단일하지 않다는 점에서 전
유는 긍정적이며 또한 부정적인 가치의 양가성을 갖게 된다. 어느 쪽을
선택하는가 하는 것은 독자의 문제이다.

정서적 거리[*]

가. 감상의 근본적 문제 상황

복합적이고 상충적인 정서는 인간에게 다원적 가치 체계가 존재한다는 사실을 반영한다. 사실 이 진술은 우리의 일상에서는 가급적 배제하고자 하는 병리적 현상일 가능성이 높다. 그런데 유독 문학과 예술에서는 그와 다른 이해가 있음을 보게 된다.

　더러는
　옥토에 떨어지는 작은 생명이고저……

　흠도 티도,
　금가지 않은
　나의 전체(全體)는 오직 이뿐!

　더욱 값진 것으로

---

* 이 절의 내용은 최지현(1998a, 2003)에 바탕을 두고 있다.

드리라 하올 제,

나의 가장 나중 지니인 것도 오직 이뿐!
아름다운 나무의 꽃이 시듦을 보시고
열매를 맺게 하신 당신은,

나의 웃음을 만드신 후에
새로이 나의 눈물을 지어 주시다.[1]

이 작품에서 환기되는 감정들은 매우 복잡하고 심지어 모순적이다. 모든 것을 버리고 화자에게 남은 것이 씨앗 하나라고 할 때, 그 순수한 전체가 '눈물'이라는 것은 아이러니 그 자체이다. 표현은 '오직 이뿐'이라고 하고 있으나, 이것이 죽음과 삶에 대한 감정이며 기쁨과 상실과 발견과 쇠락의 모든 감정이 축적된 것임을 4연에서 발견하게 되었을 때, 그것을 정말 순수한 전체이라고 말하기는 어렵다. 어쩌면 일상에서는 좌절과 원망과 고통과 슬픔이 한 데 모여 있는 정서적 상황이라고 할 수도 있다. 이 때문에 자신이 가진 모든 것, 그 눈물(과 그것이 함축하는 어떤 사건)마저 내어달라는 절대자 앞에 선선히 순응하는 것은 일상의 심리로 대하자면 이해할 수 없는 일이다. 일상이라면 그럴 수 없는 것이다.

문학적 상황에서는 이것이 일종의 정서적 고양의 상태로 이해된다. 문학이라는 형식이 정서를 체험한 그대로 표출하지 않을 것이라는 가정이 그 한 이유이고, 절대자에 대한 인간—그는 결국 신앙인일 수밖에 없다—의 정념이란 초월적이어야 한다는 맥락의 이해가 다른 한 이유가 된다. 어느 쪽이든 이 작품은 슬픔을 슬픔 그대로 드러내기보다는 그 속에

---

1) 김현승(1963), 「눈물」, 『옹호자의 노래』, 선명문화사.

성찰과 발견과 깨달음을 함께 녹여 넣어 정서적 고양이라는 심리 상태로 형상화한 것으로 이해된다.

그런데 형상화의 성공 여부와 관계없이 작품 속 상황은 문학적 상황이라 해서 슬프거나 비참하지 않았다고 할 수는 없을 것이다. 적어도 화자는 슬픔의 극진한 상태를 벗어나 있다고 볼 수 없으며, 비참에 놓인 그가 자신의 상태를 쉽게 대상화하거나 관념화하지는 못했을 것이라 생각하게 된다.[2] 독자는 이 작품을 읽고 '슬픔의 종교적 승화'라는 주제를 떠올릴 수 있겠지만, 그 이전에 슬프고 비참한 상황을 못 본 척하고 거기에 도달하지는 못했을 것이다. 만약 그러했다면 독자는 아직 감상의 입구에 들어서지 못했을 것이기 때문이다.

그런데 더 큰 문제는 이 복잡하고 미묘한, 게다가 만약 자신의 상황이라면 견딜 수 없었을 것이 분명한 이 시적 상황을 복잡 미묘하고 고통스러운 채로 독자가 그대로 받아들였어야 할 상황이다. 독자는 어째서 이러한 상황 앞에 놓여야 하는가? 그것이 아무리 타인의 삶이라 하더라도, 자신 앞에서 견디기 힘든 사태가 발생하는 것을 왜 보고 있어야 하는가? 어째서 수많은 문학 작품들은 고독이나 우수, 부끄러움, 정한 같은 부정적인 복합정서를 기조로 삼고 있는 것일까? 문학은 왜 고통을 안겨 주는가? 가장 문제적인 현실에 관여한 시인의 정신적 산물이 어째서 분열적 양상을 보이는 '병리적인 정서'(Plutchik, 1979 : 163)와 긴밀한 상관성을 가지고 있는가?

작품을 감상할 때 이내 마주 대하게 될 이 일상적이지 않은 사태들은

---

2) 이 작품이 가르쳐질 만한 문학교육적 가치를 가지고 있고, 그렇기 때문에 시적 자아의 진술이 가정법이거나 과거형이라기보다 지극한 감정의 골을 방금 헤쳐 나온 현재형의 고백이라고 생각할 만하다고 할 때, 우리는 마땅히 이 시의 주인공이 안고 있는 정신적 고통을 상정해 두고 있어야 한다.

독자에게는 감상의 근본적 문제 상황을 야기한다. 이 상황은 기꺼이 받아들일 만한 상황이 아니다. 유쾌하고 흥겨운 이야기 끝에 훌륭한 교훈이 있다면, 그것은 기꺼운 체험이 될 수 있다. 하지만 (공감하였다면) 고통스럽고 괴로운, 혹은 (동정하였다면) 가엾고 불쌍한 이야기 끝에 교훈이 온다면, 혹은 교훈조차 오지 않는다면, 이것을 기꺼운 체험이라 쉽게 인정하기는 어려울 것이다.

물론 치료를 위해서라면 쓴 약도 억지로 먹어야 하는 것처럼 윤리적 삶을 위해 동정, 감계, 공포, 회피를 상상적으로 체험해 볼 수 있다. 그리고 이는 독자가 윤리의 수단으로서 문학을 경험되는 일이 된다. 하지만 플라톤(Plato)은 명백히 이러한 정서적 작용에 반대했다. 예술적 정서 체험의 가치를 옹호하였던 카타르시스 이론(catharsis theory)조차 정화에 앞서 다가온 부정적인 정서를 복권시켰던 것은 아니다. 예술사의 몇몇 시기들, 예컨대 상징주의의 강한 전염력 속에 있었던 18세기말에서 19세기 초까지와 불안한 세계정세와 사회 분위기를 배경으로 초현실주의가 관심을 끌었던 1, 2차 세계 대전 사이의 시기, 그리고 오래된 미학적 명제들에 대해 혁명적 전도를 시도하고 있는 최근 수십 년 동안이 부분적 예외가 되기는 하지만, 부정적인 정서는 역설적이게도 부정(否定)을 통해서만 예술적 정서에서 주변적인 지위를 얻을 수 있었다. 말하자면, 독자적인 가치를 얻지 못했던 것이다.

하지만 당의정(糖衣錠) 가설을 버리더라도, 이 문제 상황은 전혀 다른 사건으로 이해될 수도 있다. 말하자면, 부정적 정서가 정화를 거쳐 평정에 이르지 않더라도, 작품이 반드시 교훈으로 귀결되지 않더라도, 나아가 문학이 윤리의 수단이 되지 않더라도, 문학을 통해 부정적인 정서의 체험은 적어도 부정적이지 않거나 혹은 그 자체가 긍정적인 의미를 지닐 수 있다는 것이다. 그 몇 가지 가능성을 열거해 본다.

먼저 이 정서는 인간의 생존에 긍정적으로 기여한다. 복합정서는 그것을 구성하는 기본정서로부터 독립적이지 않다. 그런 점에서 일부 복합정서들의 선택적 허용은 기본정서들을 은폐한 채로 내면화하게 하는 작용과 상관적이다. 예컨대 감상 과정에서 '부끄러움'의 정서(윤동주, 「참회록」)는 '큰 타자'의 시선에 대한 두려움과 자기혐오를 내면화하는 것과 동일한 교육적 맥락을 가지고 있을 수 있다. 마찬가지로 '향수(鄕愁)'를 감정이입하거나 가치화하는 것(정지용, 「향수」)과 '아름다운 것은 언제나 과거에 존재한다.'는 상실감을 지속적으로 내면화하는 것은 동일한 교육적 맥락을 가지고 있을 수 있다. 이 교육적 맥락은 양가적이며, 양가적이라는 점에서 긍정적인 의미도 가진다.

다음으로, 이 정서는 인간의 정서적 균형감을 제공한다. 부정적인 복합정서 가운데 일부는 정서적 평형을 위한 수단적 의미로서 작품 감상에서 허용된다. 슬픔은 더 큰 기쁨을 위해 거쳐야 하는 과정이 되며(김현승, 「눈물」), 복종은 자유를 위해(한용운, 「복종」), 고통은 희열을 위해(심훈, 「그날이 오면」) 받아들일 만한 것이 된다. 그런데 이때 중요한 것은 결과로서의 기쁨이나 자유, 희열 같은 정서라기보다는 상호 보충적인 정서가 함께 체험됨으로써 갖게 되는 정서적 균형감이다. 부정적인 정서 역시 인간이 경험하는 다양한 정서 가운데 한 부분을 차지하며, 긍정적이든, 혹은 부정적이든 간에 이러한 정서는 그 자체로 인간의 정서적 균형감을 갖게 하기 위해 필요한 것들이다.

또한 이 정서는 그 자체가 부정적인 것이 아니라 그것의 체험에 대한 해석이 부정적인 것이었을 수 있다. 권위에 대한 거부감이나 퇴폐 정조, 동성애와 같은 일부의 정서는 그 자체로서 부정적 반응을 유발한다고 여겨진다. 이것들은 문학 제도 내에서도 윤리적인 검열 대상이 된다. 하지만 간헐적으로 시대의 구분 없이 문제적인 것이 되기도 하고 특정한 시기에는 긍정적으로 모색되기도 하며 때에 따라서는 정치적인 성격을 띠기도 한다. 말하자면 정서 그 자체는 선험적으로 긍정적이거나 부정적이지 않은 것으로 보인다.

나아가 어떤 정서들은 실제로는 체험 되지 않는 것일 수도 있다. 독자들이 고독이나 정한(情恨)을 체험하게 되는지 여부는 분명치 않다. 적어도 공감의 차원에서 보면 이들 정서를 체험한다고 보는 것에는 무리가 있다. 그럼에도 불구하고 이들 정서가 감상 교육에 동원될 수 있는 것은 그것들의 이념화 경향과 관계가 있다. 고독은 '미적 고독성'이라는 관념과, 정한은 '공통감(sensus communis)'과 연관된다.

이것은, 말하자면, '부정적인 정서'의 긍정적 수용이 문학 감상의 가능성을 열어 줄 뿐 아니라 감상의 다양성을 확대시키는 것이 될 수 있다는 것이다.

나. 동기와 의도

클링거(Klinger, E.)의 주장대로 "우리 모든 동물들은 최소한 하나의 행동적 요청을 공통적으로 가지고 있다; 우리 모두는 생존하고 번식하기 위해 필요한 것들을 취하고 또 버려야 한다."(Klinger, 1993 : 91) 목표를 향한 동기화(motivation)는 이러한 요구를 위한 생존의 행동적 요청이다. 동기 부여가 되지 않는 인간은 정체되는 것이 아니라 생존 자체를 유지하기 힘들게 된다.

클링거의 의견대로라면, 문학 작품에 대한 감상이 일어나는 까닭은 그것이 독자의 삶에 유익함을 준다는 동기가 부여되기 때문이다. 그런데 이때 동기는 신념과는 달리 정서적이며 유동적이고, 언제나 상황 의존적이어서 유익함의 기준과 내용이 매번 달라진다. 어떤 때에는 우리가 살아온 인생을 되돌아보기 위해 문학 작품을 읽다가도, 또 어떤 때에는 그 것이 가려져 있는 우리의 또 다른 인생일지도 모른다는 호기심-설령 그것이 두려움과 공포의 원천일지라도- 을 가지고 작품을 대한다.

독자들은 대개 우연히 문학 작품을 접하게 된다. 그렇기에 작품 감상 의 동기화 요인은 모호한 정서적 관심에 그치는 것이 보통이다. 하지만 작품 감상의 모호한 관심이 작품 읽기라는 직접적인 행동으로 옮겨질 때에는 또 다른 동기, 곧 의도로 불리는 '제2의 동기'가 형성된다.[3] 이것 은 명백히 무엇인가를 변화시키려는 동기이며, 처음의 동기와는 달리 상 황 독립적이다.

어떤 때 '제2의 동기'가 형성될까? 이것이 행동을 수반한다는 점을 고 려해 보면, '제2의 동기'는 상황에 대한 매우 강렬한 정서적 관심이 생길 때 형성된다. 어떤 경우에 강렬한 정서적 관심이 생길까? 복합적인 정서 가 정서적으로 상충하는 대립적 상황에 대한 비등한 정서적 반응의 공 존에서 비롯될 때 그러하다. 이때 인지적으로 해석된 특정한 동기화 요 인을 활성화하여(혹은 동기화 요인을 산출하여) 실제적인 수단적 행위로 이 끄는 것은 의도이다(Nuttin, 1993 : 59). 의도는 특정한 정서에 선택적으로 반응하도록 동기화한다.

동기로서의 의도는 인지적 해석을 통해 복합적인 정서를 단일한 정서 상태로 묶어버리거나 그 가운데 하나를 실제적인 수단적 행위로 이끌려 고 하는 경향이 있다. 이를 통해, 의도는 정서적 평형을 강제한다. 윤리

---

3) 동기심리학자인 쿨(J. Kuhl)은 '의도(intention)'에 대한 적절한 정의를 위해 다음 두 가지 준 거가 갖추어져야 할 필요가 있음을 제안한 바 있다(1993 : 15). 곧, 어떤 계획이 ① 활성화상 태(activation)에 있어야 하며, 또한 ② 개입상태(commitment status)에 있어야 한다는 것인데, 이는 의도가 성립하기 위해서는 어떤 계획이 활성화되었을 뿐 아니라 실제로 실행에 옮겨 져야 한다는 뜻이다. 그가 제안한 의도의 정의에 따르면, 의도는 여러 동기 가운데 실제의 행위나 태도로 표현(표출)되는 목적 지향의 유일한 방안이라 할 수 있다.

적 규범의식은 의도 형성에 사실상 지배적인 영향력을 행사한다. 그리고 특수한 갈등 상황이 아닌 한, 이는 정서적 평형성을 가치 있는 것으로 추구하게 마련이다.4)

우리 주위에서 일어날 수 있는 비극적 상황을 예로 삼아 이를 살펴보기로 하자. 아버지에게 자식의 죽음은 절망과 슬픔의 강력한 동기화 요인이다. 그는 삶의 애착과 연관된 모든 행위를 포기하고 싶은 심정이다. 그럼에도 불구하고 그는 지금 자신의 아내를 위로하며 담담한 표정을 짓고 있다. 이젠 사는 듯 살아야겠다는 생각을 갖기도 한다. 이런 그의 행동은 모순적인 것일까? 그가 그렇게 한 까닭은 ㉠ 아내를 위로해야 한다는 생각을 활성화하며, ㉡ 실제로 위로하는 행동을 실행에 옮기는 것이다. 그의 의도는 정서적으로 매우 강력하게 각성되는 동기와는 어긋나 있는 것으로 보이지만, 그가 자신의 아내를 안타깝고 불쌍하게 느끼는 정서적 각성 상태에 있는 것 또한 사실이므로 동기와 모순되었다고 보기 어렵다. 남편의 행위에 대해 우리가 비난하거나 하지 않는 것도 우리 자신이 '아내를 위로해야 한다.'는 의도를 또 다른 동기로서 인정하고 있기 때문이다.5)

독자의 동기를 강화, 대체 혹은 해소, 충족이라는 세 가지 방향에서 분석해 볼 수 있겠지만, 실제로 뚜렷하게 변별되는 것은 아니다. 예컨대, 누군가 서정적 연가를 찾아 읽으려 하고 있다면, 그것은 현재 누군가와 공유하고 있는 사랑의 감정을 지속시키고 한층 발전시키고자 하는 욕구를 갖고 있기 때문일 수 있다. 그러면서도 동시에 이 감정의 상실을 두

---

4) 이에 기초한 감상교육의 모색이 김중신(1996)에 의해 이루어진 바 있다.
5) 반대로 그가 아내를 위로하려는 의도를 가졌다 하더라도 의도대로 행동하지 못할 경우를 생각할 수 있다. 이때의 비의도적인 행동은 강력한 정서적 동기화와 관련이 깊다. 이때에도 우리는 간단히 그의 행동을 비난하지는 못한다.

려워하고 있는 상황일 수도 있다. 어쩌면 단절감과 고독으로부터 벗어나
고자 하는 욕구를 가지고 있다고 할 수도 있겠다.

하지만 '제2의 동기'로 설명한 의도의 개입은 작품 감상을 의미 있는
행위로 만들려는 노력으로 실현된다. 이 노력은 치유의 시도이기도 하고,
혹은 교육적 처치의 방식이기도 하며, 때로는 오독의 원인이기도 하다.
작품 감상의 내재된 동기화는 작품 읽기의 과정을 쾌락의 원리에 따라
이끌지만, 의도는 문학 작품을 의미 있는 담론으로 구성해 내려는 시도
를 이끈다.

다. 동일시, 감정 이입, 투사, 그리고 거리두기

작품 감상이란 독자와 문학이 관계를 맺게 되는 일련의 과정이므로,
적어도 이 점에서는 독자와 문학은 그 전에 비해 가까운 거리에 놓이게
된다. 하지만 감상 주체인 독자가 문학 작품에 어떤 거리를 유지하느냐
에 따라 작품 감상의 양상은 달라지며, 이에 대한 평가가 함께 달라진다.
이 거리가 어떻게 조성되는 것이 바람직한 작품 감상인가에 대한 입장
은 크게 상반되고 있는데, 먼저 이 관계를 몰입과 일치로 보는 경규진
(1993)과 같은 입장이 있는가 하면 문학 작품에 대한 일정한 '거리두기'
를 가치 있게 보는 입장6)도 있다. 전자의 논의는 감상의 성립 조건에 주
로 관심을 가지며 공감의 원리를 중요하게 여긴다. 몰입이 동일시에 가
까울 때 완전한 감상에 이를 수 있다고 보는 현상학적 시각도 있지만,
주로 감정 이입이나 투사를 방법적으로 선호한다. 하지만 이와 달리 소

---

6) 김정우(1998), 김혜영(2002) 등을 포함하여, '비판적 주체 형성'을 강조한 논의들에서도 같은
   양상을 볼 수 있다.

격의 원리를 중시하는 후자의 논의에서는 독자의 공감 전략이 문학 작품을 절대화하고 신비화한다는 모더니즘적 문제의식에 기초하여 거리두기를 방법적으로 선호한다. 후자는 특히 독자의 소극적이고 수용적인 태도가 낮은 수준의 문학 감상 능력을 향상시키지 못하게 한다고 비판한다. 거리두기를 통해 독자가 문학 작품에 비판적 입장을 취하게 하는 것을 학습 목표로 삼고 이를 위한 교육 내용과 방법을 구안한다.

텍스트의 수사적 장치가 수용자를 특정 주체로 구성한다는 점을 토대로 텍스트 읽기의 방향성을 모색할 수 있다. 그 중 하나는 비판적 읽기의 방향을 설정하는 문제와 관련된다. 수사적 장치는 수용자의 읽기 행위를 조건화하기 때문에 텍스트 읽기에서 수용자가 가지고 있다고 생각되는 자율성의 범위는 제한되지 않을 수 없다. 최근 논의되고 있는 비판적 읽기의 패러다임은 텍스트를 있는 그대로 읽는 것이 아니고 텍스트 내에서 기술되는 바를 수용자의 관점에서 다시 읽는 행위를 통해 자신의 가치를 수정하거나 재구성하며, 텍스트에 대한 새로운 담론을 구성하는 과정을 지향한다. 이러한 관점은 텍스트를 해석하고 새로운 담론을 생산해 낼 수 있는 수용자의 자율성을 이론 수립의 전제로 삼고 있다.

김혜영(2002)의 위와 같은 논점처럼 비판적 거리두기를 강조하는 입장들은 '정서적 거리'[7]의 설정에서 혼란을 느끼기도 한다. 감상 없는 해석이 문학교육을 대신하는 예들이 이 외에도 적지 않게 발견된다.

---

7) 이 책에서 '정서적 거리'는 문학 텍스트가 작품으로 수용될 때 중심인물, 또는 서술자나 시적 주체에 대해 학습 독자가 청자로서 동조하게 되는 정도에 따라 설정되는 심리적 관계 범주이다. 이 심리적 거리에 대해서는 여러 입장이 있을 수 있지만, 여기서는 '감정이입'과 '투사'의 차이에서 나타나는 것처럼, 멀고 가까운 정도로 변별되는 선형적 범주가 아니라 다양한 분기선(分岐線)을 지닌 비선형적 범주로 상정된다.

공감과 거리두기를 포괄하여 연구하는 사례도 있다. 최인자(1993)는 작중 인물과 수용자의 거리 조절에 의한 내면화 양상을 고찰하면서 '동화'와 '거리두기'라는 문학 텍스트와의 정서적 거리를 설정하였다. 또한 최지현(1998c)은 감상의 전략으로 공감과 거리두기 모두를 의미 있게 평가하면서 동일시, 감정이입, 투사, 대상화를 제시하였는데, 이 중 동일시와 감정이입, 투사는 공감의 원리에 의해, 그리고 대상화는 거리두기의 원리에 의해 선택된다고 하였다. 공감을 중심으로 살피고는 있지만, 그 변화 양상을 실증적으로 밝힌 구영산(2001)에서도 이와 유사한 연구 결과가 도출되었다. 그녀는 독자의 체험 여부와 학습 독자의 상상 작용을 관련지었는데, 여기서는 세 가지 다른 상상의 유형을 도출하기도 했다. 즉, 독자 자신의 기존 체험을 중심으로 상상하는 경우와 작품에서 화자의 체험과 자신의 체험 사이에서 두 체험의 공유를 목적으로 상상하는 경우, 그리고 독자 자신의 기존 체험이 없음에도 불구하고 작품에 나타난 화자의 체험에 관심을 보이는 경우가 그것이다. 이는 각기 최지현(1998c)에서 논의된 동일시, 감정이입, 투사 범주들과 연결되고 있다.

문학 감상 능력을 판단할 수 있게 하는 감상의 내용 범주가 있고, 이것이 앞서 논의된 바와 같이 '동일시'와 '감정 이입', '투사', 그리고 '거리두기'로 유목화될 수 있다면, 이 내용 범주들과 감상 능력 간에는 직접적인 대응 관계를 설정하기 어렵게 된다. '동일시'를 제외하고는 공감의 감상 범주인 '감정이입'과 '투사' 사이에는 단계성을 따로 설정하기가 어려운 데다가,[8] '거리두기'와는 상반된 방향성을 가지고 있기 때문이다. 상이한 방향성은 문학 체험에 대한 상반된 인식을 반영한다.

'감정 이입'과 '투사'가 서로 다른 방향의 공감적 체험을 나타낸다는

---

8) 물론 여기서 동일시는 공감 주체의 독립성이 아직 확보되지 않은 상태에서 나타나는 공감의 방식이라는 점에서 감정이입이나 투사와는 구분될 필요가 있을 것이다.

점을 고려해 보면, '비판적 거리두기'를 '공감'보다 더 높은 감상 능력의 실현이라고 규정하는 것보다는 다양한 방향으로 열린 감상의 가능성을 수용하는 것을 더 높은 감상 능력의 실현이라고 규정하는 것이 합당해 보인다. 그리고 이렇게 감상 전략이 공감과 거리두기를 포괄할 경우에는 문학 감상 능력은 선형적(線型的)인 지표를 갖지 않게 된다.

공감에 있어서도 정서적 공명(대상과 같은 정서를 경험하는 것)과 공감적 관심(대상에 대한 동정, 관심의 정서를 경험하는 것)이 변별되는 것처럼[9] 문학 텍스트에 대한 정서적 거리는 다양하게 조성될 수 있다. 게다가 감상의 가능성 확대라는 측면에서 문학 감상 능력을 살필 경우, 문학 텍스트에 대한 정서적 거리가 다양하게 분기하는 것은 바람직하다. 더욱이 구영산 (2001)이 밝힌 바와 같이, 각 상상 작용을 따라 설정되는 정서적 거리 내에서 심화와 발전의 교육 내용들이 존재하고 있다는 사실도 중요한 교육적 의미를 지닌다.

---

9) 신경일(1994) 참조. 여기서 '정서적 공명'은 감정이입과 '공감적 관심'은 투사와 연관되어 있다.

문학능력*

문학능력은 선언적으로는 빈번하게 사용되면서도 그 함의가 무엇인지 분명히 논의되는 경우는 많지 않다. 문학교육 연구들에서도 이 용어는 기술적(記述的)으로 사용되는 경우가 많다. 이를테면 이 용어는 특정한 함의가 당연히 전제되어 있는 것처럼 사용된다. 그리고 이는 이른바 '언어적 공통감(common sense of language use)'의 영역에 놓인 것처럼 취급된다. 이에 의하면, '능력'은 "일을 감당해 낼 수 있는 힘"[1]이며 이를 '문학'과 결부시켜 풀어보면 문학능력이란 '문학 작품을 읽고 이해하거나 표현할 수 있는 힘'이 되는 것이다.

반면 학술적 용법으로는 '능력'이라는 개념부터가 다양한 의미들을 포괄하고 있으며, 그래서 용어 사용이 조심스러울 정도이다. 전문 사전인 『교육학용어사전』에서는 능력에 학습된 것과 생득적인 것을 모두 포함

---

* 이 절의 내용은 최지현(2009)에 바탕을 두고 있다.
1) 『표준국어대사전』의 '능력' 항목을 참조했다. 국립국어원에서 발간해 왔던 이 사전은 현재 웹사전으로 바뀌어 활용되고 있다.
   http://stdweb2.korean.go.kr/search/List_dic.jsp

하면서 또한 '적성'이나 '성능', '재능', '역량' 등을 포괄하는 것을 정의하고 있으며,2) 『국어교육학사전』에서도 대체로 이러한 구분에 따라 능력의 다양한 분포를 인정하고 있다.3) 만약 외국의 전문 사전을 참조하려고 한다면, 당장 'ability', 'capacity', 'competence', 'faculty', 'proficience' 같은 경쟁적 개념들 중에서 선택해야 하는 상황이 발생한다. 말하자면, 전술한 언어적 공통감과는 거리가 있는 설명인 셈이다. 그나마 문학이나 교육학, 심리학 분야의 전문 사전에는 'competence'(암묵지, 또는 언어능력), 'proficience'(숙달성), 'ability'(잠재 능력) 정도만이 표제 항목(의 일부)으로 올라 있다.

가. 문학능력의 개념

문학능력에 대한 세 가지 방향의 정의 중에서 용어를 통해 개념적 내포를 분명히 드러나고 있는 것은 이른바 암묵지 또는 '언어능력'(competence)이다. 언어능력은 노엄 촘스키(Chomsky, N.)가 언어 규칙에 관한 심리적 능력으로서 언어 수행과 대별하여 사용한 개념인데, 이를 조너선 컬러(Culler, J.)가 문학능력(literary competence)이라는 개념으로 끌어들인 것이다. 컬러(1975)는 문학능력을 '독자로 하여금 어떠한 텍스트를 문학 작품답게 읽을 수 있게 하는 능력, 즉 내면화된 문학적 문법'으로 규정하였다. 여기서의 문학적 문법이란 '의미화의 규칙'과 '비유적 응집성의 관습', 그리고 '주제적 단일성의 관습' 같은 것을 문학의 암묵지로 갖고 있는 것을 말한다. 특이한 점은 문학능력에 대한 정의 자체가 많지

---

2) 서울대학교 교육연구소 편(1994 : 192).
3) 서울대학교 국어교육연구소 편(1999 : 178).

않아 그의 정의가 문학 용어 사전 등에서 널리 수용되고 있다는 것이다. 예컨대, 칠더즈와 헨치(Childers, J. and Gary Hentzi)가 엮은 『현대 문학·문화 비평 용어사전』(eds. by Childers and Hentzi, 황종연 역, 2008)에는 문학능력 (literary competence)이 '작품을 '문학적'이라고 정의하는 관습에 대한 암묵적인 이해'로 풀이되어 있다.

문학능력에 대한 컬러의 정의는 우리의 교육과정에 거의 같은 의미로 차용되고 있다. 제7차 국어과 교육과정은 문학능력을 정의한 첫 번째 교육과정이라고 할 만한데, 『문학』 과목의 해설서에는 '학습자가 문학 현상에 능동적으로 참여하여 문학 문화를 형성하는 데 필요한 능력', 곧 문학적 사고와 문학적 표현이 유기적으로 통합되어 이루어지는 문학 현상에 참여하는 데 필요한 능력으로서 문학 지식, 문학적 사고력, 문학 소통 능력, 문학에 대한 가치와 태도, 문학 경험 등을 포괄한 개념이라고 밝히고 있다.

하지만 주목해야 할 것은 문학능력을 구성하는 하위 요소들로 언급된 것들이 조너선 컬러가 말하고 있는 문법이나 관습을 전제한 '암묵지'들이고 본질적으로 이론적 대상이라는 점이다. 이 개념들의 가치는 최현섭 외(1999)에서 제시하고 있는 이른바 '항존적 목표'에 해당한다.4) 한편 우한용(1997)에서도 문학능력에 관한 같은 맥락의 논의를 찾아볼 수 있는데, 그는 문학능력의 기저에 '문학문법'을 설정하고 이 문법이 문학의 수용과 창작의 전과정에 관계되는 것으로 규정한다.

또 하나의 방향은 문학능력을 숙달성(proficiency)의 측면에서 규정하는 것으로, 문학능력이라는 용어보다는 '작품의 감상 및 창작 능력' 같은 용어를 우선적으로 사용하며, 이때에도 구체적인 맥락을 강조한다. 문학

---

4) 이 책에서는 제7차 국어과 교육과정의 문학교육 목표에 몇 가지를 추가하여 '문학적 문화의 고양, 상상력의 계발, 삶의 총체적 이해, 심미적 정서의 함양' 등을 언급하고 있다.

능력을 명시하지 않으면서 문학 작품의 교수·학습을 탐구하는 논의들의 대부분이 더 많은 작품과 더 다양한 체험, 그리고 더 깊이 있는 이해로 연결되는 숙달성의 문학능력을 암묵적으로 전제한다.

개별 작품에 대한 능숙한 반응이 문학능력의 핵심이라는 점에서 이 입장은 문학능력을 기능으로 보거나 혹은 경험이나 수행 같은 것으로 보려는 입장과 맞닿아 있다. 이런 경우 심미적 상상력이나 문학적 사고력 같은 개념을 상위 능력으로 설정하는 데에는 어려움이 존재한다. 개별 작품 차원과 문학 일반 차원을 연계하는 논리가 이 입장에는 존재하지 않기 때문이다.5) 근본 관점 자체가 실체적 능력을 선험적으로 설정해 두려 하지 않는다는 점도 그 원인이라 할 수 있다.

이 두 방향에서의 문학능력 개념은 각기 문학교육 현장에서 이론과 실천의 주류로 작동하는 것으로 보인다. 하지만 문학능력을 '역능'(competency)으로서의 잠재성, 달리 말해, 수행 가능역(potential domain of competency)으로 보는 관점도 있다. 대개는 문화적, 관계적 성격을 지닌 메타 범주들6)이 문학능력을 대신하여 사용된다. 최근에 상상력이나 문식성 관련 논의들이 증가하고는 있지만 이를 역능의 관점에서 문학능력으로 이해한 논문은 발견하기가 쉽지 않다.7) 최지현(2006)에서

---

5) '언어 사용 기능'이 개별적인 하위 기능들의 집합적 명칭일 따름이지 상위 개념은 아닌 것처럼, 작품을 능숙하게 감상하거나 창작할 수 있는 능력도 문학적 사고력이나 심미적 상상력, 혹은 그에 대응하는 개념들을 뜻하지는 않는다.

6) 교육과정용어로는 (심미적) 상상(력), 창조(적 언어 사용), 형상화(또는 형상적 사유), (문화적) 문식성, 문화적 감수성 같은 범주들이 여기에 속한다.

7) 물론 구인환 외(1988 : 348)에서 문학능력을 "한 개인에게 내재되어 있는 잠재 가능성으로서의 문학감상 역량, 개발될 수 있는 문학적 감수성, 문학에 대한 태도, 사물과 세계에 대한 문학적 인식의 습관" 등으로 규정함으로써 이러한 관점을 나타낸 적이 있었다. 하지만 그 관점이 일관되게 유지되고 있는 것은 아니다. "문학교육의 일반화된 목표는 상상력의 세련과 문학적 문화에의 창조적 적응을 강조하는 것으로서 매우 차원 높은 고등정신기능"(구인환 외, 1988 : 359)이라는 규정에는 관점의 혼선이 드러난다. 저자들 중 우한용(1997; 2004)과 박인기(1996; 2000)는 첫 번째 관점에 더 가깝다.

는 문학능력을 "문학교육을 통해 달성하거나 성취하고자 하는 인식적, 표현적 능력들"로 명명하여 '문화적 감수성'이나 '상상력', '심미적 체험', '윤리적 가치 판단', '비판적 인식' 등을 여기에 포함시킨 바 있다. 이 개념들은 이른바 '방법으로서의 문학교육과정용어'에 해당하는 것들이다.

　그 외에 문학능력을 통합적으로 규정하려고 시도한 논의들을 여기에 덧붙여 볼 수 있겠다. 김상욱(1996; 2006), 김창원(1999; 2008) 등이 그 예이다. 이들은 공히 암묵지로서의 문학능력과 구체적인 작품 감상 및 창작 능력을 연계하는 논의를 전개한다. 조너선 컬러의 관점을 받아들여 문학능력 개념을 본격적으로 사용한 김상욱(1996 : 30-31)은 문학능력을 '문학 텍스트를 생산하는 능력과 문학 텍스트를 소비하는 능력'이라고 규정한 다음, 김상욱(2006)에 와서는 이를 '서사표현 능력'이라는 개념으로 구체화하여 그것을 구성하는 하위 범주들까지 도출한다. 그는 문학능력이 '내면화된 문학적 문법'을 의미한다는 촘스키 이래의 문학능력관을 긍정하면서도 '언어능력'과는 달리 "선험적으로 습득하고 있는 것이 아니라, 개인의 문학적 경험을 통해 후천적으로 획득되는 것"이라고 주장한다.

　김창원(1999) 역시 같은 입장을 취한다.[8] 그는 세계 지식을 바탕으로 한 언어-기호 능력과 문화-기호 능력, 그리고 기호-소통 능력을 하위 범주로 갖는 '텍스트 해석 능력'을 문학능력과 같은 의미로 사용한다. 후천성을 강조하는 것은, 문학이 장르 관습을 가진 문화적 합의이기 때문이며 문학능력이 그 관습을 이해하고 실행할 수 있는 능력이기 때문이다. 그들의 문제의식에서는 문학능력 발달에 경험적 요인을 갖는 숙달

---

8) 『국어교육학사전』(대교출판, 1999)에 집필을 맡았던 '문학능력' 항목에서 밝힌 내용이다.

성이 중요하게 고려된다.

하지만 이러한 절충은 개념적으로는 다소 불안정해 보인다. 문학능력이라는 용어를 쓰고 있더라도 이 입장은 결과적으로는 두 번째 규정과 가까워지기 때문이다. 예컨대 김상욱(2006)의 문학능력 진단 도구는 구체적이며 객관적인 근거를 갖는 것처럼 보이지만, 수치 해석의 근거는 이 도구로부터 도출되지는 않는다. 그런 까닭에 서사표현능력의 해석 단서들인 '절의 수, 묘사절의 수, 통사적 구성과 접속어구, 평가적 언어-정서, 인지, 지각, 의향, 관계, 인용' 등에서는 평점이 높은 대신 서사 장르 관습에 대한 이해가 낮은 서사 산출물과 그 반대 양상을 지닌 서사 산출물 가운데 어떤 것이 더 높은 수준의 능력으로 보아야 할 것인지를 판단하는 문제는 외재적 판단을 요구하게 된다.

이 책에서는 문학 행위를 규제하는 세 가지 원리인 문학 인식과 윤리적 모색, 그리고 심미적 탐구를 문학능력의 세 차원으로 설정하여, 각 차원으로부터 핵심적인 능력 요소들을 추출하고자 하였다. 그 결과 각 차원에 대응하는 상상력과 감수성, 공감적 조정 능력, 그리고 직관과 통찰 등을 문학능력의 요소로 설정하였다. 또한 각 요소들은 독립적으로 개념화되지만 문학능력을 이룰 때에는 계기적이며 통합적으로 작용한다고 평가하였다. [그림 6]은 이들이 맺는 관계를 도해로 나타낸 것이다.

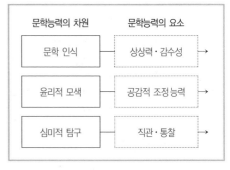

[그림 6] 문학능력의 실현 방식

나. 상상력과 감수성

❶ 개념과 특성

상상력은 인간의 사고 활동 중 가장 중요한 것의 하나이다. 그것은 대상을 파악하는 풍부하고 정교한 여러 은유도식들을 부릴 수 있고, 이를 통해 타자의 시선을 추체험하고, 평가하고, 조망할 수 있게 한다는 점에서 재생적 사고의 한계를 뛰어 넘는다. 그래서 상상력이 창의적 사고에까지 이른다고 말하는 것이다. 이러한 상상력은 특히 인간의 인지적 능력을 신장시키는 데 중요한 기여를 한다는 점에서 의의를 갖는다. 상상력은 감수성과 더불어 대상에 대한 상상적 체험을 더욱 정교하게 하고 복합적이게 함으로써 세계를 전유할 수 있게 한다.

예시된 대상에 대한 상상력이 갖는 작용은, 그것이 상상적 체험을 위한 하나의 고정된 경로만을 갖지 않는다는 점이다. 만약 어떤 사고가 정확한 지시 대상을 포착하길 원하며 그것이 명확히 지시되어야 한다고 여긴다면, 다소 모호하게 이루어진 사고 형식은 그 대상을 '표시'하기를 원하지만 불가피하게 '예시'할 수밖에 없음을 받아들여야 한다. 하지만 이때에는 일부 맥락을 통제함으로써 복수의 은유도식을 제거하고 표현 자체는 다소 모호하더라도 다르게 이해될 여지를 없애려 할 것이다. 뒤집어 말하면, 상상적 사고가 아닌 경우, 불완전함을 남기더라도 사고의 지시성을 유지하려는 경향을 갖는다. 하지만 상상력의 경우, 불완전하게 예시된 대상은 문학적 상상 안에서 지속적으로 변모하면서 부족하거나 불완전한 부분을 채우게 된다.

감수성(sensibility)은 민감성(sensitivity)과 상동적이다.[9] 예민한 감각을 뜻하고 있다는 점에서 그러하며, 정서적 성향을 강하게 갖는다는 점에서

---

9) 감수성과 민감성은 같은 어원을 공유하며, 번역어로는 둘 다 '감수성'을 사용하기도 한다.

도 그러하다. 그러나 민감성과는 달리 감수성이 보여주는 반응들은 지적, 윤리적, 심미적 특성들을 지니기도 한다. 예컨대, '타자의 욕구나 정서를 인지할 수 있는 것', 혹은 '주변부에 대한 포용', '심미적 자극에 대한 특별한 민감성' 같은 것들이 감수성의 양상을 보여준다. 이러한 예들처럼, 감수성이 갖는 지적, 윤리적, 심미적 특성들은 그 자체로 감각적, 생리적인 차원을 떠나 문화적 차원에서 형성되고 작용한다는 것을 전제한다.

그럼에도 불구하고 감수성이 선천적인 것처럼 여겨지는 데에는 그럴 만한 역사적 배경이 있다. 감수성은 이성 중심적인 스토아 철학에 반기를 들었던 18세기 무렵의 정신사적 풍토와 깊은 관련이 있다고 알려지고 있다. 이 시기로부터 이성에 대한 감성의 독립성, 개인의 발견, 선천적 재능과 가능성, 의지와 자비심에 바탕을 둔 도덕론, 초월적 세계에의 동경 등이 강조되었고, 이로 인해 미와 숭고함에 대한 열망이 문학과 예술에서 주조를 이룬 이른바 '감수성의 시대(the Age of Sensibility)'가 열리게 되었기 때문이다.

'감수성의 시대'라는 말에는 감수성을 과도히 숭배하는 감상주의의 혐의를 둘 만하지만, 시인과 예술가들이 왕성한 작품 활동을 벌인 '예술의 시대'라는 의미로는 충분히 일리 있는 표현이다. 이 시기에 시인과 예술가들은 특별하게 예민하고 풍부한 감수성의 소유자들로 여겨졌으며, 자연스럽게 감수성 또한 천재성을 반영하는 것으로 여겨졌다. 그 때문에 감수성은 이성과 감성을 초월한 일종의 메타적 사고 성향, 혹은 능력을 뜻하는 데에까지 그 의미가 확장될 수 있었다.

여기서 주목하게 되는 것은 처음에는 사랑이나 연민과 같은 미묘한 감정의 특성을 의미하던 감수성이 점차 그 외연을 확장해 갔다는 점이다. 특히 이 개념이 서구의 낭만주의 시대에 만개하였다는 사실은 그 자체가 이 개념의 역사성을 드러낸다.

감수성은 감성과 혼용되고, 문학으로 와서는 작품의 미묘한 정서 구조나 세밀한 정경, 혹은 정황을 직관하는 능력을 지칭하는 경우에 사용됨으로써 감상(appreciation)과도 혼용된다(Gribble, 나병철 역, 1987 : 207). 또한 감수성은 상상력이 예시를 통해 은유도식을 형성하는 동안 그것의 정서적이고 맥락적인 의미 연관을 정교히 한다. 어감이나 어조를 통제하고, 끌어올 수 있는 문화적 합의에 대한 단서들을 만들어 둔다.

개념의 역사가 보여주는 것과 마찬가지로, 오늘날에도 여전히 감수성은 특별한 개인의 특별한 자질로 여겨지는 경우가 있다. 어떤 시인에 대해서는 유달리 감수성이 예민하다고 하고, 어떤 독자에 대해서는 작품을 수용하는 풍부한 감성을 소유했다고 말한다. 실제로 이를 뒷받침하는 정황적 증거들은 많이 있다. 어떤 사람들은 시를 즐겨 읽고, 어떤 사람들은 소설을 즐겨 읽는다. 어떤 사람들은 추리물을 좋아하지만, 다른 어떤 사람들은 판타지를 더 좋아하기도 한다. 어떤 사람들은 낭만적 서정시를 품에 넣고 다니며, 또 어떤 사람들은 현실주의 시에 격정을 느낀다. 물론 시를 통해 시인과 지적인 대결을 벌이고 싶어 하는 사람들도 다수 존재한다.

이것은 문학을 감상하는 데 관여적인 감수성이 따로 있다는 의미로도 받아들여진다. 하지만 다른 한편에서 보면 이런 일은 비단 문학에 대해서만 일어나는 것도 아니다. 영화나 음악, 공연, 전시, 방송 같은 것들이나 일상의 대화들에서도 예외 없이 서로 다르게 관여하는 특성들이 있다. 이 모든 것들이 문화 양식이며 상징적 상호 작용이라는 점에서, 감수성의 문화적 기원, 혹은 문화적 근거의 일단을 짐작할 수 있다.

상상력과 감수성은 문학을 인식하는 기본적인 통로이다. 문학의 형식이 반드시 상상적인 내용을 가져야 하는 것은 아니고, 또한 반드시 감성적인 표현을 담아야 하는 것도 아니지만, 문학적 체험을 위한 인식 경로에는 상상력과 감수성이 작용한다. 이 요소들은 문학능력의 다른 차원에 해당하는 윤리적 실천과 심미적 탐구에도 매우 강력한 영향력을 행사한다. 이 차원에 속한 문학능력의 다른 요소들은 상상력과 감수성을 통해 현실화되는 것으로 보인다.

❷ 문화적 감수성

문화적 감수성은 동시대 사람들의 공통감을 바탕으로 동시대의 문화 양식에 대한 높은 수준의 민감성을 바탕으로 친밀감과 소속감이 형성되는 공감의 원리를 말한다. 사회적 차원으로 확장된 감수성으로서, 따라서 개인에 따른 편차가 크지 않고 인지적이며 동시에 정서적인 반응으로 나타난다. 이것은 체험의 당사자가 자신이 속한 정서문화를 어떻게 수용하는가, 또는 어떻게 만들어 가는가에 따라 다르게 작용하거나 발달하게 된다. 따라서 동시대적이라도 독자 간의 문화적 감수성에 차이를 보인다면 그것은 그만큼 공감적 이해의 유의미한 차이를 보이는 정서문화가 이들 사이에 놓여 있기 때문이라고 할 수 있다.

문화적 감수성은 인지적 속성을 지니고 있지만 지적인 판단에 앞서 실현된다. 그것은 사물의 아름다움에 쉽게 반응하며, 그것도 몸을 통해 즉각적으로 반응한다. 감수성을 감각적 체험 능력으로 보는 것이나 청소년 혹은 예술가들이 감수성이 예민하다고 보는 것은 문화적 감수성의 이러한 작용적 특성에 기인한다. 반면 고정 관념이 강하다면, 아름다움에 대해 미세한 변주를 일으키는 심미적 체험은 불가능할 것이다.

문화적 감수성의 심미적 체험은 대상 자체의 아름다움에 따르는 것

이 아니다. 만약 그리했다면, 문학 속에서 비극적 아름다움은 향유할
수 없을 것이며, 모든 심미적 대상에 대한 감수성은 개인들에 따른 편
차를 지니지 못하게 될 것이다. 하지만 문화적 감수성은 감상자의 내
면에 형성되어 있는 아름다움에 대한 선체험들을 환기시키는 방식으로
심미적 체험을 가능하게 하며, 이때 감상자 자신의 관점이나 관심, 위
치, 자아의식, 반복성 등에 따라 그 체험의 성격들이 변주되게 하는 기
능을 한다.

심미적인 것에 대해 문화적 감수성은 제도적으로 형성된 반응으로 표
현된다. 그것은 이중의 의미에 그러한데, 우선 심미적 체험의 대상이 되
는 사물이나 사상이 한 개인이 아닌 집단이나 사회에 열려 있다는 점에
서 제도적인 것이며, 또한 이 체험의 재인이나 표현이 일정한 관습적 규
약에 따라 이루어진다는 점에서 제도적인 것이다. 이 둘은 긴장 관계에
있다고 할 수 있다. 그래서 어떤 시인의 감수성이 예민하다고 할 때, 그
는 일상적이고 반복적인 체험을 특별한 것으로 만들었다고 평가되고 그
러면서도 동시에 다른 사람들에게 공유될 수 있는 체험으로 보편화하였
다고 평가되는 것이다. 심미적인 것에 대한 반응은 즉각적이지만, '심미
적인 것' 자체는 반복적인 학습에 의해 기능으로서 습득되는 것이 아니
라 오히려 다른 심미적인 것들과의 계속된 충돌과 부조화를 통해 도드
라지는 것이다.

문화적 감수성은 상상력에 반응하는 능력이다. 작품에서 낯익은 대상
을 만나게 되는 독자는 평온함을 느낀다. 모든 것이 질서를 갖추고 있고
그래서 합당하게 느껴진다. 이것은 문화적 감수성이 윤리적인 판단을 내
적 특성을 삼고 있기 때문에 가능한 것이다. 전술한 바, 심미적인 것에
대한 반응이 관습적이라는 것은 심미적인 것이 궁극적으로 윤리적인 판
단에 기대고 있다는 것을 뜻하는 것이다(최지현, 1997a).

그러나 지나친 일상성은 무미건조하다. 감수성에 미묘한 파동이 생기는 것은, 그리하여 정서 체험에 어떤 가치를 느끼게 되는 것은, 이러한 일상성에 균열이 발생하기 때문이다. 예컨대 연민은 대상과 나의 관계에 변화를 요구한다. 대상이 놓인 처지와 상황이 나로 하여금 동반을 요구한다. 이러한 상황은 때로 결단을 요구할 수도 있다. 내가 가진 무엇인가를 내어주어야 할 때, 내가 선 위치를 옮겨야 할 때, 내가 보고 있는 방향을 틀어야 할 때, 평온함에는 일순간 파문이 생긴다. 그래도 연민의 정서적 상황에서는 대상과 나의 근본적 관계는 변하지 않는다.

만약 희생이나 동경인 경우라면, 감수성에는 좀 더 큰 영향이 발생한다. 그리고 그것은 좀 더 심각한 가치 판단을 요구한다. 왜냐하면, 그로 인해 변화될 관계는 나로 하여금 '지금 이곳'이 아닌 상상적 세계를 체험하도록 강제할 것이기 때문이다. 상상력에 반응하는 만큼, 이 선구성(先構成)된 상상적 세계는 '자연스럽고' 따라서 만족스러운 체험을 동반한다. 그러나 변화될 관계가 이끄는 낯선 상상적 세계에 제대로 반응하지 못할 수도 있다. 여기서 발생하는 불만족은 그대로 부정적 가치 판단으로 이어진다.

문학적 상상도 일차적으로는 이러한 규칙을 따른다. 하지만 여기에 그치는 것은 아니다. 문학적 상상은 그 자체가 상상적 체험이며, 독자 자신도 이 체험이 현실의 그것이 아니라는 생각을 갖게 마련이다. 따라서 이러저러한 상상적 세계에서 그러저러한 상상적 세계로 변화하는 상황에서 독자의 정서나 태도는 일상의 그것과 다를 수 있다. 또한 대개의 문학적 상상에서 작품 속 주체의 체험은 이미 윤리적 판단의 조밀한 망을 한 차례 거친 상태에서 독자에게 전달되기 때문에, 문화적 감수성이 보이는 윤리적 판단의 이차적 질서가 발생한다.

이것은 문학적 체험에서의 윤리적 판단이 일상 세계의 도덕적 판단과 일치하지는 않는다는 것을 보여준다. '윤리적'임을 판단하는 준거는 체험 세계 내에 존재하며, 그 체험 세계가 일상 세계와 교합하거나 충돌하지 않는 이상 윤리성의 판단 준거 또한 도전 받지 않는다.

다. 직관과 통찰

문학 작품에 대한 반복적인 경험은 문학을 개별적이면서도 보편적인 대상으로서 받아들일 수 있게 한다. 여전히 문학은 텍스트에 기반하고 있다는 점에서 보면 물리적 존재이지만, 독자가 경험하게 될 대상은 물질이 아닌 체험적 세계이다. 독자는 지각만으로 문학 텍스트의 기표들에 반응하는 것이 아니라 직관을 통해 텍스트가 만드는 심상과 심상이 구축하는 상상적 세계로 반응을 확장해 간다.10) 이 과정에서 상상력이 직관을 활성화시킨다.11)

실재하는 것에 대한 지각과 가능적인 것에 대한 단순한 심상이 뒤섞여 있는 상태를 직관이라고 말했던 베네데토 크로체(Croce, B.)는 직관이 지각과 표현을 아우른다고 설명한 바 있다. 이를 '문학하기'와 연계하여 보면, 문학 체험에서 단순한 지각을 넘어서 직관적 사고를 통해 문학을 수용한다는 것은 문학을 생산하는 일이기도 하다는 것을 말해 준다. 비록 크로체가 관념론자로서 예술을 직관적 체험 대상으로 신비화하는 경향이 있었던 것도 사실이지만, 지각과 직관의 차이, 그리고 피상적 인상과 예술적 체험의 차이를 명료하게 드러냈다는 점에서 주목

---

10) 이러한 점에서 문학 텍스트에 대한 순수한 유희적 경험은 문학적 체험으로 보기 어렵다.
11) 앞서 문학적 경험을 문학 체험으로 명명했던 것도 이와 같은 경험의 원리적 차이 때문이라고 할 수 있다.

할 만하다.

크로체의 직관적 인식을 통한 상상을 가스통 바슐라르(Bachelard, G.)는 시적 상상이라 부른다. 그는 여기에 반향과 울림이 있어서 심상을 환기하게 될 때마다 반향이, 시가 만들어지는 내면의 변화에서는 울림이 있다고 주장했다. 이 반향과 울림은 시인의 존재가 우리 자신을 통해서 현상하며, 이를 통해 시인의 존재가 마치 우리 자신의 존재처럼 여겨지는 순간의 체험이 일어난다고 한다.

직관은 독자의 내면에서 형성된 은유도식을 바탕으로 현상의 일부만으로도 전체의 의미 맥락이나 심상을 그려낼 수 있는 심리적 과정이라고 할 수 있지만, 그 대상이 작품일 경우에는 이보다 훨씬 통합된 차원에서 작용한다. 이때의 직관은 작품의 세계상(世界像)을 그려낼 수 있는 능력이자 심리 작용이 된다.

한편 통찰은 인식에 바탕을 두고 있으나 마치 직관이 물리적 대상이 아닌 것에 대한 지각을 수행하듯 물리적 대상이 아닌 것에 대한 사고에 이른다. 독자는 작품을 통해서 세계를 인식한다. 이 과정은 마치 아이가 성장하며 세계를 이해하는 과정과 흡사하다. 처음에는 주변의 이러저러한 환경 모두가 질서 속에 인식되지 않고 개별화되어 있다가 차츰 세계 전체를 아우르는 질서 속으로 통합되어 감을 알게 된다. 작품을 대하는 과정도 이와 유사해서, 처음에는 개별 작품에 대한 이해에 멈추었던 것이 차츰 작품을 둘러싼 상황과 맥락, 배후지의 역사와 환경 등으로 인식이 확장된다. 이 과정이 심화되면 작품에는 제시되지 않았던 세계의 질서가 포착된다. 「빼앗긴 들에도 봄은 오는가」(이상화)를 읽으며 환상과 현실의 경계 속에 남아 있는 서정적 주체의 내면을 느껴보는 것이나 「만세전」(염상섭)을 통해 무덤과도 같은 시대를 목격하는 것은 통찰을 통해 얻게 되는 가치이다.

상상력과 감수성이 엔진이고, 공감이 동력에 해당한다면, 직관과 통찰은 방향성을 규정하는 조향 장치로 비유될 수 있다. 이 조향 장치는 문학 체험을 통해 형성된 인간의 심미적 체험과 윤리적 체험을 각기 뒷받침한다.

라. 공감적 조정 능력

공감은 주체가 타자에 대해 갖게 되는 정서적 심리 상태이다. 일상에서는 이 공감의 방향이 매우 뚜렷한 편이어서 정서적 혼란의 여지가 적은 편이다. 하지만 문학 작품에는 여러 주체들이 등장할 수 있으며[12] 이는 독자에게는 서로가 서로에 대해 타자가 되어 있는 다수의 타자를 대해야 하는 상황이 된다. 독자는 이러한 작품에 일정한 거리를 가지고 개입하게 되는데, 이때의 개입은 공감되지 않는 한 성공하지 못한다. 작품에서 독자에 의한 공감적 조정이 필요하게 되는 것은 이 때문이다.

공감적 조정은 독자가 문학 주체로서 작품세계에 들어가기 위한 환경을 조성하는 것과 같은 의미를 지닌다. 독자는 먼저 작품의 의미에 대한 정서적 거리를 형성해야 하고(정서 재인), 이를 상상적으로 체험하기 위한 개입의 위치를 설정해야 한다(역할 수용).

❶ 정서 재인

정서 재인이란 자신이 읽고 해석한 내용으로부터 그 내용 속에 존재하는(또는 존재할 것이라고 여겨지는) 타자의 정서를 인지하는 과정을 말한다. 이 말에는 타자의 정서는 독자 자신의 정서 어휘 체계 내에서만 인

---

12) 작품 속의 인물들을 논지하지 않더라도 해석된 대상으로서 작품 자체가 여러 주체를 전제한다.

지될 수 있다는 뜻도 함축하고 있다. 아는 만큼만 볼 수 있다는 것이다. 이처럼 작품에 대한 정서적 거리가 형성될 때, 독자는 그가 가진 정서 어휘 체계로부터 해석에 부합되는 정서 어휘를 선택하는 '정서 재인 (emotion recognition)'의 과정을 거치게 된다.

정서 재인을 통한 공감적 조정에는 재인에 필요한 정서 어휘의 역할 이 크게 작용한다. 정서 어휘 체계가 잘 발달한 독자는 그만큼 작품에 대한 감상이 수월할 뿐 아니라 풍부할 수 있을 것이라 예상되며, 정서 어휘 체계를 발달시키는 정도에 따라 감상의 수월성과 풍요성도 향상될 수 있을 것으로 여겨진다.13)

그런데 이 어휘 체계는 자연어의 학습처럼 이루어지기만 하는 것은 아니다. 독자가 속한 사회의 윤리적 규범에 따라 과도하게 발달하는 정 서 어휘들이 있는가 하면 위축되거나 심지어는 금기시되는 정서 어휘들 도 있다. 독자들은 그가 속한 사회와 집단의 정서문화로부터 매우 협애 하거나 풍요롭거나 왜곡되거나 '정치적으로 올바른' 정서 어휘 체계를 형성하게 될 수 있는 것이다.

이러한 까닭에 공감적 조정은 하나의 능력 요인으로 존재한다. 발달을 위한 학습 없이도 모든 잠재적 독자들이 공통의 정서 어휘 체계를 갖게 되는 것도 아니고, 이 어휘 체계의 발달 양상에 따라 민감성에도 차이가 나타나기 때문이다. 동일한 작품 상황이나 장면에 대해 같은 정서 재인 이 반드시 일어나지도 않고 공감적 조정을 통해 역할 수용과 내면화 양

---

13) 물론 일상에서는 즉각적이고 직접적인 느낌이나 기분처럼 어떤 재인 과정 없이도 느낄 수 있는 정서 체험이 존재할 수 있을지 모르겠다. 하지만 적어도 문학 텍스트의 감상은 매우 해석적인 체험의 과정이다. 읽고 이해할 능력이 없으면 감상할 수도 없다. 일반적으로 인 지능력의 발달은 정서어휘의 증가와 밀접한 관계를 갖는다고 알려져 왔다. 윤현섭(1987)은 이를 실험을 통해 밝힌 바 있다. 그러나 같은 논문에서 정서 어휘량이 많다는 사실 자체가 높은 감상 가능성을 보장해 주지 않는다는 사실 또한 보였다. 중요한 것은 어휘량이 아니 라 어휘들의 체계이다.

상도 다르게 나타날 수 있다. 이것은 정서 재인의 공감적 조정 능력을
위해서는 정서 어휘에 대한 학습이 필요함을 시사한다.

❷ 역할 수용

조지 허버트 미드(Mead, G. H.)에 의해 공감이 타인의 역할을 취하고
그에 따른 대안적 관점을 취할 수 있는 능력으로 정의된 이후, 역할을
담당하는 정서에 대한 관심이 높아졌다. 이 정서가 주체가 타자의 위치
에 그 자신을 놓음으로써 비로소 체험되는 것이라는 점에서 역할을 담
당하는 정서는 사람들 간의 사회적 상호작용을 뒷받침하는 중요한 작용
을 한다. 수잔 쇼트(Shott, 1995 : 75)는 이를 역할 담당 정서라 하여 실제
나 상상 속의 타자의 역할을 인지적으로 취함으로써 경험되는 것으로
규정하고, 이를 죄책감, 수치심, 당황감, 자부심, 자만심 등 자기 자신에
대해 성찰적으로 느끼는 성찰적인 역할 담당 정서와 자신을 다른 사람
의 위치에 놓고 그 사람이 느끼듯이 느끼는 감정이입적인 역할 담당 정
서를 나누기도 했다.

독자들의 작품세계가 비슷한 것은 그들이 작품세계에서 취하게 되는
역할이 비슷한 까닭으로 설명할 수 있지만, 작품을 예시된 세계로 받아
들일 때 유사한 역할 수용을 하게 되는 것은 양날의 검처럼 감상과 체험
에는 장단점이 있게 마련이다. 긍정적으로 보면, 이는 문학 체험의 공유
에 기여할 수 있다. 그리고 이러한 공유를 통해 문학은 안정된 문화적
교양을 제공해 줄 수 있을 것이다. 하지만 부정적으로 보면, 이는 문학
체험을 단순화하고 극단적으로는 획일화할 수도 있다. 이럴 경우, 실제
로는 문학 체험의 공유는 유명무실해질 수밖에 없다.

역할 수용은 단지 문학을 시인/작가의 의도대로 대리 체험하기 위한
과정이 아니다. 독자 자신의 삶에서 태어날 수 있는 또 다른 자아들이

추체험되는 과정이므로 역할 선택과 수용 과정에는 독자 자신이 윤리적으로 개방적인 태도를 취해야 한다.

역할 수용에서는 개입 과정에서부터 독자의 내면에 재구성된 은유도식이 중요한 역할을 한다. 같은 텍스트라도 은유도식이 다르게 구성되면 그에 따라 역할 수용도 다르게 나타난다. 예컨대 어떤 독자가 조지훈의 「낙화」를 두고 만물조응(萬物照應)하는 자연을 은유도식으로 설정했다고 가정하자(은유도식→동심원적 구도). 이 경우에 정상적인 감상이 이루어졌다면, 이 독자는 시적 자아와 같은 위치에서 그의 시선을 택하여 낙화(落花)로부터 별이 스러지고, 산이 다가서고, 미닫이가 우련 붉어지는 장면을 대하게 될 것이다. 이것은 거역할 수 없는 자연의 섭리이다. 하지만 자연의 섭리임에도 불구하고 한 생명의 소멸이 우주로, 그리고 자신의 삶으로 감염되어 오는 사태를 대할 때, 독자는 더 이상 그것을 대상화할 수 없게 된다. 말하자면, 독자는 어찌할 수 없는 힘에 이끌려 촛불을 끄는 시적 자아에 감정이입하게 되는 것이다.

또한 역할 수용에는 문화적 합의에 의한 윤리적 가치 판단이 중요한 역할을 한다. 대부분의 독자는 상상된 체험 속에서 윤리적으로 정당한 입장에 서려고 한다. 그래서 먼저 주인공이나 화자의 태도에 맞추어 일정한 역할을 취하는 것인데, 만약 이렇게 하는 것이 윤리적 검열의 대상이 된다고 판단하게 될 경우―주인공이나 화자 대신 서술자나 시적 자아의 태도에 맞추어야 하는 경우, 심지어는 그것들의 태도로부터도 벗어나 있어야 하는 경우―다른 위치의 역할을 맡는다. 그 대신 해석 전략을 바꾸면서[14] 작품의 의미 체계를 변경시키려 할 것이다.

독자가 작품세계로 진입하는 과정이 적정한 상상적 체험으로 귀결

---

14) 이를테면 작품이 아이러니(irony)나 패러디(parody) 같은 원리에 의해 구축되었다고 보는 것이다.

되기 위해서는 경험 있는 독자의 개입이 요구되기도 한다. 그는 독자
가 상상된 체험을 현실과 동일시하지 않게 조정해 줄 수도 있으며, 상
상된 체험 속에서 대상에 대해 단순히 감정이입하거나 혹은 체험 불
능 상태에 빠지지 않도록 조정해 줄 수도 있다. 경험 있는 독자의 이
러한 개입은 역할 수용 과정에서 독자 자신이 학습해야 하는 내용이
기도 하다.

III. 체험

정윤은 문학적 이해의 두 번째 단계인
해석의 규칙을 비교적 잘 안다고 생각한다.
중학교에 올라와서 갑자기 문학이 어려워지기는 했지만,
수업 시간에 배우는 지식들이 가끔 문학 작품을 멋지게 설명할 때마다 지식에
대한 매력을 느끼기도 한다.
그리고 대개는 이 규칙을 통해 작품을 이해하는 것도 곧잘 하는 편이다.
작가들이 정교한 시계 제작자 같다는 느낌을 받기도 한다.
하지만 정윤은 읽기와 읽으며 상상하기와
읽으며 상상하며 공감하는 것 사이의 차이를 아직 모른다.
각각의 과정이 수행될 때의 심리적 차이가 어떤 것인지는
아직 체험해 보지 못한 것 같다.
어떤 때 작품이 잘 이해되고 공감도 잘 되고
작품을 읽다가 저도 몰래 상상의 나래를 펼치기도 하는 일을 경험하지만,
또 다른 어떤 경우에는 애써도 그런 일이 잘 되지 않는다.
정윤은 문학 작품을 꼭 상상하면서 읽어야 하는지 의문이 생기기도 하지만
그런 것 없이 읽기에는 남의 이야기이며 옛날이야기 같은 것들이
시시하거나 낯설거나 하다.

문학 체험의 기본 개념[*]

정윤이 작품을 읽으며 상상한 것은 무엇이었을까? 종종 우리는 감상의 실제가 무엇인지 혼동하는 경우가 있는데, 그 까닭은 감상의 스펙트럼이 지식의 형식으로 내면화되는 것에서부터 상상적이고 정서적인 체험으로 내면화되는 것에 이르기까지 넓게 펼쳐져 있기 때문이다. 감상의 과정에서 발견이나 창안을 통해 추상적 개념에 도달하는 것은 처음부터 추상적 개념으로 감상 대상인 작품을 이해하는 것과 같을 수 없으며,[1] 작품이 상상적 체험을 통해 작품세계로 구체화되는 것이 작품으로부터 상상적 체험의 소재를 얻는 것과 같을 수 없다.[2]

---

* 이 절의 내용은 최지현(1998b)에 바탕을 두고 있다.
1) 지식의 형식으로 내면화된 것을 지식의 반복적 재생과 혼동해서는 안 된다. 본질적으로 내면화는 사회적 언어가 개인적 언어로 전환되는 과정을 일컫는 것이기에, 이 전환 과정이 없는 것을 내면화라고 할 수 없으며 내면화 과정을 갖지 못한 것을 감상이라고 할 수 없기 때문이다. 이에 대해서는 이 장에서 다시 다룰 것이다.
2) 우리는 앞서 감상의 거리를 살펴본 바 있다. 상상적 체험을 통해 작품세계를 구체화할 때 이 거리는 체험의 방식을 다르게 결정한다. 감정이입은 독자가 살고 있는 현실과 유비적인 세계를 작품에서 발견하는 방식으로 체험이 이루어진다. 투사는 작품에서 현실을 발견하는 방식으로 체험이 이루어진다. 따라서 감정이입은 기본적으로 친숙함을 체험의 조건으로 하는 데 비해, 투사는 (세상의 이치가 모든 곳에서 발견된다는) 경이로움을 체험의 조건으로

정윤 스스로도 혼란스러워 하는 일이었겠지만, 자신이 작품을 읽으며 상상을 했는지, 어떤 것이 상상인지, 그것이 체험과 어떤 관계에 있는지 판단하기란 쉬운 일이 아니다. 일련의 연속적이며 중첩된 과정으로서 감상은 관심 단계에서부터 이미 상상을 경유하지만, 수업에서 작품에 대해 감상한 내용을 발표할 기회가 생겼을 때 발표하는 감상의 진술이란 환언(paraphrase)인 경우가 대부분이다. 그것은 일종의 '요약적 돌려 말하기'이기에 실제로는 상상과 직접적인 관련은 없는 것이다.

만약 지금 정윤이 중학생이라면 문학이나 독서의 읽기 능력은 일반적으로 기능적 독서(또는 전략적 독서라고도 하는) 단계에 있는 것으로 가정되며 교육과정이나 교과서에서도 이를 위한 교육 내용을 마련해 둔다. 이때문에 중학생 정윤은 명확히 파악하기도 쉽지 않고 실제로 종종 실패하는 상상을 통한 감상 대신에 작품에 대한 해석적 읽기를 시도하는 편이 작품을 더 잘 이해할 수 있는 게 아닐까 하고 생각하기도 한다. 그래서 정윤이 작품에 대해 해석적 읽기를 할 때 동원하는 지식은 용어나 개념으로 존재하는 이론적 지식들이고, 아이러니컬하게도 그것은 다시금 작품에 대한 환언(paraphrase)인 경우가 대부분이다.

감상은 체험을 통해 완성되지만, 만약 체험에 이르지 않은 감상도 가능하다면 정윤은 그 편이 더 편하다고 생각할 것이다. 문제는 체험 없는 감상이 체험을 통한 감상보다 더 어렵다는 것이다. 그 까닭은 체험 없는 작품 감상은 쉽게 선지식을 사용한 작품의 평가와 혼동될 수 있기 때문이다. 이때 후자의 작품은 독자와 만나 전혀 스스로도 바뀌지 않고 독자

한다. 거리두기가 실현되는 방식은 이와는 다른데, 작품세계와 현실의 관계를 통해 이루어지는 감정이입이나 투사와는 달리 체험 주체로서의 독자는 동시에 존재하는 두 개의 작품세계가 현실과의 관계에서 경합하는 상황을 경험하게 된다. 따라서 상상적 체험은 하나의 작품세계를 대하면서 끊임없이 또 다른 작품세계를 상상하게 되는 방식을 취한다.

또한 변화시키지 않는다.

일반적으로 체험은 내적 경험을 가리킨다. 견문을 경험이라고 한다면, 견문의 과정에서 갖게 된 심리 과정이 체험이 된다. 말하자면, 체험은 주관적 형식으로서 대상에 대한 직접적이고 접촉에서 비롯되는 경험과 구분된다. 물질적 대상에 대한 직접적인 경험 형식이 아닌 까닭에 체험은 체험 대상에 대한 실재감을 중요한 전제로 삼는다. 문학 체험은 작품세계를 전제할 때에만 성립된다. 텍스트나 작품은 모두 대상화될 수 있는 객관적 실체이기는 하지만 체험 주체가 개입하여 실제처럼 체험 내용을 제공하지 못한다는 점에서 체험 대상이 되지 못한다. 체험 대상이 될 수 있는 것은 작품세계뿐이다.

체험 대상이 갖는 실재감은 체험 주체의 상상적 참여를 통해 유지된다. 이 상상적 참여는 체험 대상을 예시하는 텍스트를 완결적인 존재가 되게 한다. 한편으로 문학이 작품으로 남아 있는 한 체험의 기제가 작동하지 않기 때문에 체험 대상이 될 수도 없다.

체험은 이해 과정으로부터 시작된다. 말하자면, 체험 대상을 파악해 가는 과정으로부터 체험이 시작된다. 이때 체험 주체는 상상을 통해 체험 대상을 현실화한다. 이 현실화 과정은 체험 주체가 작품 속에서 자기의 역할을 수용하고, 이 역할을 통해 작품이 작품세계가 되게 하는 과정이다.

체험은 감상의 과정이다. 감상에 초점을 두고 말하자면, 체험은 감상의 거울상 과정이라고도 할 수 있다. 체험을 통해 작품이 작품세계로 전환될 때[3] 작품세계 속에서 수용한 가치가 현실로 되먹임되면 이를 감상

---

3) 작품과 작품세계는 독자의 체험 여하에 따라 구분된 것이지만, 작품이 독자의 체험 없이 어떤 의미로 실현되는 일은 현실적으로 불가능하므로 최종적으로는 같은 존재의 서로 다른

이라고 부르게 된다. 체험을 통해 가치를 수용한다는 말은 독자가 작품 세계의 사건이나 상황에 대해 특별한 이해관계를 갖는다는 것을 뜻한다. 독자는 자신이 취한 역할의 시선과 입장에 서서 최선을 다해 욕망을 추구하면서 문학 세계를 자신의 세계로 만들어가는 것이다. 이러한 과정을 '내면화'라고 부를 때, 내면화로 인해 비로소 독자는 문학 세계 속의 주체, 줄여 말하여 문학 주체가 되는 것이다.

　체험의 과정으로서 작품 읽기는 일상의 삶, 혹은 삶의 실제 국면에서는 겪지 못하거나 동일한 경험 내용을 갖기 힘든 사건이나 사태 등을 상상적으로 경험하게 함으로써 확장된 체험역을 갖게 해 준다. 동시에 체험에 대한 평가적 태도를 변화시키게 하기도 하고, 체험 내용을 보편적 개념으로 수용할 수 있게 하기도 한다. 말하자면, 문학 독서는 일상의 경험과는 달리 일회적이면서도 일상의 경험과는 달리 보편성을 획득하게 되는 독특한 특성을 지닌다.

　[그림 7]은 이들이 맺는 관계를 도해로 나타낸 것이다. 문학 체험은 작품의 의미 구조와 가치를 인식하는 것에서 시작된다. 이 인식은 작품의 초점화된 대상─대개는 작품이 추구하는 가치이지만 때로는 작품 속 사건이나 인물 자체가 그 대상이 되기도 하며, 작품을 구성하고 있는 시·공간, 곧 배경이 그것이 되기도

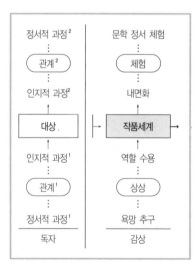

[그림 7] 감상 단계의 심리적 과정

형상으로 존재하게 될 것이다.

한다-에 대한 욕망이 형성되는 과정에서 시작되며, 이 욕망을 충족시키기 위해 그 대상이 속한 세계-이때 작품은 작품세계로 구체화된다.-를 상상적으로 체험하는 과정을 통해 구체화된다.

독자가 상상적 체험을 하는 작품세계는 독자에게는 작품처럼 대상화된 존재가 아니라 독자 자신이 일정한 역할을 통해 공감하거나 거리두기를 하게 되는 유일하고 실재적인 전체로서의 세계이다.4) 그것이 가능한 것은 작품세계가 독자의 내면에서 실현되기 때문이다. 이렇듯 독자의 (주체로서 참여하는) 상상적 체험을 통해 독자의 내면에서 작품세계가 실현되는 과정을 내면화라고 한다.

가. 작품세계

감상 단계에서는 작품과 작품세계가 구분된다. 작품은 이미 해석 단계에서 구성되지만 감상 단계에서도 유의미하게 존재한다. 감상 단계에서 작품의 의미는 여전히 일반적이고 보통 명사적이다. 작품은 그것에 대해 정서적 반응을 촉발시킬 문학정서들을 가지고 있으나 이 정서들이 독자에게 체험되는 것은 아니다. 다만 해석 단계에서와는 달리 이해의 의미가 확장되어 그것의 가치에 대한 평가까지 포함하며 작품에 대한 독자의 정서적 거리가 존재한다.

이와 달리 작품세계는 상상적 체험을 통해 형성되는 세계이며, 작품으로서 대상화되지 않는 대신, 구체화되고 내면화된다. 작품세계는 세계로서 체험 주체와 체험 대상과 체험 공간을 모두 갖는다. 만약 시의 화자

---

4) 이 때문에 독자는 작품이 어떤 세계를 예시하고 있을 뿐 아니라 전시하고 있기도 하다는 기대감을 갖게 된다.

를 이해하고자 한다면, 텍스트로부터 작품으로 실현되는 해석 단계의 문학적 이해 과정을 거치면 된다. 하지만 만약 시적 자아나 혹은 서정적 주체를 이해하고자 한다면 작품으로부터 작품세계로 실현되는 감상 단계의 문학적 이해 과정을 살펴보아야 한다. 시적 자아나 서정적 주체의 어떤 부분은 작품이라는 담론 차원에서도 추정될 수 있지만, 그에 대한 공감적 이해가 필요하다면 작품세계라는 담론 공간이 별도로 필요하게 된다.

작품세계는 어떻게 존재하는지를 문학정서를 예로 삼아 살펴보기로 하자. 작품세계에서 문학정서는 체험된 정서이다. 그렇기 때문에 문학정서 체험으로 명명하는 것이 더 합당할 것이다. 반면 작품에서는 문학정서로 존재하며, 텍스트에서는 이를 따로 다루지 않는다.

작품의 문학정서는 일상의 정서와 같은 뿌리를 두고 있되 그 실현의 방식과 성격은 다르다. 문학정서가 일상의 정서에 뿌리를 두고 있다는 것은 우리가 작품의 정서를 알 수 있고 이를 일상의 삶에 비추어 해석할 수 있음을 의미한다. 그러면서도 작품을 통해 문학정서는 집약적이고 과장되게 표현된다. 우리의 일상에서라면 그렇게 극적으로 보이지 않을 것이다. 몇 년에 걸친 시간을 한 시간 반의 영화로 압축하는 것이 문학정서의 표현 방식이라면, 한 시간 반의 영화를 몇 년에 걸쳐 늘어뜨려 보여주는 것은 일상의 정서를 표현하는 방식이다. 일상은 문학 작품과 달리 집약되어 있지 않고 정서의 진폭은 지루할 정도로 늘어져 있다. 심지어 여기서는 중요한 정서적 변화의 굴곡점들이 과장되어 있지 않다.

작품세계에서 정서 체험은 문학정서로 해석될 수 있는 체험역을 가진다. 하지만 그것은 문학정서와 일치하지는 않는다. 왜냐하면 객관화된 문학정서와 달리 문학 정서 체험은 가변적이며 주관적으로 수용되고, 슬픔, 기쁨, 분노, 유쾌, 우울 같은 이름으로 존재하지 않으며,5) 일상에서 우리가 저마다 갖게 되는 감정이나 정서들과는 교환되지 않기 때문이다. 문학 정서 체험은 '예시'의 방식으로 작품세계의 체험 주체의 심리 상태를 반영한다.

예컨대, 우리가 「가을의 기도」(김현승)를 읽고 있다고 가정해 보자. 문학정서는 절대자에 대한 경외심과 삶의 충일성을 위한 경건한 자세로 풀이될 수 있다. 절대자에 대한 경외심이나 삶의 충일성을 위한 경건한 자세는 삶에 있어서 가치 있는 것이다. 가치 있다고 명명된 문학정서는 교육이라는 특별한 국면에서 내면화해야 할 덕목으로 범주화되며, 독자는 자신의 신념체계에 위반되지 않는 한에서 이를 인지적으로 해석하고 개념화된 범주로 재구성하여 수용한다.

하지만 문학정서는 체험에 앞선 지식으로서 작품과 독립하여 교육할 수 없을 뿐 아니라 작품과 더불어 교육할 수도 없다. "절대자에 대한 경외심이나 삶의 충일성을 위한 경건한 자세"라는 문학정서는 실제로는 문학적인 것으로 개념화할 수 없다. 이는 ① 독자가 절대자에 대한 관념을 가지고 있지 않고 삶에 대한 태도에서 충일성과 같은 엄숙주의에 동의하지 않는다면 학습될 수 없기 때문이고, ② 개념화된 이 정서가 실제로 심리 상태로 독자에게 형성되었다고 보기 어렵기 때문이며, ③ 무엇보다 이것이 해석된 정서라는 점에서 정서 그 자체를 확인할 수 어렵기 때문이다.

따라서 독자는 이 정서가 '의사—정서(pseudo-emotion)'이며, 해석된 정서를 해석된 상황에 투사함으로써 대리 체험할 때에만 체감할 수 있다는 것을 알게 된다.[6] 문제는 독자가 콜링우드가 '환기(arousing)'라 불렀던 대

---

5) 물론 이것은 일상에서도 마찬가지이다. 일상에서는 이에 대한 사후적 해석을 하고 여기에 이름을 붙이는데, 문학 역시 마찬가지이다.

6) 이런 점에서 보면, 그간의 감상교육이 실제로는 감상교육으로서의 성격을 갖지 못했음에도

리 체험의 방식으로 이 의사―정서를 확인해야 하며(Collingwood, 김혜련 역, 1996 : 133―137), 결정적으로 그 대리 체험이 이른바 이상적인 독자의 기준에 따라야 한다는 것이다.[7]

결국 작품에서 문학정서를 파악하고 이를 다시 체험된 정서로 대리 체험하는 과정의 모든 문제는 정서가 그것을 체감하고 있는 주체에게만 동일한 질감을 제공하기 때문에 발생하는 것이라 할 수 있다. 문학정서에 대한 지식은 너그럽게 양해된 돌려 말하기(paraphrase)의 교환인 셈이다.

작품세계는 문학정서를 체험의 차원으로 옮긴다. 추상적으로 원형화된 정서의 목록을 대하는 대신, 독자가 일정한 역할을 취할 때 갖게 되는 조망과 정서적 정향을 바탕으로 (저마다) 특수한 상상적 체험을 갖게 된다. 작품세계에서 정서 체험은 체험 주체의 특수한 위치를 반영하며, 이 때문에 정서의 선험적인 위계성을 갖지 않는다. 다만 체험 주체의 정서 체험이 작품세계 속에서 적정한 관계를 형성하느냐 하는 점이 문제될 뿐이다.

나. 상상과 체험

상상과 체험은 독자와 작품세계가 맺는 관계의 형식이다. 이 둘은 계기적이며, 좀 더 넓은 조망으로 보면 이전 단계와의 단계성도 확인된다.

독자의 감상능력인 감수성을 발달시키는 데 일정 부분의 역할을 수행할 수 있었던 까닭이 분명해진다. 하지만 결과적으로 학생들의 감수성이 신장되고 인간의 삶에 관한 다양한 이해가 가능해졌다고 해서 이러한 형태의 지식교육(문학정서를 가르치는 교육)이 지향될 만한 감상교육이 되는 것은 아니다.

7) 그리고 만약 그러하다면, 다양한 문학 정서 체험의 존재는 개인심리학을 표방하면서 실제로는 독자들로 하여금 특정한 문학정서를 '문학'이라고 불리는 문화양식 속에서 인지적으로 수용하게 하고 이를 통해 유사한 정서 체험을 하도록 강제하는 문학교육제도에 대한 개인 주체들의 저항으로 해석될 수도 있다.

하지만 체험은 상상을 통해 이루어지고 상상은 체험으로 완성된다는 것이 감상 단계에서 이 두 형식이 갖는 관계성의 핵심이다.

다른 모든 단계들에서 상상이 수행하는 기능이 있지만, 감상 단계에서 상상은 문학적 욕망8)을 가진 독자가 작품세계에 일정한 역할을 수용하여 참여9)하게 한다. 이렇게 참여한 작품세계는 독자에게 해석 단계의 독자와는 다른 위치를 요구한다. 해석 단계에서 여전히 작품 밖에서 작품을 대상화하고 있었던 독자는 감상 단계에 오면 상상을 통한 역할 수용으로 작품세계의 내적 존재가 된다. 따라서 상상의 주체는 체험의 주체로서 작품세계를 내면화하게 되는 것이다.

한편 체험은 독자의 상상 속에서 유일하고 고유하게 존재하지만, 그 체험이 위치하는 과정과 기능에 따라 서로 구분되는 체험 형식으로 존재한다. 소통되는 체험은 기본적으로 심상의 형태로 존재한다. 여기서 추체험, 선체험, 공체험 등이 파생된다. 추체험은 작품에 대한 이해가 작품세계에 대한 구체적인 관념을 형성할 때 아직 이 세계에 대한 상상적 체험은 하지 않았더라도 선행 체험들로부터 얻은 유사한 심상들에 의해 의사-체험에 임하게 되는 것을 말한다. 작품을 읽으면서 머릿속에 떠오르는 상황이나 장면들은 추체험된 것이라 할 수 있다. 선체험은 이렇게 추체험을 할 수 있게 제공된 기억된 체험들이라 할 수 있다. 독자가 상상적 체험을 통해 작품세계를 구성하면 이 세계는 텍스트에 연결되어 있는 작품과 달리 텍스트로부터 분리되어 독자의 내면에서 독자적인 세계를 구성하게 되는데, 이는 기억의 형식으로 존재하게 된다. 이 기억들

---

8) 이에 대해서는 Ⅳ부 1장에서 다루게 될 것이다.
9) 해석 단계에서는 '개입'이 그 역할을 수행하는 독자와 작품(작품세계)의 상상의 관계 맺기는 감상 단계에서 와서는 독자가 작품의 세계 내적 존재로서 상상 속으로 들어가게 됨으로써 더 이상 유효하지 않게 된다. 그 대신 독자는 상상적 주체로서 작품세계에 '참여'하게 된다.

은 독자가 다른 텍스트/작품을 대할 때 이해의 맥락으로 작용하게 되는
데, 선이해와는 달리 심상화된 형태로 주어진다. 따라서 선체험은 같은
텍스트로부터 진행된 이해 과정이 작품과 작품세계 사이에서 반복되면
서 심화되는 경우를 제외하고는 독자가 도움을 얻으려는 이해와 체험
과정으로부터는 독립된, 다른 작품세계의 체험으로부터 기인한다고 할
수 있다. 공체험은 다수의 개별적인 작품세계들이 합쳐져 공통의 기억과
체험역을 만들었을 때 이를 지칭하는 개념이다. 이렇게 형성된 공체험은
개별 작품세계에 대한 체험을 넘어서 정서문화나 문학에 대한 심상화된
기억으로 발전하게 된다.

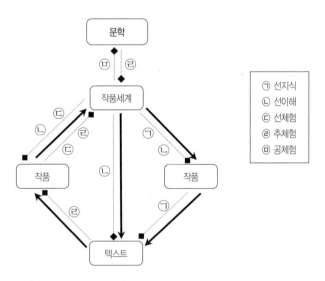

[그림 8] 문학적 이해의 과정에서 체험의 작용

[그림 8]은 체험을 중심으로 문학적 이해 과정을 도해한 것이다. 작품
에서 텍스트의 해독 과정은 Ⅰ부에서 살펴보았고, 텍스트에서 작품으로

의 해석 과정은 II부에서 살펴본 바 있다. 이 과정은 비교적 선명하고 지식의 도움으로 이루어짐을 확인할 수 있다. 굵은 화살표는 문학적 이해의 흐름이다. 문학적 이해는 특정한 작품으로 해석되어 있는 텍스트에 대한 이해로부터 체험된 작품세계가 문학 공동체 속에서 작품으로 객관화되기까지의 순환적인 과정으로 이루어져 있다.

여기서 작품에서 작품세계로 이어지는 체험 단계는 특히 중요한 의미를 지니는데, 왜냐하면 이 과정은 이보다 앞선 문학적 이해 과정에서 이루어졌던 체험으로부터 얻어진 작품에 대한 이해의 단서가 작품 이해로 되먹임된 과정이기도 하기 때문이다. 작품의 이해를 요구되는 선이해와 선체험은 작품세계로부터 오는바, 이 작품세계는 독자 자신이나 혹은 다른 독자들의 체험역이다.10)

이 도해는 시간의 흐름에 따라 축적되는 체험에 대해서는 정확하게 보여주지 못하고, 다만 순환적인 양상만 보여준다. 따라서 이 도해를 이해할 때에는 순환 과정에 중첩되어 있는 앞선 문학적 이해 과정의 존재를 염두에 두어야 한다. 작품세계로부터의 선이해와 선체험은 반드시 같은 작품으로 한정될 필요는 없다. 해석하려는 작품과 유사한 작품의 선행 체험이 선이해와 선체험의 형식으로 도움을 줄 수 있으며, 도해의 ⓒ, ⓒ은 그것을 보여주는 것이 될 수도 있다. 하지만 이 도해를 한 작품이 어떻게 텍스트로부터 작품세계로 이해되어 가는가 하는 문제틀 내에서 읽는 대신, 어떻게 문학적 이해가 심화되는가 하는 문제틀 내에서 읽는다면, 작품세계까지 이르게 되는 것이 문학적 이해의 과정에서 갖는 중요한 의미를 확인할 수 있을 것이다.

---

10) 작품세계에 대한 상상적 체험이 이르지 않으면 작품에 대한 이해는 텍스트 해석으로부터 얻은 단서로 추체험하는 방법 밖에 없는 것이다.

다. 역할 수용과 내면화

레프 비고츠키(Vygotsky, 1979)에 따르면, 인간의 사고는 인간의 실제적
활동으로부터 나온다고 한다. 이 말은 독자가 사회적인 상호작용을 언어
를 통해 의미화 과정을 거치며 내적인 재구성을 갖게 된다는 뜻으로 풀
이된다. 비고츠키 자신은 이를 내면화(internalization)이라 불렀으며, 이 과
정이 다음과 같은 일련의 전환들로 구성된다고 주장하였다. ㉠ 외적 조
작은 내적으로 재구성되며 내적으로 발생하기 시작한다. ㉡ 개인 간 과
정은 개인 내 과정으로 전환된다. ㉢ 개인 간 과정에서 개인 내 과정으
로의 전환은 긴 발달적 사건의 결과이다(Vygotsky, 1994 : 92-94).

비고츠키의 내면화 개념은 그것이 가치의 수용이나 축적과 관련된 결
과적 성격을 갖기보다는 인지기능의 발생적 기제로서 또한 학습과 발달
의 기제로서 과정적인 성격을 갖는다는 점에서 중요한 의미를 갖는다.
이 점이 피아제(Piaget, 1964)와 중요한 차이이며, 『문학교육론』(1987)의 저
자들이 고려했던 내면화 과정과도 구별되는 점이다. 그것은 '어떤' 가치
를 수용하여 자기화하는 것이라기보다는 가치를 수용할 수 있도록 외적
조작(실재적 상호작용)을 '기호화하는' 것이다.

역할 수용과 내면화는 문학 체험의 핵심적인 과정이다. 역할 수용은
체험의 내면화를 목표로 하며, 내면화는 수용된 역할의 체험을 뒷받침한
다. 작품세계를 통해 재인된 정서 어휘 체계와 상상된 체험 속에서의 역
할 수용이 내면화를 통해 독자 내부에서 통합된다. 독자를 중심으로 말
하면, 내면화는 지금까지 경험 있는 독자와 함께 수행해 왔던 각 단계의
전략들을 비소로 주체의 내면에서 다시 수행하며 재구성하는 것이라 하
겠다. 경험 있는 독자, 예컨대 교사가 던졌던 질문들을 자신을 향해 다
시 던지며, 독자는 감상을 상상된 체험으로 이끄는 과정에서 그가 동원

했던 전략들을 자신의 독립적인 감상 활동을 위해 활용한다. 이 과정은 인지적 과정이기도 하지만 그렇다고 모든 독자에게 동일하게 적용되는 해석의 전략은 아니다. 체험 속에 있다는 점에서 구체적이고 개별적인 과정이다.

여기에 내면화의 교육적 의의가 있을 것이다. 내면화는 독립적인 감상 활동을 가능하게 하는 전략이며, 주어진 문화적 합의 밖에서도 (수용된) 작품을 향유할 수 있게 하는 기반이 된다.

중요한 것은 이 내면화가 결과적 양태가 아니라 과정적 작용이라는 점이다. 동기화가 이루어지고 이에 따라 이해와 감응이 텍스트의 의미를 실현시켰을 때(다시 말해 작품으로 실현시켰을 때), 독자는 그것을 자신의 경험으로 통합함으로써 감상에 이른다. 이 과정이 일회적이거나 일방적인 것이 아니기 때문에 내면화는 그 전체를 가리키게 된다. 그래서 내면화를 자기화, 구체화, 현실화라고도 하는 것이다.

전통적 정서와 체험의 가치[*]

2

가. '한(恨)'에 주목하는 이유

정서가 문화적으로 습득된다고 보는 여러 연구(Solomon, 1973; Shott, 1979; Hochschild, 1979; Mead, 1988; Gordon, 1989, 1990 등)의 관점에 따르면, 학생들이 작품을 통해 어떤 정서를 체험하게 되는 과정은, 그리고 그 정서 체험을 가치 있는 체험으로 받아들이게 되는 것은 매우 의미심장한 교육적 실천임에 틀림없다. 그것을 본래적으로 가치 있는 정서로 보든 아니든 간에 어떤 정서를 체험하고 가치 평가하게 되는 과정은 문화적으로 특정 정서 범주 체계를 내면화하거나 산출하게 되는 과정이 되기 때문이다. 근대 문학에서는 이른바 '전통적 정서'와 그것의 중요한 한 요소로서 '한(恨)'이 전통적 정서가 되어가는 과정이 바로 여기에 해당한다.

우리가 이 문제를 다루려는 데에는 매우 소박하면서도 근본적인 문제 의식이 있다. 그것은 정서 체험의 문제가 문학과 문학교육에서 근본적인

---

* 이 절의 내용은 최지현(1997a)에 바탕을 두고 있다.

질문법일 수밖에 없다는 것이며, 그러면서도 실제의 이론이나·교육 실천의 場에서 이 문제가 중요하게 고려되지 못했다는 것이다. 현실적으로 '전통적 정서'는 개념적 실체가 존재하는지 여부와 무관하게 시를 대하는, 혹은 넓게 말해 문학 작품을 대하는 대부분의 독자들에게 지대한 영향력을 발휘하는 것이다. 심지어 '전통적 정서'라는 이름만으로도 작품에 대한 독자들의 태도가 달라지며, 그 이름 아래 문학사의 중요한 몇몇 작품들이 정서 체험의 안정된 스펙트럼을 갖게 되기도 한다. 이제 검토하게 될 '한(恨)'의 경우도 이와 같다. 천이두(1984, 1993) 등의 연구에 따르자면 이 정서는 적어도 어느 정도 인생의 연륜이 쌓여 체질화되어야 비로소 공감될 수 있는 것이다. 그렇지만, 중·고등학교에 다니는 청소년들은 시 학습 과정에서 이를 너무도 쉽게, 자명한 것으로 수용한다. 이는 학생들이 정서를 개념적으로 학습하고 있다는 것을 의미하는 것이지만, 넓게 보면 시 교육에서 정서 체험에 대한 교육적 설계나 수행이 제대로 이루어지지 못했다는 것을 뜻하는 것이기도 하다.

여기서는 정서 체험을 가능케 하는 문화적 합의의 문제로서 '전통'과 미적 형식성이 '한(恨)'을 심미적이고 윤리적 정서 체험의 영역으로 이끌고 들인 과정을 살펴보고자 한다. 전통이 전대로부터 이어져 온 가치 있고 규범적인 제 양식[1]이라 할 때, 텍스트의 특정한 언어 맥락을 한으로 '읽게 하는' 것은 이미 양식적임을 짐작하기 어렵지 않다.

'전통'의 문제가 제기되기 시작한 것은 '민요시', 혹은 '민요조 서정시'[2]로 불리는 자유시 경향이 활성화되는 과정에서였다. 그러나 그것은

---

1) Preminger, A. and T. V. F. Brogan(eds., 1993 : 1295 - 1296) 참조.
2) 오세영(1980 : 38-42)은 1920년대의 시가 형식 일부를 지칭하기 위해 '민요시'라는 용어를 사용한 바 있으며, 김용직(1982)은 이를 '민요조 서정시'라는 용어로 장르 규정을 하였는데, 그 이후로 대체로 이 용어로 통일되는 경향을 보이고 있다.

초기 번역시를 중심으로 한 자유시가 필연적으로 맞게 된 귀결은 아니었고, 주로 '마음은 물결' 같은 은유도식을 통해 슬픔의 시적 변용을 이루었던 일군의 시들이 좀 더 안정적인 정서 체험의 조건을 모색한 결과였다. 민요조 서정시들은 소재에서 자연 현상을, 형식에서 단형 정제성을, 시어 면에서 고유어를 사용한다고 한다(김용직, 1982). 그런데 그 가운데 은유도식에서 주체와 독립한 세계의 일상화된 슬픔을 표상하고 있는 시들에서 우리는 이른바 '전통적 정서'라 불리는 '한(恨)'을 발견하게 된다.

사실 초기 번역시 텍스트와 민요조 서정시 사이에는 상당한 관련성이 있다. 앞에서도 살펴보았듯이, 초기 번역시 텍스트에는 '마음은 강물' 같은 친숙한 은유 도식이 언어 맥락을 형성하고 있었고, 시행의 배치나 율격적 시도들이 통해 어조 상의 조화를 유지하고 있었다. 그런데, 이는 민요조 서정시에서도 유지되었을 뿐 아니라 은유도식의 경우는 오히려 텍스트의 전체 맥락을 좌우하는 하나의 심상으로까지 응축되기까지 한다.

또한 초기 번역시 텍스트를 주도적으로 발표했던 인물인 김억의 경우는 민요조 서정시를 주도하기도 했던 인물인데, 그가 쓴 다음의 텍스트는 초기 번역시 텍스트와의 관련성을 강하게 시사하고 있다.

혼자서 綾羅島의 물가 두던에 눕었노라면
흰물결은 소리도업시 구비구비 흘러내리며,

저멀리 맑은 하늘, 끚업는 저곳에는,
흰구름이 고요도 하게 무리무리 쩌돌아라.

물결과가티 자최도 업시 슬어지는 맘,
구름과가티 한가도 하게 써도는 생각.

내 世上은 물이런가, 구름이런가.
어제도 오늘도 흘러서 긋남이 업서라.[3]

이 시는 제재의 활용 면에서 1918년의 「봄은 간다」와 유사할 뿐 아니
라 '마음은 강물' 도식을 그대로 사용하고 있다. 이 시에 표현된 '흰물결'
은 다만 소재의 차원에서 사용된 것은 아니다. 흰 물결이 흘러내리는 것
은 흰 구름이 써도는 것으로 전이되며, 다시 마음이 스러지는 것으로 연
결됨으로써 이내 '내 世上은 흘러서 긋남이 업서라'로 완성된다. 이 끝에
완성되는 은유도식이 '인생은 바다'이다.[4]

하지만, 초기 번역시 텍스트와 민요조 서정시 사이에는 차이가 나는
부분도 있다. 그 차이 가운데 하나는, 초기 번역시 텍스트들이 단위 도
식들의 병치에 의해 은유도식을 만들고 이를 통해 속성 초점화를 이루
었던 반면, 민요조 서정시는 지금 살펴 본 「내 世上은 물이런가, 구름이
런가」에서처럼 하나의 은유도식을 전체의 언어적 맥락을 통괄하는 원리
로 사용하고 있다는 것이다. 이는 시가 쉬워졌다는 것을 의미하며, 그만
큼 텍스트의 은유도식이 관습화되었다는 것을 말해 준다. 다시 말해, 은
유도식에 의해 환기된 정서가 문학에서 이미 제도화된, 또는 제도화되고
있는 정서라는 뜻이다. 시가 쉬워졌다는 것의 또 다른 의미는, 그만큼
언어 맥락을 구성하기 위해 동원되어야 할 다수의 어휘들이나 비문자적
자질들의 사용이 불필요해졌다는 것이기도 했다. 이는 양주동과의 논쟁

3) 김억(1922), 「내 세상은 물이런가, 구름이런가」, 『개벽』 24호, 1922. 6.
4) Ⅰ부 3장 '다'절의 은유도식 관련 내용을 참조할 것. 이 도식은 '사람은 배', '인생은 항해',
   '고난은 암초' 등의 은유 관계를 체계화한다.

을 전후한 김억의 변화를 짐작케 하는 부분으로, 1928년 『안서시집』(한성도서주식회사)에 실린 「버들가지」에 오면 시어의 선택이나 시형의 정리 면에서 「내 世上은 물이런가, 구름이런가」에 비해 많이 정리가 된다.

無心타 봄바람에
숫은 펏다가
헛되히 그 바람에
지고 맙니다.

서럽지 안을까요
西關 아가씨

오늘도 綾羅島라
버들개지는
물우를 혼자돌다
흘너갑니다

가엽지 안을까요
西關 아가씨.5)

다른 하나의 차이점은 초기 번역시 텍스트와 민요조 서정시 일반이 대응되고 있지 않기 때문에 생기는 것이다. 민요조를 모색했던 시인으로는 이광수, 주요한, 김동환 등과 더불어 김억, 홍사용, 김소월 등 그밖에도 여러 시인들이 있었다. 이 가운데 이광수는 민요(조)를 이론적으로 탐구한 최초의 인물이자, 이미 1915년 이래로 압운의 형식이나 자수율을

---

5) 김억(1928), 「버들가지」, 『안서시집』, 한성도서주식회사.

끊임없이 시도해 왔던 이였다(오세영, 1980 : 113). 그러나 그의 사고 속에
는 시대가 변하면 리듬의식도 달라지지만 대개 조선 사람의 정조와 사
고방법에 합치되지 아니하는 시가는 우리 민족에 맞지 않을 것이기 때
문에, 민중이 좋아하는 원형성을 변하지 않는다는 관념론적 전제가 있다.
그래서 그는 우리 시가의 리듬이 4·4조 음수율에 있다는 것, 이를 기조
로 여러 정조를 얻을 수 있다는 것, 그리고 두운과 각운이 대구에 나타
나는 수가 많다는 것 등을 주장하기도 했으며,[6] 실제로 운을 시도했던
점에 관한 한, 그는 꽤 성공한 작품을 가지고 있다. 「서울로 간다는 소」
(『동광』 제6호, 1926)가 그것인데, 김현승[7]에 의해 우리 현대시사에 유일한
각운 시험의 성공작이라는 평가를 받은 바 있는 작품이다.

주요한의 경우는 김동환 등과 더불어 민요시 운동을 전개한 시인들
가운데서도 시적 경향에서 김억과 상당히 차이가 나타나는 시인에 속한
다. 오세영은 주요한의 시를 소월과 대비되는 '남성적 고백의 형식'으로
설명하는데, 이는 김억과의 대비에서도 큰 차이가 없을 것으로 보인다.[8]
주요한 역시 이광수처럼 '조선말의 미와 힘을 지닌 원천'으로서의 민요
시를 생각하였다. 그는 「노래를 지으시려는 이에게」(『조선문단』 3호,
1924.12.)에서 기왕의 시단의 경향을 비판하는 가운데 이를 밝혔거니와,
자신의 시집 「아름다운 새벽」의 발문에서는

　　이삼년래로 나의 시를 민중에게로 더 갓가히 하기 위하야 의식뎍으로
　로력한 것이외다. 나는 우에도 말한 바와가치 '개렴'으로된 '민중시'에
　는 호감을 가지지 안엇스나 시가가 본질뎍으로 민중에 갓가울 수 잇는

6) 이광수(1924), 「민요소고」, 『조선문단』, 1924. 12.
7) 김현승(1975), 『한국현대시해설』, 관동출판사.
8) 오세영(1980 : 212). 그가 주요한의 시를 연구하며 제목으로 「불의 상징과 리비도의 억압」으
　로 설정한 것은 이런 점에서 의미 있는 대비라 생각된다.

　　것이라 생각하며 그러케 되려면 반드시 거긔 담긴 사상과 정서와 말이
　　민중의 마음과 가치 울리는 것이라야 될 줄 압니다.

라고 말하면서 이것이 계몽적 효용을 가지고 있을 것이라 생각하고 있
었다. 주요한의 이러한 진술은 민요시 쓰기를 '현금 조선의 문예운동'[9]
으로 삼자는 관점을 반영한 것이다. 그는 이 글 외에도 「조선예술운동의
당면문제」(『조선지광』 82호, 1929.1.)에서 신시 운동의 방법과 목표를 정하
기도 했는데, 여기서 그는 건강하고 긍정적인 소재를 민요시에 반영하려
고 하였고 이러한 노력의 산물로 『아름다운 새벽』을 펴내었다. 실행 방
식에서 보면, 인용한 「거지의 꿈」 같은 작품을 쓴 김동환 또한 대표적
인물 중 한 사람이라 할 수 있다.

　　헌모자 헌구두에 헌양복입고
　　다리아래 졸고잇는 저젊은 거지
　　왕이될 꿈을꾸나 장가갈꿈꿔

　　아니네 아니네 왕도장가다실혀
　　나팔불고 북치고 내다를째에
　　압장서서 만셰부를 그런꿈꾸네.[10]

　　그런데, 이상의 문인들은 다분히 소재주의적, 형태론적 연구와 창작에
기울어 있었던 것이고, 그 때문에 이광수나 주요한의 작품들은 점차 정형
시의 틀 안에 고정되는 문제를 안게 되었다. 반면 김억이나 홍사용 같은
이들은 개성적 호흡을 흡수해야 한다는 문제의식 속에서 민요조의 시적

---

9) 주요한(1927), 「문사와의 대담」, 『조선문단』 4권 2호.
10) 김동환(1929), 「거지의 꿈」, 『삼인 시가집』, 삼천리사.

정조를 파악했던 시인들이었다. 이러한 점에서 보면, 초기 번역시 텍스트는 김억 등의 일부 시인들의 작품들이 은유도식의 공유와 정서적 연관성의 측면에서 민요조 서정시와 연결되어 있었던 것이다.

나. 정서의 형성, 혹은 발명

민요조 서정시가 '한(恨)'의 정서를 내포하게 된 것은 김억의 제자인 김소월의 등장과 관련이 깊다. 이미 민요조 서정시에 의해 초기 번역시 텍스트의 병치적인 은유도식이 하나의 단일한 은유도식으로 통합될 정도로 이것을 통해 경험되는 정서의 영역이 개념화되었음을 보았다. 그런데, 후대의 비평들에 의해 '한(恨)'과 관련을 갖는다고 평가된 김소월의 작품들—예컨대 「접동새」나 「진달래꽃」 같은—에 오면 앞서의 은유도식은 발견할 수 없다.

이 문제는 민요조 서정시와의 관계 속에서 살펴보아야 한다. 일반적으로 김소월의 시는 민요적 율격을 가지고 있는 시인으로 알려져 있다(서우석, 1981; 성기옥, 1986; 김대행, 1989 등). 이와는 달리, 윤여탁(1995 : 110)은 민요와 소월의 민요조 서정시 사이에는 율격의 차원이나 어휘적 차원에서 많은 차이가 나타난다고 한다. 이러한 의견의 차이에는 '서정시적 표현 방식'(윤여탁)에 대한 판단 문제가 담겨 있다.

김소월은 애초부터 민요조로 출발했던 것이 사실이지만, 초기의 창작 과정에서는 민요 그 자체로부터 그다지 벗어나지 못하고 있었다(정한모, 1973 : 275). 그의 초기작 「야의 우적」(『창조』 5호)이나 「춘강」(동지) 같은 시들은 정서적으로 개성화되어 있다고 보기 어려우며, 오히려 정형적인 율조를 갖추기 위한 훈련에 치중한 감이 있다. 이는 이미 일반적인 평가인 것처럼, 그가 김억의 영향권 내에서 시작에 임하게 되었고, 또 부분적으로는 율조를 다듬는 데에도 그의 도움을 받았을 것이라 추정된다.

그의 시들이 주로 1922, 3년에 집중적으로 씌어지며, 또한 이때의 시작(詩作)에서 뛰어난 작품을 많이 만나게 되거니와, 김억의 회상에 따르면, 소월은 형식의 세련화에 대단한 집착을 보였다고 한다. 그가 형식에 대한 집요함을 갖게 되었던 까닭을 두고 오세영(1980 : 303－306)은 소월이 자신의 불연속적 삶을 언어의 외적 형식으로 극복하고자 한 결과라고 해석하지만, 단지 율격의 문제는 아니었을 것이다. 예컨대 그것은 앞의 항에서 살펴보았듯이 내집단의 확대와 그의 작품 간의 소통은 서로 관계가 있겠고, 그것이 소월 자신의 사회적, 문화적 실천 행위로서 인정투쟁의 한 양상일 수 있을 것이기 때문이다. 말을 어렵고 복잡하게 쓰는 사람은 본심과는 달리 인정받지 못하게 되기 십상이다.

그보다는 그의 조탁의식이 집약된 조어법에 주목해야 할 것이다. 우리의 논의에 따르면, 언어적 형상화야말로 정서의 구체화에 기능적으로 작용하기 때문이다. 이에 따를 때, 우리는 우선 「가는 길」을 대하게 된다.

> 그립다
> 말을 할까
> 하니 그리워
>
> 그냥 갈까
> 그래도
> 다시 더 한 番(번)
>
> 저 山에도 가마귀, 들에 가마귀
> 西山(서산)에는 해진다고
> 지저귑니다.

앞 江(강) 물, 뒷 江 물
흐르는 물은
어서 따라오라고 따라가자고
흘러도 연달아 흐릅디다려.[11]

이 작품은 2박자류의 짧은 두 마디 장단(4보격)이 중심을 이루고 있다. 그러나 어사적인 기준이 부여된다면, 7·5조 형식을 변형시킨 것이라 할 수 있다. 행별 휴지가 구별 휴지보다 길고, 그만큼 유의미한 단락 구분을 만든다는 점에서, 행 걸침('말을 할까 / 하니 그리워')이나 어순 도치를 통해 의미 연관을 교묘하게 바꾸어 놓고 있다는 특징이 있다. 3, 4연의 창가식 고정 율격에 비하면, 앞의 두 연은 자유시의 호흡에 가까운데, 이는 의미론적인 대위 구조[12]를 만든다. 1, 2연과 3, 4연은 정서의 형식이라는 측면에서 각기 '주관화된 형식'과 '객관화된 형식'으로 나누어 볼 수 있을 터인데, 전자의 형식은 가슴에 깊숙이 배어 있던 정조가 스스로에게 환기되는 상황을 극적으로 형상화하고 있어 시적 성취가 꽤 높은 부분이다. 그리움은, 가지고 있는 것이 아니라 '불러냄으로써' 비로소 깨닫게 되는 것이라는 진술이다(그립다 말을 '하니' 그리워).

하지만 바로 이런 성취는 이 작품이 개성적인 정서에 바탕을 두고 있기 때문에 가능한 것으로, 어디까지나 이 작품의 중심 정조는 1, 2연으로 그쳐 있는 것이다. 전래의 시가가 서경으로부터 서정으로 전이되는 형식(객관의 주관화)을 취하고 있음을 고려해 볼 때, 「가는 길」에서는 그

---

11) 김소월(1923), 「가는길」, 『개벽』 40.
12) 1, 2연을 정서의 주관화된 형식, 3, 4연을 정서의 객관화된 형식으로 구분하고, 앞의 두 연과 나중의 두 연을 등시간적인 것으로 본다면, 상대적으로 오래 끌어야 하는 주관화된 형식은 '미련'을, 뒤에 이끌려 촉급하게 나오는 객관화된 형식은 '재촉'을 각기 의미론적으로 대립시킨다.

역전된 모습을 보게 되는 것이다.

그런데, 「가는 길」이 형상화하고 있는 정서란 무엇인가. 그것은 내면으로부터 그를 붙잡고 있는 '그리움'이다. 이 그리움은 님을 앞에 두고, 혹은 님의 집 앞에서, 혹은 님의 집을 바라다보며 느끼고 있는 정서이다. 이러한 정서는 물론 일상적인 것이 아니다. 우리는 떠나보내고 그리워하며, 떠나 있음으로 해서 그리워한다.

이상의 진술을 각도를 달리하여 다시 설명해 볼 수 있겠다. 그의 시 1연에서 '하니 그리워'는 분명히 수사적 기교에 해당하는 것이다. '하니'란 '했다. 그랬더니'의 준말인 셈이고, 여기서 강력한 힘을 발휘하는 것이 '그랬더니'라는 부사인 것이다. 시 전체의 주제화에 가장 큰 영향을 미치고 있는 것이 부사라는 점은 단순한 진술은 아닐 것이다. 우리는 이 시 외에도 여러 시들에서 같은 양상을 발견할 수 있을 터인데, 「산유화」에서 '저만치'라든가, 「못니저」의 '더러는', 「진달래꽃」의 '아니', 「삼수갑산」의 '아하… 아하하' 같은 예가 그것이다. 그리고 이 시들에서 부사어의 사용으로 시정은 뒤바뀔 수도 있는 상황성을 갖게 된다.

이런 표현들은 말하자면 수사학적 은폐에 해당한다. 예컨대, 「못니저」에서 '더러는'이 부분적인 망각을 말하려 함이 아닐 것임은 분명하다. 잊힐 수 없다는 통렬한 슬픔, 우리가 이를 애상이라고 부른다면, '더러는'은 그 상황에서 짐짓 몸을 빼고 스스로를 객관화시키는 태도에 해당한다. 그래서 잊힐 수 없다는 그 자신의 고백은, 독자에게 전달될 때쯤에는 '더러는'에 눈이 가게 되고 '아니 잊히는 것'이라기보다는 '잊히는 것'으로 정향된 정서적 국면을 만나게 되는 것이다. 이렇게 이 시어들은 '시'라는 주관적인 정서표현의 형식을 객관적인 사물을 읊고 있는 것으로 위장하는 역할을 수행하는 것으로 평가할 만하다. 마치 그의 시에 님이 부재하거나 불명료한 것과 같은 기능이다.[13]

그렇다면, 이쯤에서 우리는 그의 민요조가 갖는 기능적인 의미를 되새겨 볼 수 있을 듯하다. 소월시에의 수식으로 붙는, '한(恨)'은 '애이불비'의 의미라 한다. 이를 풀자면, <슬프되 슬퍼하지 않는다>이다. 그러나 내면화되고, 혹은 내성화된 슬픔의 정서가 한이고, 다시 슬픔을 슬픔으로 표출하지 않는 태도가 한이라면, 중국 전통시의 시작 원리인 '낙이불음애이불상' 역시 '한(恨)'을 말하고 있는 것이 아닌가. 이건 간단치 않은 모순이다. 소월의 모순이라기보다는 그만큼 '한(恨)'이라는 정서가 일상으로부터 시로 옮겨 오면서 단련되고 분류된 결과로 보인다.

소월은 '마음은 물결' 같은 은유도식을 통해 '슬픔'의 정조를 드러내려 하기보다는 특정한 심상들과 결합하여 정서를 환기할 수 있는 어휘를 활용하는 방법을 사용했다. 기본적인 방법은 오랜 문화적 전승 속에서 상징적인 의미를 부여받기까지 한 심상을 환기하는 것들이었다. 달리 보면, 그는 은유도식을 하나의 심상으로 응축시켜 표현할 줄 아는 시인이었다. 하지만 그는 이 어휘들을 통해 직접적으로 정서를 환기시키려 했던 것이 아니라 대개 '아니', '저만치', '더러는', '하하' 등과 같은 수단을 통해 정서적 충격을 주는 방식으로 정서를 표현하려 했다.

중요한 점은 이 논의를 통해 우리가 1920년대의 식민지 사회 속에 점차 고립되고 일탈을 요구받게 된 개인이 경험해야 했던 근대적 정서 체험과 전통적 정서라 일컬어지는 '한(恨)'의 정서 체험이 일치되어 감을 확인할 수 있다는 것이다. 이는 결코 단순한 문제가 아니다. 근대적인 정서나 감수성이 시대적, 혹은 사회적 문제성을 띠고 있는 것이라면, 그것은 전통적인 정서나 감수성과는 어떤 측면에서든 변별되는 것이어야 했기 때문이다. 이에 대한 가장 합리적인 설명은 '근대적 정서'나 '전통

---

13) 이 역시 자신의 슬픔, 곧 애상을 지우고 감추는 역할은 한다.

적 정서'가 생리적, 존재론적 정서로서가 아니라 특정하게 해석되거나 평가된 사회적, 해석학적 정서로서 기능하였음을 인정하는 것이다. 근대 초기의 시인들은 자신들이 경험한 느낌이나 감수성을 자신들만의 것, 곧 근대적인 것으로 정당화하려 하였으나 그 과도적 정서는 취약한 것일 수밖에 없었다. 그것이 심미적이며 윤리적인 것으로서 수용될 수 있게 된 것은 '애상', '애수', '비애'과 같은 '슬픔'의 감정이 전통적 정서라 일컬어지는 '한(恨)'의 정서로 재해석됨에 따라서였다.

'한(恨)'의 정서가 문학적인 전통성으로서 일종의 정전을 구성하게 된 것은 다음과 같은 기호적 대립이 담론의 공간 속에서 구성되었기 때문이다.14)

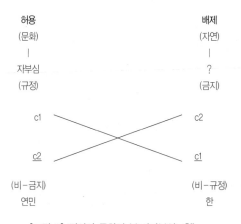

[그림 9] 정서의 문화적 분포(자부심-한)

이것은 일상의 정서 관계를 뜻한다. 물론 모든 것을 포괄한다는 의미

---

14) 그레마스·프랑소와 라스티에의 The Interaction of semiotic constraints(기호학적 제구속의 상호작용)의 기호학적 모델을 원용하여 만들었다. Brook-rose, Cristine(김열규 외 공역, 1993 : 105) 참조.

에서가 아니라, 윤리적 검열에 대한 성적 정체감으로서 가장 두드러진다
는 의미에서 규정되는 정서를 말한다. 정서적으로 남성의 자부심(c_1), 곧
숭고한 가치에 대한 동경과 자긍심은 규정된 정서이며, 숭고한 가치[15]의
부재로 인해 생기는 여성적 '한(恨)'(c_1), 곧 상실감과 애수는 규정되지 않
은 정서이고, 비속한 존재를 포용하는 남성의 연민(c_2)은 비-금지된 정서
이며, 숭고한 가치의 추구라 할 수 있는 명명할 수 없는 대상 '?'(c_2)은
금지된 정서이다. 비-금지된 정서란 지향하는 것은 아니더라도 유익한
정서를 말하며, 비-규정된 정서란 유익하지는 않되 허용되는 정서와는
은밀하게 공존하는 정서를 의미한다.

　규정되지 않은 이 부분에 비밀이 있을 것이다. 규정되지 않은 정서를
사회적 형식을 통해 실현시키기란 은밀한 '동성애나 근친상간'을 주장하
기보다 어려운 일이다. 게다가 이 정서는, '동성애나 근친상간'이 이러한
의미론적 구속을 깨뜨리는 경우에조차 긍정적인 가치로 주장되는 것은
아닌 것처럼, 그래서 20년대 초반의 문학정서가 윤리적인 검열에 의해
우회하거나 퇴행적인 모습을 보였던 것처럼, 사회적 형식을 통해 실현되
기에는 어려움이 있는 정서이다. 아마도 거기에는 숭고에 대응하는 모성
성과 숭앙에 대응되는 고양된 정서로서의 열정이 있을지 모른다.[16]

　더욱 중요한 것은 여성적 정서 가운데 '한(恨)'이 존재한다는 사실이다.
그것은 일상에서는 비-규정적인 것이나 문학적 상황으로 오면, 숭고성
을 대체할 수 있다. 이 때문에, '한(恨)'은 문학적 의장(意匠)을 갖추지 않

---

15) 이 경우는 대개 '님'으로 현상한다.
16) 그리고 이것은 페미니스트들의 선택 가운데 하나이며, 헬렌느 식수스(Cixous, H.)나 루스
　이리가레이(Irigaray, L.)의 주장이기도 하다. 그러나 위대한 여성성에 대한 '신비주의적' 동
　경이 이러한 의미론적 도식 속에 놓여 있다는 점을 간과해서는 안 된다. 논의의 초점은 다
　르지만, 토릴 모이 역시 이 점을 비판한다. 토릴 모이(Moi, 임옥희 · 이명호 · 정경심 공역,
　1994) 참조.

고서도 가치론적으로 바람직한 작품을 형성하는 데 기여하는 것으로 가정된다. 그러나 만일 독자들이 경험한 정서적 체험이 '한(恨)'이 아니라 애상이나 감상 같은 것이었다면, 그것은 문학적 의장을 갖추지 못했기 때문이라고 추정할 수 있다. 말하자면, '한(恨)'은 정서표현의 태도(pose) 가운데 하나인 것이다.

이런 점에서 '한(恨)'의 정서, 또는 '비애'의 정서가 자명한 정서적 반응은 아니라는 것을 확인하게 된다. 의학사가인 조르주 캉길렘(Canguilhem, G.)은 윤리성과 심미성의 작용과 그것들의 규범과의 관계에 대해 다음과 같이 말한다.

> 우리는 규범이라는 개념의 논쟁적인 목적과 용법의 이유를 정상-비정상 관계의 본질에서 찾아야 한다. 여기서는 모순이나 외재성의 관계가 아니라 역전과 극성의 관계가 중요하다. 규범은 자신과 대조하여 정상으로 간주되지 않는 모든 것들을 경시하며 자신으로부터 용어의 역전 가능성을 만들어 낸다. 규범은 다양성을 통합하고 차이를 흡수하며 분쟁을 해결하는 하나의 가능한 양식으로 제시된다. (中略) 논리적 규범의 역전은 논리적 규범이 아니지만 미학적 규범은 될 수 있다. 마찬가지로 역전된 윤리적 규범은 윤리적 규범은 아니지만 정치적 규범은 될 수 있다.[17)

논리와 윤리는 둘 다 이성의 형식이다. 그런데, 규범이라고 하는 것이 한 사회의 지배적 담론이 가지고 있는 지배성의 자기표현이므로, 이를 역전시키는 것은 당대 사회의 지배적 담론의 교체를 의미한다고 할 수 있다. 이 교체가 기존의 지배적 담론에 대한 '반담론'이 되지는 않을 것

---

17) Canguilhem(1996 : 263 – 264) 참조.

이라는 점에 대해서는 우리가 이미 밝힌 바 있다.[18] 캉길렘이 논리적 규범과 윤리적 규범을 역전시킨 것이 그 자체는 안 된다 하더라도 각기 미학적, 정치적 규범으로 될 수 있다고 말한 것도 그런 의미일 것이다.

역전을 통해 새로운 미학적, 정치적 규범이 된 실례를 우리 근대초기의 시사에서 찾기란 어려워 보인다. 지금까지 고찰한 바에 따르면, 자유시의 시도와 그것을 통한 개성적 정서의 표출은 근대사회의 윤리적 규범의 재편을 이끌었다기보다는 그에 의해 좌절되거나 변형되고 말았기 때문이다. 그만큼 근대초기의 시사에서 근대성 추구는 불철저하고 불완전한 것이었다고 생각한다.

그러나 비록 그것이 철저한 것은 아니었고 그 때문에 실패할 수밖에 없었어도, 그 시도는 결국 오늘날 우리에게 보편적인 정서로서 '한(恨)'을 윤리적이며 심미적인 체험의 영역 속에 옮겨 놓았다는 점은 인정해야 할 것이다. 이 정서는 사실은 전통 사회의 정서 체험과는 유사하되 구별되는, 본질적으로는 성격이 다른 '근대적인' 성격을 지니는 것이다.

이러한 근대적 정서 형성의 중심에는 김소월이 있다. 김소월의 시에 '애수'가 있다(박종화)는 초기의 평가는 후에 1948년 이래로는 '한(恨)'의 독법으로 읽히게 되는데(김동리), 이 차이는 김소월로부터 여성적 정서를 읽어 내려는 독법이 점차 민족적 정체성으로 초점을 옮겨가기 때문이다. 하지만, 순서가 어찌 되었든 간에, 김소월이 민요조에 담아 표현했던 정서는 당대에 점차 여성의 몫으로 넘어갈 정서였던 애상이었음은 분명하다. 체감적으로도 김소월의 시는 그에 앞선 다른 시인들보다 많은 공감을 준다. 그러하기에 김소월의 시에서 여성적 애상성은 근대시의 용인되는 정서로 변용되었다고 판단할 만하다.

---

18) '지배적 담론(dominant discourse)'에 대해서는 최지현(1994 : 7)을 참조할 것. 지배적 담론의 작용과 효과에 대해서는 같은 논문 20-24와 93-96를 참조할 것.

다. 가치 있는 정서로 학습하기

1920년대 중반에 민요조 서정시들이 전통적 정서로서 '한(恨)'을 발견하게 된 것은 달리 말하면 적어도 당대 시인들 사이에 사고의 도식으로 '한(恨)'을 뒷받침해 주는 언어화된 은유도식이나 심상이 형성되고 있었다는 것을 의미한다. 그러나 모든 민요조 서정시가 그런 것은 아니었으니, 이는 전통적 정서의 시적 변용이 보편적이라기보다는 특수한 것이었음을 말해 준다.

문학교육에서 가치 설정이 가능하고 또한 필요한 까닭은 크게 세 가지이다. 첫째는 교육 자체의 성격과 임무 때문이다. 둘째는 '문학'의 존재 방식이 이미 가치를 내포하고 있기 때문이다. 셋째는 문학교육이 가치 있는 체험을 풍부화, 섬세화하는 계획된 실천 활동이어야 하기 때문이다.

'한(恨)'은 오늘날에도 심미적인 정서 체험을 일으키는 정서적 상태이다. 김은전(1982 : 65)의 지적처럼 그것은 단순히 불쾌 체험이 아니라 일종의 쾌감을 수반하는 불쾌의 체험으로 감응되는 것이다. 시에서 '한(恨)'의 정서를 느끼게 되면 이 시에 대한 윤리적, 심미적 가치 평가가 동반된다. 그렇기에 '자학적이요, 도착적인 쾌감을 수반한 야릇한 정서'가 심미적일 수 있다는 것은, 적어도 일상이 아닌 시(문학)에서 '한(恨)'이 정서 체험의 윤리적 준거에 비추어 문제될 것이 없다는 것을 의미한다.

그렇게 되기에는 시의 정조로서 '한(恨)'이 일상의 정서에서 변형되는 과정을 필히 거쳤을 것임에 분명하다. 시의 정서 체험과 일상의 정서 체험은 동일한 것이 아니며, 시를 통한 '한(恨)'의 정서 체험 역시 일상의 그것과는 다를 수밖에 없다. 캉길렘이 기존의 논리적, 윤리적 규범을 대체하는 심미적, 정치적 규범을 논의한 바를 여기에 적용해 본다면, '한

(恨)'은 일상의 불쾌 정서를 시라고 하는 담론 속에서 역전시켜 윤리적인 쾌감을 일으키게 하는 정치적 규범으로 발전시킨 것이라 할 수 있다.

'한(恨)'에 대한 다른 논의를 좀 더 검토해 보면, 이 문제가 분명히 드러난다. 정대현(1985 : 74)은 언어철학적 분석을 통해, '한(恨)'이라는 범주가 첫째 지향성을 가지고 있지 않고, 둘째 의도와는 독립적인 정서 상태를 가지고 있고, 셋째 '한(恨)'이 실현되기 위한 조건으로 지각되지 않은 '체계적 불의'가 필요하다는 점을 밝혀내었다.19) 그의 논증대로라면, '한(恨)'은 사고의 도식, 혹은 흔히 패러다임이라 부르는 사고의 구조가 전환되는 경우에도 다양한 변형을 통해 유지될 수 있는 것이라 하겠다. 일상의 정서 체험에서는 '한(恨)'의 근처에서 그와는 다르게 언표 되는 감정 국면들, 예컨대 '답답함', '슬픔', '무기력함', '자기 비하' 등이 존재한다. 이처럼 일상에서의 '한(恨)'은 불쾌 체험의 한 단면이자 윤리적, 정치적 억압에 의한 피억압자의 제도화된 정서로 볼 수 있다. '한(恨)'은 그 정서가 사람들의 심리 과정 속에 깊게 각인되었다는 점, 다시 말해 고유하다기보다는 비중 있다는 점에서 한국적이다. 역으로 말하면, 그만큼 '한(恨)'이란 어떤 자연언어에 의해서도 서술될 수 있다는 의미에서 보편적인 정서 체험이다.

그러면서도 시[문학]에서의 '한(恨)'은 이들과 변별되는 것으로 평가된다. '한(恨)'의 미학이 발견되는 소월시가 "이 땅의 민중, 특히 부녀자들에게 영합된 이유는 빈곤과 학대를 숙명적인 것으로 체념하고, 오직 인종을 미덕으로 삼아 안주하였던 여인들이나 민중들의 심층에까지 파고

---

19) 그는 이 같은 '한(恨)'의 특성과 조건을 분명히 드러내기 위해 씨받이모델을 통해 이 체계적 불의가 요구되었던 조선조 사회의 '논리'를 열거한다. 이 논리는, 당사자에게 불합리해 보이지만 그 불합리성 자체는 규명되지 않는다는 특징을 가지고 있다(정대현, 같은 글, 76면). 왜냐하면, 당사자의 체계내적 논리로서는 부정할 수 없는 논리의 절대성이 이 표면적 논리의 배경을 이루고 있기 때문이다. 그런 점에서 '한(恨)'은 운명적이다.

들어가, 일종의 카타르시스 작용을 했기 때문"(김은전, 1982 : 66)이라는 것
이다.

일상에서 여성적이고, 숙명적인 것인 피억압자의 정서 체험이 시에서
카타르시스 작용을 한다는 것은 이성적으로 판별되는 사상과 마찬가지
로 정서가 문학에서 교육적인 의미를 갖고 있음을 드러낸다. 그리고 이
러한 점에서 정서 체험은 문학교육의 중요한 고려 대상이 될 수밖에 없
다. 그러나 이 작용이 어떤 현실적인 힘이 되느냐에 따라 교육의 가치론
적 고려는 달라질 수밖에 없다. 만일 한국 근대 문학에서 '한(恨)'의 정서
가 일종의 '마취적 감염 효과'를 가지고 있다면, 문학교육은 현실과 시
[문학], 달리 말해 일상의 담론과 문학 담론의 기능과 역할의 차이에 대
해 고려해야 한다.

다음으로, '한(恨)'이 근대적 정서의 한 모색으로 시의 정조가 되었음에
도 불구하고 오늘날 전통적 정서로 수용되고 있는 점에 대한 검토도 필요
해진다. 이는 전통을 "예로부터 계통을 이루어 전하여 내려오는 것"이라
는 규정으로 자연화하는 대신, 어떻게 전통적 정서가 만들어지고 규범화
되는지에 대한 비판적 검토로 교육적 관심이 이동한다는 것을 의미한다.

우리 문학을 연구하는 학자들 사이에서는 전통과 인습이 서로 구분되
어야 한다는 조지훈(1975 : 221)의 논의가 기본적으로 받아들여지고 있다.
그런데 이러한 구분 속에 '전통'은 보편적이며 규범적인 것으로 자명해
지는 전제가 수립된다. '전통 실체론'이라 할 수 있는 이 입장에 대해 김
흥규(1984)는 전통이 때로는 기존의 어떤 요소나 특질의 지속과 동일한
것을 의미하지는 않는다고 주장한다.

여기에서 우리는 문학사·예술사의 연속성을 '일정한 요소·특질의
선형적 지속'과 동일시하는 논법으로부터 벗어나야 할 필요를 느낀다.

한 개인의 생애에서든 어떤 집단의 역사 과정에서든 그 주체의 연속성·동일성을 규정하는 것은 어떤 특질의 선형적 지속이라는 가시적인 차원에서만이 아니라 그 생활사 안에서 움직이는 갈등과 자기갱신 및 초극을 향한 모색의 내적 연관을 통해서도 구명되어야 한다. …… 역사적 연속이란 때때로 첨예한 대립으로 나타날 수 있으며 동일한 문제의 전이와 이화(異化)로도 표현되는 것이다.[20]

이러한 입장은 김대행(1991a : 49)에서도 찾아 볼 수 있는 것으로 '전통창조론'이라 불리는 것이다. 특히 김대행은 전통적 정서와 관련하여 "한의 문제가 전통 논의 가운데서도 선험적 요소를 가장 강조하는 부분이라는 점에서 아직도 더 깊은 천착이 요구되는 부분임은 물론, 우수성으로서의 전통이라는 시각의 극복이 더불어 요구되는 부분이기도 하다."고 지적하고 있기도 하다. 그의 이러한 논의는 현재의 삶을 역동적으로 전통에 연결시킬 수 있다는 점에서 평가할 만하다.

앞서 우리는 '한(恨)'이 전통적 정서로 확장된 데에는 근대시의 정서체험에 작용한 당대 사회의 윤리적 검열이 크게 원인으로 작용하였음을 논의한 바 있다. 그것이 시사하는 바는 다음 두 가지이다. 첫째로 일반적으로 말하는 정서뿐 아니라 '전통적 정서' 역시 문화적으로 형성되고 심지어 분배되는 것이라는 점, 그리고 둘째로 가치평가의 측면에서 부정적으로 판단되든, 아니면 긍정적으로 판단되든 간에, 현실적으로 근대는 전통과 잇닿아 있다는 점 등이다. 만일 문학교육에서 정치적 이념이나 가치관의 문제로 인해 전통과의 연계가 누락된다면, 적어도 그것은 근대시 정서의 형성과 체험의 일부를 사상시키는 결과를 빚게 될 것이다.[21]

---

20) 김흥규(1984 : 100 – 102) 참조.
21) '한(恨)'에 국한하지 않고 근대시 일반으로 논의를 확장시킨다면, 일상의 정서가 시의 정조로 변형되는 과정에 대한 설명이 일반 이론으로 모색될 필요가 있다. 예컨대 '향수(또는 고

문학 외부로부터 제기되는 전통의 요구가 한(恨)과 같은 정서를 보편적인 것으로서 정당화한다면, 문학 내부로부터는 문학의 실체성에 대한 부단한 강조와 주장들이 또한 특정한 문학 정서 체험을 정당화한다. 그것은 정확히 명명하기는 쉽지 않지만 중용이나 심리적 조화성과 같은 정서적 평형의 상태에 해당한다.

문학 형식이 모종의 정서 체험을 정당화할 수 있다는 관념이 구체화되었던 것은 이미 오래 전의 일이었지만, 그 정당성이 문학 형식으로부터 나온다는 생각은 이에 비하면 비교적 최근의 일에 속한다. 문학을 자족적인 대상으로 보았던 모든 이론적 가정들은 이 유기적 통일체의 생존 방식을 평형성의 회복에 두었다. 가까이서 대하는 어떤 생명체와도 쉽게 비견될 수 있는 것처럼, 이상적인 형태의 문학은 결핍이나 과잉이 없는 균형적 상태를 취하고 있고, 파괴나 정체가 아닌 규칙적이고 안정적인 운동성(율동성)을 보이고 있을 뿐 아니라, 무엇보다 그 상태를 지속적으로 유지하려는 내부 기제를 가지고 있는 것으로 보았던 것이다.22)

이것이 정서와 정서 체험에 대한 생리학적 가설과 맞닿아 있음은 주목할 부분이다(최지현, 1999b). 왜냐하면 조화와 정서적 평형성을 문학 자체의 내재적 원리로 인정하게 되면, 그것은 가장 강력한 교육적 가치의 기반이 되기 때문이다. 또한 청소년기는 필연코 성숙을 요하는 시기로서 청소년기의 한 특성이라 할 수 있는 정서적 불안정은 그 자체로 미성숙

향상실감)'나 '고독' 같은 것들이 이와 마찬가지로 검토될 수 있을 것이다. 이들은 모두 한국근대시사에서 상호텍스트적으로 작용하는 정서적 흔적들이다. 만일 시의 정조들이 독자의 정서 체험에 작용하는 영향의 경로와 구조를 밝힐 수 있다면, 근대시의 흐름에 대한 문학사적 인식도 좀 더 선명해질 것이다.

22) 그리하여 낭만주의 이래로 만물조응(correspondence)의 상징주의에 이르기까지, 그리고 형식주의와 신비평에 이르기까지 이론적 차이에도 불구하고, 문학의 유기체적 가정은 시 정신이든, 자연이든, 혹은 시 형식 그 자체이든 공통적으로 발견되는 것으로서 문학을 실체로 만드는 원리가 되어 왔다.

의 증거로 언급되기 때문이다.

따라서 여기에서 만들어지는 큰 유비는 모든 미성숙한 것들은 불균형 상태에 있는 것이며 성숙은 자연이나 사회나 미생물이나 영장류인 인간 모두에 이르기까지 부적응이 적응으로, 결핍이 충족으로, 불완전함이 완전함으로 변화해 가는 것이라는 원리로 발전하게 된다. 이것이 중용이나 조화, 정서적 평형성 같은 것의 교육적 가치를 뒷받침하는 기반이 된다는 말의 의미인 것이다.

정신적 성숙을 균형과 안정의 심리 상태로 보는 것은 경험적으로나 문학과 인생을 결부시키는 이론적 측면 모두에서 정합적인 것처럼 보이기도 하지만, 이는 진실의 한 측면에 불과하다. 불균형이 평형을 지향하는 것이 사실인 것처럼, 평형 또한 불균형을 지향하며 그것이 지속적으로 교차함으로써 비로소 유기체의 존속이 보증받기 때문이다. 하지만 이 경우도 정서적 평형성이 교육적 가치를 담보하는 것처럼 보이기는 하지만, 정서 체험이 형상화된 정서－곧 우리가 문학정서라 불렀던 그것－와 일치하지는 않는다는 점이 가장 큰 난점이다. 말하자면, 「초혼」(김소월)을 읽고 정서적 평정을 얻게 될 수 있는 반면, 「기항지」(황동규)을 읽으면서는 급격한 정서적 불안정을 느끼게 될 수도 있다는 것이다. 바로 이런 이유로, 문학적 형식의 균제와 안정이 곧 정서적 평형을 이룬 문학 정서 체험을 보장해 주는 것은 아니라는 판단이 가능해지는 것이다.

이는 작품에서 형상화한 어떤 이상적인 가치도 특정한 문학 정서 체험에 결정되어 있지 않다는 사실을 확인해 준다. 또한 이로써 '한(恨)'과 같은 이른바 '전통적 정서'를 체험하는 것이나 '정서적 평형'과 같은 이른바 '문학적 형상성'에서 비롯된 정서를 체험하는 것 모두가 문학적 정전(혹은 정전 체제)의 교육적 권력 효과로서 정당화되고 있다는 것도 확인하게 된다.

라. 전통으로 받아들이기

'태양 아래 새로운 것은 없다'는 인식은 단순한 경구(警句)로 대리되지 않는다. 이것은 결국 전통이라는 것을 축적의 결과물로 고착화시키는 것을 뜻하며, 따라서 공자의 시대나 현재 사이에는 시간적인 거리만 있는 셈이 된다(이성원, 1993). 이런 가정에 따르면, 문학은 작품에 내재된 어떤 항구적이고 보편적인 본질의 가치를 계기적으로 지닌 체제가 되는 것이 당연하다. 이런 관점에서 그에 값하지 못한 작품들이 배제되는 것은 당연하지만, 더 중요하게 여겨지는 것은 보편적 본질의 가치가 제대로 실현되고 수용될 수 있도록 조심스럽게 정비하는 일이 될 것이다.

하지만 다만 전통이라는 맥락에서 특정한 문학 정서 체험들이 가치 있는 것으로 지지되어 왔음을 밝힌 연구(최지현, 1997a)에서는 전통이 보편성의 관점에서 지지되기 위해서는 오히려 역사적 맥락화를 거쳐야 한다는 주장이 제기된다. 정전 논의와 관련된 이 부분을 좀 더 명백히 해보자.

정전을 읽는 것과 정전 아닌 것을 읽는 것 사이에는 분명한 차이가 있다. 그러나 그 차이는 어떤 목적에서 읽느냐에 따라 달라진다. 만약 정전주의에 의한다면, 정전의 규범에 충실한 작품을 읽는 것과 그렇지 않은 작품을 읽는 것은 작품에 대한 평가를 놓고 동일한 감상의 원리가 적용하게 되는 읽기가 될 것이다. 정전의 규범에 반하는 것은 작품으로서, 말하자면 문학으로서 여겨지지 않게 될 것이기 때문에 감상의 대상에서 배제될 것이다.

물론 정전주의에 의한 감상이 반드시 감정 이입이나 투사와 같은 동일화 원리에 따를 것이라고 생각할 수는 없다. 왜냐하면 정전의 규범에 충실하지 못한 작품에 대해서는 자연적으로 거리두기가 요구될 것이고,

때로는 문학사적 평가에 있어서나 그간의 교육과정 속에 뛰어난 작품이라고 공히 평가되어 왔던 이른바 '준정전'(윤여탁, 1998)에 대해서조차 반동일화(counteridentification) 원리에 따른 감상이 있을 수 있기 때문이다. 하지만 이것들이 동일화 원리와 근본적으로 같은 권력 효과를 지니고 있다는 점에서는 일치한다.

예컨대, '한(恨)'은 전통에 의해 지지되는 '보편적 정서'이다. 그런데 이것이 보편적인 문학정서로 되기 위해서는 체험될 수 있어야 한다. 원리적으로 그것은 가능하지 않다. 왜냐하면, '한(恨)'이란 물려온 것이 아니라 사후적으로 규정한 것이기 때문이다. '한(恨)'은 실체가 아니라 효과이기 때문에, 체험의 내용이 된다기보다는 체험을 설명하는 수단이 된다.

실제에 있어서 '한(恨)'의 체험은 가능할 수도 있다. 문학 정서 체험에 대한 정전의 교육적 권력 효과는 유사한 정서 체험들을 이른바 '전통적 정서'로 묶고 위계화함으로써 슬픔의 체험이나 고독의 체험을, 혹은 고통의 체험을 '한(恨)'의 체험으로 포괄해 내기 때문이다. 이러한 체험들은 문학 감상에서는 매우 예외적이지만, 그것보다 더욱 모호한 문학 정서 체험들에 대해서도 정전의 효과는 영향을 미친다. 「나그네」(박목월)에서 느끼는 호젓함이나 「울음이 타는 강」(박재삼)을 통해 성찰하게 되는 인생의 이러저러한 모습들에서도 '한(恨)'은 체험될 수 있다. 하지만 이런 체험들이 '한(恨)'의 체험이라면, 그것은 그런 체험을 '한(恨)'이라고 명명했기 때문이다.

이것은 기억의 형태로 체험을 대리하며 스스로의 가치를 부여한다. 이러한 가치화는 그 자체가 부당한 것은 아니지만 가능한 한 어떤 정서 체험에 고정되지 않도록 개방되는 것이 필요하다. 단적으로는 체험의 보편성을 전통으로부터 떼어놓는 것이며, 전통을 계기적인 축적의 과정으로 보는 인식을 거부하는 것이다. 무엇보다 전통이라는 이름으로 정당화되는 문학 정서 체험을 거부하는 것이다.

물론 연속으로서의 전통을 거부하는 일이란 쉬운 일이 아니다. 그것은 전통의 단절, 곧 정전의 단절로 여겨질 수 있고, 더 나아가 보편적 가치를 포기하는 것으로 여겨질 수도 있기 때문이다. 그래서 『국어교육학』 (2000)의 공저자들 또한 정전의 문제를 고전의 맥락에 놓고 검토한다. 이들의 관점에서 보면, 고전은 "선언적으로는 늘 중요한 의의를 부여받고 있으면서 실질상으로는 중심부에서 배제되거나 소외되고 있는" 박물학적 유산처럼 존재해 왔던 것인데, 그 까닭은 고전에 대한 우리들의 수용적 태도가 "진정한 '역사적 원근법'"을 따르지 못했기 때문이라는 것이다. 그러니까 '진정한 역사적 원근법'이란 고전을 옛것일 뿐 아니라 전범의 성격을 지닌 것으로 받아들일 수 있게 하는 구체적인 전략이 되는 셈이다.

모든 '진정한' 것들이 바람직한 것임을 고려한다면, 이러한 주장은 회귀적일 수밖에 없다. 저자들이 문학사적 평가를 기준으로 삼은 것도 결국 같은 이유 때문이다. 하지만 문제를 해결할 수 있는지의 여부는 '역사적 원근법' 자체의 방법론적 가능성에 있다. 먼 것을 보기 위해 멀리 보는 것은 그것을 마치 가까이 있는 것처럼 보지는 않겠다는 뜻이므로, 역사적 원근법은 불가피하게 상대주의적 관점을 취할 수밖에 없다.23) 이런 관점에서는 전통의 단절이란 무시로 있는 것이며 전통의 창조 또한 그러하다.

---

23) 『국어교육학』(2000)의 저자들은 고전이 정전으로서 제 역할을 하지 못하게 된 원인 가운데 하나로 전통단절론을 들고 있다. 하지만, 역사적 원근법의 수용 자체가 전통의 단절을 전제하지 않고는 성립되기 힘든 개념임을 유념할 필요가 있다. 왜냐하면 이 개념은 다만 시간적으로 오래 문학 작품들을 감상하기 위한 전략으로 고안된 것이 아니기 때문이다. 먼 거리를 선명하게 보기 위해 만들어진 원시(遠視) 안경과 가까운 거리를 보기 위한 근시 안경이 서로 다른 렌즈의 원리에 기반하고 있다는 것이 이 비유법의 핵심이다.

여성적 정서와 체험의 위계화*

가. 여성적 정서의 기원

'슬픔'은 누구나 느낄 수 있는 감정이다. 그렇기 때문에, 슬픔이 문학을 통해 어떤 특정한 성이나 연령에 귀속된다고 생각하는 것은 이상하게 여겨질 수 있다. 하지만 같은 슬픔이라 하더라도 어떤 슬픔은 여성적이고 또 어떤 슬픔은 남성적이라고 평가되는 것이 현실이다. 이러한 감정의 분할은 특히 제도로서 양식화된 문학에서 두드러진다. 작품 해석 과정을 보면, 애끊는 슬픔의 장면에서도 여성 인물에게는 애상이, 남성 인물에게는 비애가 환기된다. 그 역의 감정은 부자연스럽게 여겨진다.

그렇다면 문학에서 감정의 성적 분할은 어떻게 해서 이루어지게 된 것일까? 현실의 감정 분할이 문학에서도 나타나는 것인가, 아니면 문학에 특유하게 발생한 현상인가?

어떤 정서가 성이나 연령에 관계없이 생겨날 수 있다고 하더라도, 그러한 정서가 특정한 감정 상태로 지속되는 과정에는 정서가 해석되고

---

* 이 절의 내용은 최지현(1997a, 1999a, 2000b)에 바탕을 두고 있다.

평가되는 과정을 거치게 된다. 이 과정을 통해 정서 조절이 이루어지고 그 결과로 감정의 적절성이 형성되는 것이다. 마치 감정의 전염이 이루어지는 것처럼 군중 속에서 비슷한 감정 상태가 공유되는 것도 이러한 평가가 개개인들에게 이루어지면서 정서의 조절이 이루어지기 때문이다. 그런데 만약 공통된 감정에 바탕을 두고 있으면서도 성에 따라 정서의 실현이 다르게 나타난다면, 그리고 그 실현이 성에 따른 감정의 분할이라 할 수 있을 정도로 사회적으로 고정되는 양상을 보인다면, 그 사회적이고 담론적인 기제에 대해 살펴볼 필요가 있게 된다.

20세기 초반의 문학 작품들이 드러내 보이는 정서 양상을 살펴보는 이유도 여기에 있다. 왜냐하면 이 근대 문학의 형성기에 당대의 시인/작가들에 의해 문학이 생산되고 수용되는 과정에서 처음으로 정서의 성적 분할을 시사하는 담론들이 있었기 때문이며, 동시에 정서의 성적 분할이 인간의 본성에 따른 자연스러운 현상이 아니라고 생각할 만한 단서들이 발견되기 때문이다.

이 사태는 김억이 번역시집 『오뇌의 무도』이 출간되면서 시작되었다. 이 시집에 대해 포경생이 소감문 「'오뇌의 무도'의 출생에 제하야」를 발표하였는데, 번역시집의 시들에 나타난 문체적 특성을 '어린 계집의 애끓는 노릭' 같다고 말한 것이다. 이때 포경생은 여성적인 문체를 염두에 두고서 그런 표현을 사용했을까? 오히려 우리는 바로 그 뒤에 적힌 '修辭의 個性的 異彩'라는 표현이 문채의 개성화와 (소녀들의) 애상을 서로 환기적 관계로 묶어주고 있다는 점을 발견하게 된다. 왜냐하면 이 표현은 『오뇌의 무도』가 당대 소녀들의 애상적 문체를 시 텍스트의 어조로 채택하였기 때문에 나왔다기보다는 번역 대상인 시 텍스트들이 가졌던 '여성운'[1]과 그에 대한 번역자들의 인식을 공유하며 나왔기 때문이다.

문체의 측면에서 1920년대 초반에 소위 여성운을 사용했다고 평가된

시인들이 더 있었다. 손진태, 백기만, 주요한 등이 여기에 해당하는데[2],
문제는 그 평가가 일관된 기준을 따르고 있지는 않는다는 것이다. 예컨
대, 백기만의 시 「내살님」(『금성』 창간호, 1923)과 같은 지면의 「꿈의禮讚」
은 어조는 같으면서도 여성운에 대해서는 다르게 평가 받았다. 공교롭게
도 전자는 여성 화자가 등장하고 있고, 후자는 '-이오이다', '-일까요',
'-이리다' 같은 부드럽고 겸손한 어조와 태도가 서술형 어미에 반영되어
있었다.

> 모든物體와모든現象을잇게하신 創造者여!
> 나는只今人生의幻이고坐참인꿈에서깨어 그꿈을그리며
> 내生命을밧은후처음敬虔한마음으로 당신을對합니다.
> 그러고내靈은곳도모르고限도업는 그의춤추는노리터로
> 고요히波動치는한밤의그윽한曲調를짜라 눈물에흘너갑니다.

> (中略)

> 이것은, 사람이말하는 虛無한꿈이오이다,
> 그러나虛無치안타는人生은 그무엇일가요!
> 이 꿈은--
> 法悅--보다더큰法悅에서썰게하든 이꿈은
> 人生의모든現象의究竟을體驗케하든 이꿈은

---

1) 곧 프랑스 시의 여성운. 우리 시에 '운'이 부재함은 일찍이 김대행에 의해 밝혀진 바 있거니
와, 같은 이유로 '여성운'의 경우도 논의 자체가 허구적일 수 있다.
2) 하지만 소녀적 연애 취향과 애조 띤 문체가 두드러지는 『영원의 몽상』, 『사랑의 불꽃』 같은
상업주의적 대중 문예물을 펴내 박영희 등으로부터는 『백조』 동인 취급도 받지 못했던 노자
영의 경우는 1921-1923년의 시점에서는 「픠여오는薔薇」(『장미촌』, 1921)나 「꼿피려는處女」
(『백조』 1, 1922), 「달밤」(앞과 같음), 「외로운밤」(『백조』 3, 1922)에서처럼 여성운과는 별 관
계 없는 텍스트를 보여주고 있다. 아마도 1920년대 초반에 주로 평론과 소설 쪽에 관심을
가지고 있었던 것이 하나의 이유가 될 것이다.

아, 나에게는가장眞實한生의토막이리다.3)

이러한 불일치에 대한 몇 가지 추정을 검토해 볼 수 있다. 첫째로 이 텍스트를 여성적 어조로 설명하지 않는 것은 시어로 쓰인 한자어들의 개념적 성격 때문이라는 것이다. 문체와 여성적 어조를 결부시키는 가정은 문체의 특정한 발현에 성적 정체성이 담겨 있다고 보는 것인데, 이러한 가정에 따르면 여성적 문체는 개념적이라기보다는 감각적이요, 이성적이라기보다는 정서적이고, 추상적이라기보다는 구체적인 특성을 갖는다. 이러한 가정은 1920년대 중반 이후로부터 오늘날에 이르기까지 꾸준하게 이어지고 있는 것이기도 하다. 하지만 '운(韻)'이나 어조가 시 텍스트의 객관적인 표지 중 하나이고 그렇기 때문에 누가 읽더라도 시에서 여성적인 표지와 남성적인 표지를 가려낼 수 있어야 한다는 점에서 본다면, 인용된 텍스트의 발화 특성은 이러한 가정으로 하여금 논리적 궁박함에서 벗어나기 어렵게 한다.4)

둘째로, 여성운이나 여성적 어조는 남녀의 성 역할(gender)을 전제로 하는데, 여기에 바탕을 이루는 일반적 원리인 음양론적 사유가 이 텍스트의 의미 맥락을 이해하는 데에는 적용되지 않기 때문이라는 것이다. 음양론적 사유는 남녀뿐 아니라 사회와 자연의 관계들에 대해 보편적으로 적용되었고, 특히 사회적 관계에서는 군신(君臣)의 관계가 이처럼 이해된 결과 담론적 지위에서 수동적, 지향적, 의존적 성격을 부여받는 쪽

---

3) 백기만(1923), 「꿈의禮讚」, 『금성』, 창간호, 본문 일부.
4) 김소월의 텍스트에 대한 논의이기는 하지만, 이러한 경우처럼 화자의 발화가 이면과 표면에서 성을 달리할 때 윤석산(1991)은 심층심리학의 틀을 빌어 일단 '여성 화자'로 분류한 뒤 좀 더 세분하여 '여성화된 남성 화자'라는 용어로 이를 대체한다. 하지만, 우리는 화자가 텍스트에 의해 구성되는 것이지, 텍스트 이전에 선험적으로 존재하는 것은 아니라는 관점을 유지할 것이다.

인 신하에 상징적으로 여성적 발화가 분배되기도 했다. 그런데 인용된 텍스트는 창조자와 피조물의 관계를 표현하고 있으므로, 이 관계가 여성 운이나 여성적 어조를 필연적으로 가져 올 것으로 보기 어렵다는 것이다. 하지만 '창조자'를 청자로 삼기 위해 인격화하는 과정에서 작중 관계가 남녀의 관계처럼 이해될 여지가 생긴 것은 분명하며, 그런 점에서 이 발화의 어조가 여성적이라고 평가될 여지도 함께 생긴 것으로 해석할 수도 있다.

그리고 부차적이기는 하지만 텍스트의 긴 분절과 문법적 도치, 긴 한정어 등이 호흡의 장중함을 주고 있는데다가 텍스트의 의미 맥락이 제단에서 이루어지고 있는 신에 대한 예찬(숭배)이라는 점이 화자를 남성으로 여기게 할 만하다는 이유도 가능한데, 텍스트에서 먼저 읽혀지는 것이 해석의 영역이 아닌 해독의 영역이라는 점을 고려해 보면, 의미보다 어조의 평가가 먼저 있어야 한다는 반론도 가능하다. 먼저 의미를 읽고 그것에 근거하여 어조를 해석하는 것은 합당하지 않다는 것이다.

이처럼 「꿈의禮讚」을 여성적 어조로 읽기 않았고 또한 그것이 특별히 논리적인 설명은 아니라는 점을 확인했거니와 여성 화자가 등장하는 「내살님」 역시 마땅히 여성운이나 여성적 어조가 사용되었다고 말할 만한 객관적인 증거가 있었던 것은 아니었다. 흥미로운 것은, 주요한이 「노래를 지으시려는 이에게」(『조선문단』 3호, 1924)에서 다음과 같이 말한 부분이다.

순전한 민요적 긔분에서 출발하려는이들의 쟝래를 큰흥미를 가지고 봅니다. 그러한 경향을 다소간이라도 보인 작가를 곱자면 지금 생각나 는대로 「백조」에 로작(露雀)군, 이전 「챵조」 지금 「령대」에 金億, 金素月두 군, 「금성」에 손진태, 백긔만두군 가튼이를 치겟슴니다.

여기에 대해서는 후술하겠지만, 우선 확인해 둘 것은 여성적 어조로 묶인 이들이 민요시의 장래를 이끌 인물로 자리매김 되고 있다는 사실. 그리고 남성 시인들이었다는 것이다. 이 말은 시에서 여성적인 것이 오늘날 우리가 생각하는 여성적 정체성과는 거리가 멀었다는 것이다. 적어도 이 문제는 문화적 차원에서 해명해야 할 것으로 보인다.

하지만 이러한 이채로운 수식은 1927년의 시점에 와서는 성적 정체성을 지시하는 표현으로 여겨지게 된다. 김동인은 「소설가의 시인평」에서 김억에 대해 논평하면서 형용사의 빈번한 사용이 곧 시가 되는 것처럼 착각하고 있다고 말하는데,

> 다시 말하자면 이와가튼 「달쯤한」, 「일허진꿈」과가튼 형용사만 벌려노흐면 그것이 卽 詩라는 自信을 가진 時代가 億의게 잇섯습니다. 그러매 그쌔의億의 모든詩는 마치 十五六歲의 少女들이 서로 쑥쑥 찌르며 「나, 너안테이런 편지 썻단다」하며 주고밧는 作文體의 글과가튼것이엇습니다. 달고 비리고 어리고 센틔멘탈한……5)

여기서는 분명히 수사적 기교가 소녀들의 문체라고 말하고 있는 것이다. 게다가, 그는 여기에 윤리적 판단을 제기해 놓고 있었다.6) 그런 시는 써서는 안 되며, 또한 진정한 시라고 볼 수 없다는 것이다.

이와 관련하여 기억할 사실이 두 가지 있다. 하나는 19세기 말, 길게 잡으면 20세기 초반까지도 활발하게 지어지고 구전되던 내방가사의 글쓰기 주체들이 여성들이었다는 사실이며, 다른 하나는, 그럼에도 불구하

---

5) 김동인(1927), 「소설가의 시인평」, 『현대평론』 제4호.
6) 이러한 판단은 서정주의 회고 속에서도 찾아 볼 수 있다. 그는 이원조(윤곤강의 착각 : 인용자 주)가 영랑 김윤식의 처녀시집 『영랑시집』(1935)에 대해 '소녀취미'라는 한 마디로 멸시하기도 하였다고 「조선의 현대시-그 회고와 전망」(『문예』 2권 2호, 1950. 2.)에 기록한다.

고, 근대 문학 형성기의 초반에 여성들은 문학적 담론의 주체는 아니었
다는 사실이다. 이 같은 역설적인 상황을 가능하게 한 요인을 고려한다
면, 무엇보다도 '문학'—제한적인 의미에서, 글로 쓰인 텍스트에 해당하
는—의 형성이 새로운 관습의 학습을 요구하였다는 점과 어떤 원인에
의한 것이든 여성들이 이 새로운 관습의 학습에 접근하지 못했다는 점
이 들어야 할 것이다.

이에 대해서는 다음과 같은 설명이 가능하다. 조선조 후기의 수천 수
에 달하는 내방가사에서 공통적으로 발견할 수 있는 것은 독특한 창작·
향유 상황과 작가의 익명성이다. 특히 이들 가사의 창작·향유 상황에서
는 '양반가사'라 불리는 일련의 작품군에서 일반적으로 찾아보기 힘든
양상들이 나타난다.[7] 즉, 이들 가사의 생산은 가창을 목적으로 한 양반
가사에서와는 달리 타자(동기, 여식, 친가 등)의 낭송을 전제로 하여 이루어
지고 있었으며, 구전이나 배본을 통해 여러 사람들을 통해 향유되면서
조금씩 그 틀을 바꾸어 개작되고 있었던 것이다.[8] 그런데, 이 점은 담론
으로서 내방가사가 갖는 일반적 주제의식과 연관되면서 텍스트 생산에
작용하는 장르의 관습성 이상을 의미하고 있다. 만일 어떤 작가가 가사
라는 형식을 통하여 진술을 시작했다면, 그는 언젠가 가사의 장르적 규
범에 맞는 종결적 진술을 찾아야 할 것이다. 그러나 '결말'은 단지 시행
이나 문장을 완성함으로써 이루어지는 것이 아니라 발언을 완성함으로

---

7) 이 논의를 위해 권영철 편 『규방가사—신변탄식류』(효성여대출판부, 1985)를 참조하였다. 이
   책에 실린 총 88편의 가사에 대해 편자는 ① 여신곤과탄계, ② 허무노탄계, ③ 시가살이탄
   및 사별탄계, ④ 생이별탄 및 우국개세계, ⑤ 끝으로 남자가 지은 사별탄 작품으로 분류하고
   있는데, 편자는 이 신변탄식류의 작품들이 규방가사의 주류를 이루고 있다고 하고 있으며,
   이 외에도 20가지의 유형을 더 들고 있다. 이하에서는 그의 분류에 따라 내방가사를 대표하
   고 있다고 여겨지는 신변탄식류를 중심으로 논의한다.
8) 대표적인 예로 「이별한탄가」, 「망부회사가라」 등을 들 수 있다. 시행의 전개상 오랜 시기 동
   안 조직하고 개작했음을 짐작하기 어렵지 않다.

써 이루어지는 법이다.9) 이로 인해 작가는 그가 스스로 선택한 구조 원
리에서 자유로울 수 없게 되며, 결국 종결방식을 통해 그 구조를 '완성
하는' 동시에 스스로 결박하게 된다.10) 이 점은 내방가사의 자신들의 정
서적 표출이 실제적으로든, 아니면 의장(意匠)으로서든 일종의 고해에 해
당하는 글쓰기를 지향할 수밖에 없었던 여성 글쓰기 주체들로 하여금
'가상의 청자(혹은 독자)'와의 관계에서 끊임없이 긴장관계를 느끼게 하고
말았던 것이며, 그 결과 익명성을 띨 수밖에 없었던 것이다. 이처럼 익
명성은 내방가사의 독특한 창작·향유 과정에서 만들어진, 고유의 담론
적 규범이었다.11) 그리고 이 '익명성'은 '조선시대의 부녀자'라는 역사
적, 사회적 제약 속에서 여성으로서의 사회적 정체성에 부적절한 진술을
하고 있는 글쓰기 주체를 제도화되지 않은 담론, 곧 일상의 사적 담론으
로서의 주체로 국한시켰던 것이다.12)

　우리는 내방가사라는 장르의 문체가 성적으로 분배된 특수한 정서를
표현하지 못했다는 사실에 주목한다. 오늘날 남성 시인/작가의 작품에서
여성적 정서를 느끼기 힘들 정도로 텍스트와 정서의 성적 분배가 고착
된 것을 고려한다면, 근대 문학의 출발은 정서의 성적 분배와 언어 맥락
간의 관계에 대한 메타적 규범이 없는 상태에서 이루어졌다는 것을 의
미하기 때문이다. 정치적, 사회적 평등과 감정의 해방을 부르짖으며 시
작된 근대 초기의 문학 생산자로서 여성 시인/작가가 거의 없다시피 했

---

9) 바바라 헌스타인 스미스(Smith, 1968 : 5-17). 여기서 발언(utterance)이라는 말에는 '최종성'
　의 의미가 내포되어 있다.
10) 이로부터 얻는 효과는 자명하다. 작품은 완전한 통일과 응집성을 얻게 되며, 우리는 사건
　들의 연속으로서가 아니라 완벽한 의장으로서 전체 작품을 재경험할 수 있게 된다. H. B.
　Smith, 앞의 글, 36면 참조.
11) 그것은 주체의 중첩으로 나타나는 남성 작가들의 시조의 경우와 대비된다. 시조 역시 다른
　텍스트의 이입이나 개작의 예를 많이 가지고 있으나 그때마다 새로운 실명이 이전 텍스트
　의 작가에 중첩되었기 때문이다.
12) 다른 말로는 이것이 여성적 담론의 특성이었던 것이다.

던 것도 이와 관련이 있을 것이다. 특정한 텍스트에 성적, 사회적으로 분배된 정서를 결합시키고, 또는 분리해 내게 할 메타적인 규범이 정착되어 있지 않다면, 특정한 정서의 사회적 분배를 위해 특별히 여성 작가의 글쓰기가 요구되어야 할 필요는 없을 것이다. 또한 만약 그렇다면, 오늘날의 관점에서는 여성적 정서로 여겨지는 어떠한 맥락의 진술을 남성 작가가 했다 하여, 그것을 '여성적 글쓰기의 대리(代理)'라고 할 수는 없을 것이다.

물론, 사회적 담론의 분배 구조 속에서 소외되어 왔던 여성 글쓰기 주체들이 근대 문학 형성기에 이르러서도 여전히 문학적 담론의 주체로서는 배제되고 있었던 현실적인 이유를 들 수 있겠다. 그 양상이 1910 – 20년대에 걸친 동인 집단의 배타적인 모습을 통해 나타나는데, 당시 동인이라 하는 것이 동향 출신 유학생들 간에 사적(私的)으로 맺어지는 관계였기에 여성 시인/작가의 참여는 제한적일 수밖에 없었다는 것이다. 이는 물론 기회의 유무와도 관련된다. 하지만, 서도 출신과 기호 출신 간의 알력으로 비친 동인 활동의 이면에 여성 시인/작가들의 배제라는 좀 더 근본적인 문제성이 놓여 있으며, 그것은 '김동인'[13]이라는 이름 뒤에 감추어져 있는 모종의 암묵적 동의였다고 생각된다. 「김연실전」

---

13) 우리가 이렇게 표현하는 것은 그가 자신의 표현대로 <변태성욕>자라서가 아니다. 그는 같은 표현을 달고 있는 「변태성욕―여성미를 논함」을 몇 구절 따오는 것만으로도, 이 이름이 갖는 의미를 간취해 낼 수 있다. 그것은 앞서 우리가 살펴본 여성적 정서의 생물학적 기원설에 그가 서 있다는 점. 그는 자신이 여성미에 대해 한 번도 의심해 본 적이 없다고 말한다(이 표현은 계략이다). 지금까지 '여성은 미'라는 생각에는 이의를 단 사람이 없다고 말한다(그런데 사람은 남자를 뜻한다고 한다). 여성의 미라고 하는 것은 남성들의 '성적 쾌감이 낳은 불구적 관념으로서, 참 사람으로서의 미는, 다만 완전한 체격을 가진 사내에서만 볼 수 있는 것'이라고 말한다. 여성의 육체에 마음이 끌리는 것은 자신이 생식기 숭배자가 되어서 그런지 모르기 때문이라고 말할 때, 그는 자신을 모든 남성의 대용어로 쓰고 있다. 반면 여성미의 실체를 파악할 수 있는 자신은 사람의 대용어이다. 이런 입장에 서면 김명순을 비난할 수 있다. 여기서 그의 이름은 일반명사화한다.

(1937)을 통해 김동인이 냉소를 보냈던 이가 어디 같은 동인(同人)이었던 김명순만이었을까. 그것은 오히려 해방연하고 시인묵객연하는 신여성에 대해서였을 것이다. 그들은 학문을 알고, 감정을 가졌고, 문자를 가졌다.[14]

근대문학에서 '여성적 정서'란 무엇이었을까. 여성적 정서는 존재했으며, 독립적인 의미를 가지고 있었을까? 사회적으로 부여받은 것이며 동시에 규범적인 이 정서가 체험의 공간 속에서 실제적인 작용으로 존재하려면, 게다가 그것인 문학적 정서로 해석될 수 있으려면, 우선 다음과 같은 전제가 필요하다.

> ㄱ. 생물학적 분할이 '여자(sex)'가 아닌, 사회적 분할로서 '여성(gender)'
>   이 특성화되어 있을 것.
> ㄴ. 여성(gender)은 여성적 정서를 가지고 있을 것.
> ㄷ. 여성적 정서란 문학 형식 속에 여성적 문체로서 존재할 것. 그리고
> ㄹ. 우리는 표현된 정서를 통해 그에 내재된 정서를 추적할 수 있을 것.

1920-30년대의 여러 잡지들에 이르면 여성성의 문제가 본격적으로 제기되고 있음을 보게 된다. 사회적 담론 속에서 집약된 논의의 공간을 갖게 되었다는 뜻이다.[15] 여성적 정서에 관해서는 일찍부터 논의된 바

---

14) 정정호(1992 : 150)는 여성들이 담론영역과 글쓰기 작업에서 철저히 배제된 이유를 "글쓰기란 지식을 정리하고 전수하고 확대재생산하는 수용적이며 동화적인 체제순응적인 기능일 뿐 아니라 다른 사람들을 지배하고 통제하는 도구이기도 하고 그에 대항하는 엄청난 <위반>, <전복>, <방해>, <저항>의 행위이기 때문"으로 본다. 우리는 이보다 조심스러운 논의를 해 갈 것이다. 배제를 통한 통제는 눈에 보이지 않는 법이다.
15) 또한, 1910년대까지만 해도 『가뎡잡지』(1906), 『자선부인회잡지』(1908), 『우리의 가뎡』(1913)과 같은 이름으로 묶여지던 여성지들은 1920년대 이후로 『女子時論』(1920), 『新女子』(1920), 『新女性』(1923), 『婦女之光』(1924), 『活婦女』(1926), 『婦女世界』(1927), 『現代夫人』(1928), 『女性之友』(1929) 등의 이름으로 바뀌고 있는 것도 중요한 변화라 하겠다.

있었으며, 문체에 대한 논의도 20년대 중반 무렵에는 제기되기 시작하는데, 하지만 네 번째 전제는 단순하지 않다. 정서 표현을 통해 정서를 역유추하는 과정이 결코 쉬운 일이 아닐 것이라는 점을 인정해야 할지도 모른다. 체험이 표현을 항상적으로 지나쳐 버린다는 사실은 정서 표현이 정서 체험을 반영할 수 없음을 뜻하는 것이기 때문이다. 하지만 굳이 정신분석을 통해 섬광처럼 본질을 보려고 애쓰려 하지 않더라도, 정서 체험이 표현을 항상적으로 지나치고 있는 만큼 표현은 그 일부를 붙잡고 있을 것이라고 판단할 수 있다.

김윤식(1973 : 470-471)은 김영랑의 「모란이 피기까지는」을 여성운의 스타일이라 평하고는 이 스타일의 지배성을 두 가지 측면에서 살핀다. 하나는 고전문학, 즉 한, 애수, 이별, 체념이라든가, 선의 예술 등의 서정성에서 유래하고, 다른 하나는 서구 상징주의, 혹은 세기말적 시작품의 번역시에서 유래했다는 것이다. 전자에 대해서는 이미 많이 다루어진 바 있으므로, 우리는 후자에 대해 다룰 것이다. 김억이 베를렌느류의 섬세한 음악성을 드러내기 위해, 또는 A. 시먼즈의 「잃어진 진주」라든가 타고르의 「기탄자리」, 「원정」, 「신월」 등의 정조를 드러내기 위해 여성적 문체를 사용했다는 부분이다.

섬세함이라거나 신부의 송가 같은 측면에서 여성적 정서를 논의한다면, 다음과 같은 부분이 여기에 해당한다. 1924년 김기진은 김명순의 시에 대해 평가하는 글[16]에서 다음의 시에서 여성의 내음새가 난다고 하면서, "生命은濁淺하고 心臟은枯渴하고 皮膚는荒凉하고 情緖는 거츨고 心琴은무듸나 다만 히스테리칼로 발달된그心情이 째로 울고 째로 부딧고 째로 넷날을 追憶하고서 헛되히過去의 再現을努力하며 或은 憧憬하는 그

---

16) 김기진(1924), 「김명순씨에 대한 공개장」, 『신여성』 제2권 10호.

러한姿態가 그의詩에는 나타난다."[17]고 말한다.

> (꿈)
> 애련당못가에 꿈마다 꿈마다―
> 어머니의 품안에 안기여서는
> 갑지못한사랑에 눈물흘리고,
> 손톱마다 봉선화 듸리고서는
> 어리든님의 압흘꿈꾸려……
> 착한처녀, 착한처녀, 호올로되여서
> 꿈마다 꿈마다, 애련당못가에!

하지만, 이 텍스트에서 여성운으로 읽어야 할 자질을 특별히 발견할수 없음은 물론이다. 문체가 아니라 "女性通有의哀傷主義"[18]가 문제였기 때문이다. 그것은 모윤숙의 시집(『빛나는 지역』)에 대해 박용철이 보였던 태도와도 같다. 박용철은 "모윤숙 여사의 감상성(感傷性)을 공격하는 소리에 대하여서는 나는 오히려 모씨를 변호하는 편에 서려 한다."(『박용철 전집』, 126-127)고 하여 아직은 여성적 정조로서 감상성을 인정하는 태도를 취하고 있다.[19]

1925년경에도 여성적 정서에 대한 이러한 태도는 분명히 나타나고 있다.

> 경험있는 학자의 말에 남자와 여자의 심리가 현저히 다른 차이는 녀
> 자에게는 창조성(創造性)이 적어서 무엇을 통합해 보는 힘이 부족하고

---

17) 김기진(1924), 같은 글, 47.
18) 김기진(1924), 같은 글, 50.
19) 그는 다른 곳에서, "여자는 흔히는 웅대하고 복잡한 체험을 가질 기회가 남자보다 적은 대신에 염려(艶麗)하고 섬세(纖細)한 자기의 세계를 따로 지키기에는 오히려 편리한 때가 있다."(『박용철 전집』, 138-139)고 말한다.

그 반대로 외계의 모든 일을 자기와 결합식혀서 해석하고 감동적(感動
的)으로 거긔에 반응하기는 여자의 편에 만하야서 소위 센치멘탈한 점에
는 남자로서는 도저히 짜를 수가 업다.[20]

이 글이 심리학적 설명에 기대고 있음은 주목할 만한 부분이다. 여성
들이 감상적인 데만 관심을 두고 감상의 기분이 농후한 문학이나 연애
소설을 좋아한다는 판단이 합리적이라는 논거를 들고 있었던 것이다.[21]
어째서 시에 나타난 여성적 정서가 문체를 거치지 않은 정서 그 자체
로 간파될 수 있는 것일까. 그것은 예부터 여성적 정서는 애상적이었다
고 보았기 때문이다. 여성적 정서를 언급한 선행 연구의 상당수는 또한
이를 전제하고 있음에 틀림없다. 그러나 여기에는 몇 가지 답변해야 할
질문들이 있다. 우선, ① 여성적 정서는 생물학적인 것인가? 20년대 (남
성들의) 비평계의 시각은 이러한 입장에 서 있었던 것이 분명하다. 그러
나 생물학적으로 남성과 여성의 차이를 보이는 부분은 해부학적 차이일
뿐이라는 것이 오늘날 정설이다. 그렇다면, ② 여성적 정서는 시대적인
것인가? 만약 그것이 20년대 초반의 시적 특성을 일부 남성 시인/작가들
에게 투영시킨 것이라면, 성차(sexual difference)라는 용어 자체가 성립할
수 없게 된다. ③ 여성적 정서는 민족의 태생적인 것인가? 만약 그것이
'한(恨)'을 뜻하는 것이라면, 그것은 여성'적'이라고 말할 수 없음이 분명
하다. 이 주장이 인정되기 위해서는 우선 '한(恨)'이 민족의 태생적 정서
로 인정되어야 하는데-또 그러해야 남성 시인/작가들에게 이 범주를 적
용시킬 수 있다-, 그 순간 논의의 중심에는 민족이 와서 앉기 때문이다.

---

20) 김승식(1925), 「심리학상으로 본 여자-모방성과 감정에 대하야」, 『신여성』 4권 7호, 27.
21) 그러나 그 이면에는 정서적 정체성에 대한 혼란이 있었음도 감지되며, 우리는 이 글로부터
    몇 가지 단서를 이끌어 낼 것이다.

이 경우 특별히 여성이라는 고유성을 말하기는 어려워질 것이다.

우리는 앞서 언급한 김승식(1925)이 은폐하고 있는 것, 곧 센티멘탈한 것이 여성적 정서라는 '사실'을 굳이 과학(학문)의 힘을 빌려 말하려 한 점으로부터 문제를 이끌어 낸다. 근대 초기에 여성들이 문학 주체의 자리에서 소외되었음은 이미 앞서 지적했다. 그렇게 소외되어 있던 여성들이 다시 문학의 주체로 등장하게 된 것은 이미 서정시의 문법이 완성단계에 들어선 30년대 초반이었으며, 그때에는 문체상의 특징이라든가 특정한—'한(恨)'이라든가 '연모'와 같은— 정서를 분배할 수 있는 사회 문화적 조건이 마련된 때였다. 이 시기를 지나면서 남성 시인들의 시에서 동일한 정서가 점차 나타나지 않는다거나 아니면 남성적 억양과 문체가 두드러지게 되는 등의 변화가 일어나고 있었다.[22]

이러한 정서 분배 자체가 어떤 가치의 획정으로 직접 귀결되는 것은 아니었겠지만, 정서의 성적 분할이 가져온 결과는 시적 정서에 대한 윤리적 척도에서 성적 자질에 관한 항목이 하나 늘어난 것이라고 의미 부여할 수 있다. 경계가 없거나 모호했을 때에는 특정한 정서가 가치 있다거나 또는 없다고 판단하지 않다가, 문체와 형식에 어떤 분할이 이루어지게 되면서, 그 분할은 가치론적으로 작용하게 되었을 것이라는 것이다.

근대 초기에 남성 시인들에 의해 이별이나 만남이나 사랑·미움, 동경·혐오 등등의 모든 정서들이 시적 형상화 과정에서 시도되었기 때문

---

22) 계몽주의 시대 이후로 등장하지 않던 남성적 어조와 정서는, 1930년대에 이르자 중세적 '숭고'를 다시금 불러 낸 '숭앙'과 '연민'을 배경으로 삼고 있다. 그 두 양상이, 지금까지의 연구들이 대체로 합의하고 있듯이, 김기림과 김광균에서 전형적으로 나타난다. 김기림의 전체론적 모더니티 지향과 김광균의 이국정조 이 둘은 어찌 보면 남성적 어조의 구축 과정에서 나타난 강박증적인 양상이라 할 수도 있을 것이다. 여기에 분열증적 양상을 덧붙일 때, 이상이 등장한다. 우리는 그의 텍스트를 성적인 외상으로 읽으려 했던 여러 정신분석적 시도들이 놓친 것이—따라서 실제의 정신분석적 연구에서 중요하게 다루어져야 하는 것이— 다름 아닌 '남성적 목소리'였다고 생각한다.

에, 적어도 성적 분할과 관련해서는 남성 시인들에게 금기시되는 정서는 없었다. 그렇기 때문에, 20년대 초반의 시 텍스트들을 분석하는 가운데 '여성적 어조', 혹은 '여성적 정서'의 논의가 나올 수 있었다. 문화 영역에서는 여성의 신체 표현에 대한 금기가 없었으며,23) 『동아일보』, 『조선일보』 등의 신문에는 1923년부터 1925년 사이에 춘화집, 정력제, 피부 미용제 등의 성 관련 상품이 집중적으로 게다가 대량으로 광고되고 있었고, 동성애적, 변태적 애정에 대한 대중들의 반응은 일종의 호기심, 나아가 감정[情]의 해방이라는 측면에서 은밀하게 추구되는 양상까지도 있었다.

넓게 보면 근대 문학 형성기와 시기적으로 중첩되는 1920년대를 전후한 시점이 성적 정체성의 사회적 재편기였다는 판단을 가능하게 하는 것이다. 따라서 거기에는 성의 폐쇄적인 경계가 없었다. 1910년대 말부터 시작(詩作) 활동을 했던 김명순이나 김원주 등의 시가 어떤 면에서는 남성 시인들보다 과격하고, 이념적이며, 남성운―그렇게 표현할 수 있다면―을 갖추었다는 점도 하나의 방증이 될 것이다.24)

따라서 우리에게는 발화 주체의 정서에 대한 지금까지와는 다른 가설이 필요하게 되었다. 그것은 『동아일보』나 『조선일보』에서 출발한 독자 투고나 현상문예가 부재했던 여성적 어조의 정착에 관련하여 모종의 답

---

23) 하지만 30년대에 이르면 이미 성적 표현에 은유적 장치들이 사용되어야 했다(이상의 예). 이것은 정서표현의 경우에도 마찬가지일 것이다. 이상은 「날개」에서 화자의 입을 통해 "감정은 어떤 '포우즈'(그 '포우즈'의 원소만을 지적하는 것이 아닌지 나도 모르겠소). 그 포우즈가 부동자세에까지 고도화할 때 감정은 딱 공급을 정지합네다." 하고 말한다. 이 진술은 정확한 시대표상이다.

24) 물론 '김명순'이라는 이름을 위시한 당대 소수의 여성 '시인/작가'들이 '그녀 자신의 목소리'를 가졌는가 하는 문제는 별개이다. 이들(김명순, 나혜석, 김원주)에 관한 연구들 가운데 지금까지 논의된 의미에서의 '여성성'을 다룬 것은 단 한 편도 없었다. 그것이 이들에 대한 관심이 '여성주의(feminism)'적 성향을 발견하려는 '의도'에서 비롯되었기 때문이다.

변을 주고 있지 않을까 하는 점이다. 이들 매체가 20년대 중반부터 30년대 중후반까지 시의 발표 무대였으며, 유통과 소비의 공간이었다는 점은 여성적 어조와 정서의 정착 과정에 집단적이고 광범한 문화적 합의의 공간을 구축하는 효과를 지니고 있을 것이다. 또한 이들 매체를 거쳐 문학수업을 받았거나, 동인지, 잡지 등을 통해 첨삭을 받게 된 여성 독자들이 30년대 들어 투고를 하거나 등단하게 됨에 따라, 텍스트의 배열이나 음소적, 선율적 자질들의 운용에서 실질적으로 '여성적 어조'를 비롯한 다양한 형식적 실험이 모색되기도 했을 것이다. 아울러 이 과정에서 슬픔의 정서는 분화되었을 것이고, 특히 남성과 여성에 주어지는 성적 정체감과 관련된 정서는 상보적인 성격을 가지게 되었을 것이다.25)

이러한 가설을 입증하기 위해서는 별도의 연구가 필요할 것이다. 정서의 기능적 분화라는 것이 당대 사회의 윤리적 검열 속에서 이루어지는 만큼, '슬픔'의 분화 과정에서도 성적 정체성의 작용이 이루어질 것이다. 현상적으로 보더라도 30년대 중반 이후로 이 분화는 두드러지게 나타나는데, 적어도 일상에서 여성들이 '가지고 있다고' 여겨졌던 감상성 (sentimentality), 특히 '비애'는 남성적인 슬픔으로 배당되지만 '애상'은 용인되는 정서로는 시작품에 반영되지 못했던 것으로 나타난다.

---

25) 여기서는 다만, 다음과 같은 정서적 분화의 가능성을 제시하는 것으로 그치려 한다. 가치 상실과 회복 불능으로부터 느껴지는 '비애(悲哀)'는 점차 남성적인 슬픔의 정서를 지시하는 쪽으로, 또 그와 유사한 그러나 다소 감상적인 '애수', 특히 향수를 느끼는 정서양태로서의 애수는 어떤 특정한 성에 귀속되지 않는 '(슬픔과 동경의) 복합적 정서'를 지시하는 쪽으로, 그리고 애이불비하고 정념화된 '한(恨)'은 보편적 정서를 지시하는 쪽으로, 한편 김동인이 김억을 지칭하여 말했던, 김기진이 김명순의 시에 대해 비난하듯 말했던, 그리고 30년대의 비평계가 모윤숙의 시에 대해 말했던 센티멘탈하고 히스테리칼하고 감상적인 '애상'은 여성적인 슬픔의 정서를 지시하는 쪽으로 각기 분화되었을 것으로 보인다.

나. 정서의 분화와 분할

인간의 정서는 어느 정도 보편적인 범주로 구성되어 있다. 예컨대 '두려움, 화, 우울감, 만족감' 등은 문화권의 차이에 크게 영향을 받지 않는 것으로 보인다(Kemper, 1987). 하지만 연구자들에 따라서는 정서의 수와 분포가 상당히 다르게 나타나기도 한다. 기초 정서의 수를 늘리거나 줄이는 만큼 문화적으로 공통이 되는 정서 범주는 줄어들 수도, 혹은 늘어날 수도 있다.

사실 캠퍼가 기초적 정서—그의 용어법에 따르면 '일차적 정서'—를 제시했을 때 그는 사회적 상호작용에 의해 형성되는 '이차적 정서'들에 좀 더 관심을 가지고 있었는데, 그것은 기초적인 정서의 복합 관계, 혹은 작용에 의해 이차적 정서가 형성되며 이 이차적 정서는 문화적 특성을 지닌다고 보았기 때문이다.26)

어느 시기에 과거에는 존재하지 않았던 정서가 홀연히 등장할 수도 있겠지만, 우리는 대체로 특정 시기에 부각되거나 아니면 미약하게 나타나는 식으로 정서의 분포가 존재할 것을 가정해 보게 된다. 예컨대, 고독의 문제는 인류사적인 문제라고 볼 수도 있다. 누구나 결국에는 혼자일 수밖에 없다는 존재론적 고독에서 신 앞에 누구나 고독하다는 신학적 고독에 이르기까지 다층적인 의미를 고독은 갖고 있는 것이다. 하지만 과연 조선 시대 때에도 사람들은 고독했을까? 그들의 외로움이 작품에 전해져 올 때, 그 외로움은 고독이라는 이름으로 불릴 만한가? 20년대 초반의 고독(주요한의 예)과 30년대의 고독(김광균의 예), 그리고 50년대의 고독(박인환의 예)과 모두 같은 성질의 것인가? 다르다면, 그것은 개인

---

26) 이승혜(1990)가 조사한 정서 어휘들의 심리학적 분석에서도 정서는 시대별, 혹은 시기별로 문화론적 분포를 갖는 것으로 나타난다.

차인가, 아니면 시기(period)의 차이인가, 아니면 하나의 획을 긋는 시대 (era)의 차이인가?

이런 질문들에 대한 합리적인 가설은 '정서는 문화적으로 분포한다'는 것이며, 이는 작품을 감상하고 체험할 때 탈맥락적인 접근으로는 적절한 감상을 할 수 없을 것이라는 판단을 갖게 한다. 달리 말하자면, 정서는 문화에 따라 부각되고, 문제시되고, 심미적, 윤리적 평가의 대상이 되고, 또 문제의 영역에서 사라져 버린다는 것이다.

이렇게 부각된 / 문제시된 정서들의 상관관계를 '정서 패러다임'이라고 할 수 있을 것이다. 이 패러다임은 주어진 것일 수도 있고, 당위적으로 취하려는 것일 수도 있는바, 전자는 현실 체험이라는 국면에서, 그리고 후자는 정체감 및 역할 담당이라는 측면에서 사회적 성격을 지니면서 규정된다. 이를 클리포드 기어츠(Geertz, 1973)는 '정서문화'라고 한 바 있다.

저스틴 오클리(Oakley, 1992)에 따르면, 정서와 도덕성은 밀접한 연관을 맺고 있다고 한다. 그런데 이 관계에 관해서는, 심리학의 영향으로 문화에 대한 인간 본성의 선재성을 인정하였던 브로니슬라프 말리노프스키 (Malinowski, 1927, 한완상 역, 1982)의 경우에조차 본성(선천적 충동)이 문화적으로 규정된 것임을 강조한 바 있으며, 전술한 바 있듯이 노베르트 엘리어스(Elias, 1973)를 비롯하여 미셸 푸코(Foucault, 1984)나 앤서니 기든스(Giddens, 1992)에 이르기까지 일관되게 문화적 규정성을 강조하고 있다. 이는 정서 패러다임이 정서문화를 통해 구체화되고 고착화된다는 뜻이다.

이를 '정서의 학습과 분포, 그리고 그 구성'의 측면에서 다시 살펴보면, '신데렐라' 이야기의 여러 변주들은 단순히 심미 주체의 '인지적 발달'에 따라 다르게 받아들여지는 것이 아니다. 이야기에 대한 정서적 반응이 전환되는 것은 인지적 발달에 의한다기보다는 이 이야기가 전파된 시기의 사회적 해석 맥락(이른바 문화적 합의)과 이야기에 반응하는 정서 패러다임의 변화에 의했다고 보는 것이 오히려 합리적이라는 것이다.

정서 작용(정서 체험, 표현, 묘사)을 일으키는 인지적 기반(혹은, 정서적 스키마)은 학습을 통해 전이되고 확산된다. 이 인지적 기반은 일종의 인식 패러다임을 형성하기 때문에, 동일한 자극에 대해 다른 반응을 일으키게 하기도 한다. 특히 정서 발달이 인지 발달처럼 학습에 의존한다는 사실(윤현섭, 1987)은 그것이 어휘 발달과 긴밀히 관련되어 있는 것이라면, 이제 우리는 이 성과를 약간 변형시켜 논리화할 수 있을 것이라고 본다. 정서 어휘가 갖추어져 있지 않았을 때 유사한 정서를 체험하는 경우에도 그 체험은 경험 주체에게는 불분명할 것이라는 사실. 이를 뒤집어, 다음의 상황을 설정한다. 유사한 정서 어휘들을 지속적으로 분류, 변별케 함으로써 인지적으로 특정 자극들에 보다 민감해진다면, 정서 체험도 특성화될 것이다.

번역시의 문체가 여성성을 결정한다는 판단에 미치지 못할 때에는 그것이 갖는 문화적 분화성에 관심을 가져야 할 것이다. 전체적인 측면에서 보면, 여성들의 시단 진출은 『빛나는 지역』(모윤숙, 1933)의 출간을 획으로 본격화되었으며, 그때까지의 공백을 남성 시인들의 문체 속에서 '여성적 정서'[27]를 분화시켜 가는 여학생 독자층의 활발한 독서행위가 채우고 있었던 것이다. 이에 따라 남성 시인들의 시에서는 점차 여성적 목소리나 여성적 정서를 찾아보기 어렵게 되었다. 서정주의 작품에서와

---

27) 근대시 정서에 대한 논의 가운데 특히 여성적 정서/정조를 언급하는 경우가 많다. 김윤식 (1973 : 447−472)은 '여성적 편향'이라는 용어 아래 몇 가지 항목을 나누어 논의한 바 있고, 오세영(1980), 조창환(1986), 최길성(1988), 송희복(1994) 등도 각기 근대시를 대상으로 하여, 혹은 김소월을 대상으로 하여 여성적 정서, 또는 그에 상응한다고 가정된 '한(恨)'에 대해 논의한 바 있다.

같이 극화되거나 서사화되는 몇몇 경우를 제외하고는 1930년대 이래로 여성적 발화로 짐작할 만한 시 텍스트를 발견하기 어렵다는 것은 직접적인 증거가 될 만하다.

근대 형성기에 여성들의 문체적 욕구를 김소월 등이 해소해 주었다고 보는 것은 성급한 판단이 될 것이다. 이른바 여성적 어조보다는 여성적 정서가 이들 남성 시인들의 작품에서 더 주목되는 것도 이 시기까지는 표현 형식에까지 여성성의 문제가 불거지지 않았기 때문으로 생각할 수 있다. 게다가 표현 형식에 국한하면 이들보다는 그 시기에 가장 활발한 시집 간행을 통해 일정한 시류를 형성해 갔던 김억이나 상업주의적인 재기를 발휘했던 노자영이 더 큰 역할을 했을 것으로 판단된다. 이들 시인은 습작 시인들에게는 직접 지도를 받거나 사숙하기에 가장 대중적인 영향력이 큰 위치에 있었으며, 그들 자신이 이에 지대한 관심을 가지고 있었기 때문이다.

다. 정서문화에 대한 인식

여성적 정서가 형성되고 고착화되는 과정을 보면, 이와 같은 정서의 분화와 분할은 문화적인 현상임이 드러난다.[28] 게다가 그것은 일정한 가치 체계를 바탕으로 하고 있으며 역으로 분화되고 분할된 정서들을 위계화하고 있다. 여성적 정서가 객관적인 인식 대상이 되었을 때 남성적 정서와의 정서적 위계성이 형성된 것도 이와 같은 이치라고 할 수 있다.[29] 앞 절에서는 이것이 정서의 성적 분화를 구조화하는 정서 패러다

---

28) 이미 Ⅲ부 2장에서 살펴본 바 있다.
29) 다만 미학적 가치를 얻게 되는 일부 정서는 정서의 위계적 구도를 재배치하는 힘을 갖게 된다. 여성적 정서로 분화된 '한(恨)'이 이른바 '전통적 정서'로 발명되었던 예가 여기에 해

임이라고 규정한 바 있는데, 정서문화의 핵심 논리에 해당한다. 달리 말해서 이 정서문화는 사회적으로 구축된 위계적 정서 구조를 구성원들에게 정당화하는 일종의 정서 패러다임인 것이다.

정서문화는 그 자체로는 교육할 만한 가치가 있다. 두 가지 의미에서 그러하다. 첫째, 특정한 시대의 정서문화에 대한 이해는 그 시대의 문학적 산출물, 나아가 문화적 산출물들을 이해하는 데 기여하는 중요한 배경지식을 제공하기 때문이다. 둘째, 정서문화를 벗어나서 정서를 학습할 가능성은 존재하지 않는다는 점에서 정서문화는 공체험의 배경이 되기 때문이다.

하지만 정서문화는 사회적으로 구성된 것이면서도 그 기원은 스스로 드러내지 않는다. 이 때문에 특정한 정서가 문화적으로 분화되고 분할되는 것이 마치 원래 그것이 그 정서의 본성이기 때문인 것으로 여겨지게 만든다. '여성적 정서'가 여성에게 본성처럼 존재하는지 여부는 알 수 없다. 하지만 적어도 근대 문학의 여성적 정서로 여겨지는 어떤 감정들은 문학적 체험의 문화적 분화와 분절에 관계되어 있음을 확인할 수 있다. 중요한 점은 이 과정이 문학정서에 대한 메타적인 인식에서는 지워졌다는 것이다. 그렇다면 다른 문학정서들의 경우에도 이처럼 근대나 혹은 그 이전의 문학적 체험 속에서 특정한 담론 주체들에게 분배됨으로써 형성된 것들이 있을 수 있음을 인정해 볼 필요가 있을 것이다.

이런 점에 비추어 볼 때, 문학 체험은 독자로 하여금 텍스트의 의미를 해석하는 과정에서 그 배경이 되는 정서문화를 어떻게 이해하게 하느냐에 따라 다르게 실현된다고 할 수 있다.[30] 감상을 위한 문학 수업에서는

당한다.

[30] 상상적 체험의 가능성은 독자의 감수성과 상상력에 의해 차이를 보인다. 그런데 감수성이나 상상력은 개인적 특성보다는 텍스트와 독자를 둘러싼 정서문화가 더 큰 변인이 된다.

독자인 학습자의 독서 행위 이전에 작품을 전제하지 않는다. 교사는 다만 학습자에게 주어지는 텍스트가 어떤 정서문화들의 지평(地平) 내에 놓일 수 있는지 윤곽을 지어 둠으로써 상상된 체험의 가능성을 어느 한도까지 열어 둔다.

『무정』은 성장 소설로 읽힐 수 있지만, 오늘날 정신적 성장기의 독자들에게는 그다지 긴박하지 못한 상상된 체험만을 제공해 줄 수 있을 것이다. 근대성의 기획으로 읽히면 동시대적 정서문화의 경계는 매우 넓어지지만, 그 대신 독자는 개인적 열망과 사회적 정체감에 대한 내면적 갈등을 갖게 될 수도 있다. 1910년대의 역사적 조건을 부여하면, 근대 초기의 정서문화와 독자에게 주어진 정서문화 사이의 거리로 인해 비평적 안목이 더 크게 작용할 가능성도 생긴다. 어떻게 생각하면, 이는 상상된 체험에 대한 완전한 공감적 이해를 얻기가 어려움을 시사하는 듯하다. 하지만, 그보다 감상의 무정부적인 다양성이 견제되고 있는 긍정적인 측면이 더 크다고 생각한다.

물론 이러한 조건들은 이전까지의 문학 수업을 통해 습득한 심미적 감수성과 문화적 상상력의 개인차에 따라 다소 달라질 수 있다. 독자는 문학 정서 체험을 통해 대상이 되는 작품을 작품세계로 만나면서 점차 어떤 상상된 체험에 대해서는 좀 더 섬세하고 민감하게 반응하도록 변화된다. 이 과정에서 감식 능력뿐 아니라 태도까지도 유지되거나 발달하게 된다. 특히 심미적 감수성은 학습자로 하여금 텍스트로부터 문학 작품으로서의 관여적인 속성들을 지적, 정서적으로 파악해 낼 수 있게 한

이를테면, 일반적으로 개인차에 크게 좌우되지 않고 전시대 작품에 비해 동시대 작품에 대해 공감적 이해를 하게 되는 것이나 상상된 체험과 실제 경험 세계가 근접한 독자가 그렇지 못한 독자에 비해 공감적 이해를 하게 되는 것이 그러한 경우이다. 결국 텍스트에 대한 독자의 반응이 다르게 나타나게 되는 것은 정서문화의 차이에 의해 발생하는 공감의 거리 때문이다.

다. 한편 상상된 체험을 둘러싼 정서문화에 대한 이해는 문화적 상상력의 폭을 확장시키는데, 이는 역으로 상상된 체험을 가능하게 한다. 이렇듯 심미적 감수성과 문화적 상상력은 학습을 수행할 수 있는 능력이자 학습의 결과 갖추게 된 능력이라 하겠는데, 이러한 능력은 작품세계를 체험하는 과정에서 작품과 독자 사이에 공유된 정서문화를 수용하게 하거나 새로운 정서문화를 형성하게 하는 데 중요한 작용을 한다.

불편한 정서와 체험의 우회*

때로 어떤 상상들은 금지된다. 또 어떤 상상은 금기가 된다. 금지된 상상은 관리되는 반면, 금기로서의 상상은 존재하지 않는 것으로 치부된다. 금지되거나 금기시되는 만큼 상상의 가능역(可能域)은 좁아질 수밖에 없다. 이때 문학 주체의 대응과 문학적 형상화는 어떻게 나타날까?[1]

---

* 이 절의 내용은 최지현(2007c)에 바탕을 두고 있다.
1) 물론 '죽음'에는 다양한 의장(意匠)이 있다. 죽음은 흔히 '돌아가다'라는 말로 다르게 표현된다. '하늘(天)의 기운과 땅(地)의 기운이 만나 사람(人)으로 되었고, 이러한 기운이 다시 흩어져 하늘의 기운인 혼(魂)은 하늘로 다시 돌아가고, 땅의 기운인 백(魄)은 다시 땅으로 간다'는 이야기(narrative)는 죽음이라는 개념의 다른 이름인 '돌아감'을 생성해 낸다. 반면, 불교에서는 '전생의 업으로 인해 현생에 다시 태어나게 되었고, 현생의 삶은 고생의 연속이며 죽음은 이러한 고생을 소멸시키다'는 이야기를 바탕으로 하여 죽음을 '해탈(nirvana)'이라는 이름으로 부른다. 이렇게 서로 다른 이야기를 바탕으로 생성된 '죽음'이란 개념은 서로 다른 해석을 불러온다. '돌아감'은 친한 친구가 집으로 돌아가는 경우와 마찬가지로 '슬픔'이나 '아쉬움'의 성격을 강하게 갖는 반면, '열반'은 무거운 짐을 벗어 놓거나, 어려운 일을 끝내는 상황의 반응과 유사한 '축하'나 '기쁨'의 성격이 들어있다. 이렇듯 서로 다른 신념 체계는 동일한 죽음이라는 사건에 대해 서로 다른 정서 반응을 유발하며, 이에 따른 표현 양식도 달라진다는 점은 너무 자명하다(최상진·이장주, 2000). 하지만 정작 내 자신이 죽음에 직면하고 있다면, 이 모든 설명들은 다른 사람들의 이야기가 되어 버리고 만다. 그것은 유일한 사태이기 때문이다. 근대시라고 하는 특수한 형식을 통해 죽음을 체험하게 될 때에는 여기에 새로운 변수가 개입한다. 문학이라고 하는, 특히 근대시라고 하는 특수한 인지/표상 형식을 통해 체험하게 되는 죽음 앞에서 우리는 어떻게 상상적 대응을 하게 되는가.

‘죽음’[2]은 문학 주체가 겪을 수 있는 가장 무거운 체험 주제 중 하나이다. 감당하기 어려운 불편한 정서들이 이로부터 발생하며, 물론 상상하기도 어렵다. 그만큼 다루기도 쉽지 않거니와 자신의 체험으로 직접 마주대하기란 더욱이나 어렵다. ‘죽음’은 생물학적 소멸의 근방에 있지만, 체험 대상으로서 그것은 소멸 자체와는 구별된다. 소멸은 그것으로 끝이지만, 체험으로서의 ‘죽음’은 실제로 그것이 소멸이든 아니면 영원한 복락이나 형벌이든 간에 상관없이 아직 도달하지 않은 어떤 경계적 상황이나 사태에 대한 선체험이 될 수밖에 없다. 이미 죽어 버렸다면, 그것은 적어도 ‘시적 주체’의 것이 될 수는 없다는 것이다.[3] 그렇기 때문에 ‘죽음’은 본질적으로 누구나 짐작은 하지만 아무도 확실할 수 없는, 미지의 상황이나 사태의 심리적 체험이 된다.

여기서 역설이 발생한다. 왜냐하면 이것은 ‘죽음’을 체험할 수 있게 하는 유일한 조건을 상상으로만 한정하기 때문이다. 에둘러 그 윤곽을 그려보자. 문이 열리기 전의 고문실 같은, 겉봉 뜯기 전의 이별 편지 같은, 그리고 선고 전의 침묵 같은 상황 속에 ‘죽음’이 있다. 문을 여는 순간, 겉봉을 뜯는 순간, 유죄 여부를 선고하는 순간, 즉 ‘죽음’을 경험하는 순간, 모든 유보된 것들은 확정되며 되돌릴 수 없게 된다. 하지만 되돌릴 수 없는 상황이라는 것은 주체에게는 불가불 조작적 상황이 될 수밖에 없다. 시적 주체란, 체험하는 존재이기도 하지만, 말하는 존재이기도 하며 동시에 쓰는 존재이기도 하기 때문이다. 하지만 말하거나 쓰기

---

2) 이 책에서는 ‘죽음’을 체험의 대상이자 내용으로, 즉 ‘죽게 되는 사태’와 그것의 지속으로서 한정해서 본다. 따라서 ‘죽음’ 그 자체나 ‘죽었다는 사실’이나 ‘죽음 이후의 사후 세계’ 따위는 논외로 한다.

3) 하이데거는 동식물과 같은 사물존재에 있어서 죽음은 ‘끝나버림’에 해당하지만, 이러한 생물학적 종말과는 달리 가능존재로서의 인간에게 있어서 현존재의 ‘죽음’은 종말을 향해 나가는 것, 즉 ‘죽는 것’을 의미한다고 한다. Heideger, M.(이기상 역, 1998 : 235).

위해서는 언제나 그 순간이 '죽음' 이전이어야 한다. 말하자면, 자신이 '죽음'을 체험하는 순간에는 말하거나 쓸 수 없다는 것이다.

만약 체험의 시간과 말하는 시간, 그리고 쓰는 시간이 일치하려면 체험이 반복적이거나 영속적이거나 혹은 주관적인 것이 되어야 한다. 이를테면 이별로 인한 슬픔이나 그리움의 체험이 그러하다. 이별은 두 개의 사건 층위[4]를 가질 수 있기 때문에 체험하면서도 말할 수 있고, 말하는 순간에 쓸 수 있다. 시에서는 두 개의 사건(물리적 사건과 심리적 사건)이 자연스럽게 분리되고 연장됨으로써 경험과 상상(상상적 체험)을 일치시키고 시적 진술을 참인 것으로 만든다.

> 나 보기가 역겨워
> 가실 때에는
> 말없이 고이 보내 드리우리다
>
> 영변에 약산
> 진달래꽃
> 아름 따다 가실 길에 뿌리우리다
>
> 가시는 걸음 걸음
> 놓인 그 꽃을
> 사뿐히 즈려밟고 가시옵소서

---

4) 예컨대 한때 연인이었던 두 남녀는 어느 일방이 절교를 선언하거나 불가불 멀리 떨어져 있게 됨으로써 물리적 세계에서의 이별을 경험한다. 하지만 심리적 세계에서는 남녀 어느 쪽이든 주체의 내면에서 애정의 강한 유대감이 소멸됨(혹은 소멸했음)을 깨달음으로써 비로소 체험하게 된다. 이렇듯 서로 다른 두 세계에서의 경험을 이 책에서는 물리적 사건과 심리적 사건으로 구분하여 둔다.

나 보기가 역겨워
가실 때에는
죽어도 아니 눈물 흘리우리다5)

　누구에게나 익숙한 이 작품에서 이별의 사건은 아직 일어나지 않았다
고 볼 수 있다. 이런 경우에는 이별의 체험이 이별을 말하거나 이별에
대해 쓰는 시간보다 후행하기 때문에 현상적으로는 '죽음'의 체험과 유
사한 상황이 만들어질 수 있다.
　하지만 이것을 이별의 체험 그 자체라고 말하지는 않는다. 단지 이별
을 가정하고 있다고 말할 따름이다.6) 이렇게 실질적으로는 회피된 이별
은 다른 이별―이미 경험한 다른 어떤 이별―로 대체되어 시에 등장한
다. 이렇게 하여 실제로 체험하게 될 이별을 이미 경험한 이별이라는 사
건으로 간접화하면서 시적 주체의 좀 더 안정적인 위치를 유지하려고
한다.
　대부분의 이별은 다른 이별을 배제하지 않는다. 다시 말해, 이별은 과
거에 경험한 다른 어떤 이별이 멀지않은 장래에 일어날 이별의 체험 내
용을 마련해 준다는 것을 배제하지 않는다. 한편 앞으로도 다른 만남이
가능하고 그래서 다른 이별이 가능하다면 현재의 이별은 절대적인 것이
아닐 수 있다. 이러할 때, 이별은 시작도 아니지만 끝도 아니다. 이별은,
과거에도 그러했듯이, 앞으로 일어날 이별 이후에도 시적 주체에게 그것

---

5) 김소월(1925), 「진달래꽃」, 『진달래꽃』, 매문사.
6) 이것에 근거하여 이어령은 이 시를 "이별의 슬픔을 바탕으로 하지 않고서는 사랑의 기쁨을
　가시화할 수 없는 역설로 빚어낸 것"라고까지 하였다. 그는 더 나아가 "「진달래꽃」의 시적
　의미를 결정짓는 것. 그리고 그것이 다른 시들과 차별화할 수 있는 가장 기본적인 요소는
　바로 이 같은 시의 시제에 있는 것이라고 할 수 있다."라고까지 말한다. 우리는 이러한 해석
　에 전적으로 공감하는 것은 아니지만, 이 시에서 사용된 시간 표현이 매우 특별하고 중요한
　의미를 지니고 있다는 것에는 동의한다(이어령, 1996).

에 대해 말하거나 쓸 수 있는 존재 환경을 허락한다. 그래서 시적 주체는 자기 자신을 현재의 이별 이후의 시간으로 옮겨놓을 수 있다. 물론 과거로 옮겨놓을 수도 있다. 이것을 '이별이라는 심리적 사건과 이별이라는 물리적 사건의 분리'라고 말한다.

> 봄 가을 없이 밤마다 돋는 달도
> '예전엔 미처 몰랐어요'
>
> 이렇게 사무치게 그리울 줄도
> '예전엔 미처 몰랐어요'
>
> 달이 암만 밝아도 쳐다볼 줄을
> '예전엔 미처 몰랐어요'
>
> 이제금 저 달이 설움인 줄은
> '예전엔 미처 몰랐어요'[7]

'이별'의 사건이 물리적인 것과 심리적인 것으로 분리되면, 물리적으로 경험한 이별은 과거의 것-따라서 엄밀히 따지자면 '다른 이별'의 경험이 될 것이다-이 되며, 따라서 시적 주체는 자신이 직면하게 된 이별로부터 일정한 거리를 두고 상황을 간접화할 수 있게 된다. 곧 이별은 덜 고통스럽고 덜 막막한 사태가 될 수 있게 되는 것이다.

시적 주체가 이별을 시적 대상으로 다룰 수 있는 것은 대개 이러한 분리 과정을 통한다. 즉, 이별로 인해 야기되는 불편한 정서들과의 조우는 원리적으로는 경험의 분리를 통해 간접화됨으로써 체험 가능한 것이

---

7) 김소월(1925), 「예전엔 미처 몰랐어요」, 『진달래꽃』, 매문사.

될 수 있는 것이다. 그리고 여기에는 시적 주체의 자기동일성 원리가 기반이 된다. 이별 이후에도 '나'는 여전히 나일 것이라 믿고, 따라서 서로 다른 시간대의 시적 주체가 같은 존재라 믿으며, 그 결과 물리적으로 경험하는 것과 심리적으로 체험하는 것이 비록 시간차를 두고 일어난다 하더라도 연속성 위에서 동일하다고 믿는 것이다.

사실 이것은 심리학에서 말하는 일종의 자기기만이다. 하지만 문학적으로는 '기억'과 '예기'의 상상적 체험이라 부를 수 있을 것이다. 이러한 상상적 체험은 되돌릴 수 있고 반복 가능하다는 전제에서 아직 일어나지 않은 사건에 대한 선체험으로 작용하기도 하고(예기), 이미 일어난 사건의 본질적 국면이 이제 막 시작되고 있다는 전제에서 아직 일어나지 않은 사건에 대한 추체험으로 작용하기도 한다(기억). 그리고 이것들은 만남이나 이별, 성장, 사랑 같은 체험의 형식들에 모두 작용한다.

문제는 죽음의 경우이다. 불행하게도 죽음이라는 체험은 반복되지도, 지속되지도 않는다. 현실에서든, 문학에서든 이미 죽었을 수도 없고, 앞으로 또 죽을 수도 없다. 그렇기 때문에 되돌릴 수도 없고, 연장할 수도 없다.8) 이러한 까닭에 죽음을 체험하는 것과 죽음에 '대해' 쓰거나 말하는 것은 전혀 다른 사태가 된다. 이것이 타자의 죽음을 소재로 한 작품은 많아도 죽음 체험을 소재로 한 작품이 드문 이유이다.

그 양상은 물론 다를 수 있다. 이를테면, 실제의 물리적 사건에 일치시킬 심리적 사건(선체험이나 추체험)이 없기 때문에, 시적 주체는 심리적 사건 자체를 기피하려 한다. 혹은 물리적 사건을 타자의 경험으로 대상

---

8) 하이데거는 죽음을 교환이나 대리가 불가능한 가장 자기적인 것이며 다른 존재와는 어떤 교섭도 끊어지게 되는 몰교섭적인 것이고 다시는 현존재로 되돌아 올 수 없고 뛰어넘을 수 없는 것이며 불가피하게 승인하게 되는 확실한 것이고 언제 발생할지 알 수 없는 무규정적인 것이라고 한다. 말하자면, 언제 죽게 될지는 알 수 없지만 기어이 죽을 수밖에 없는 것이다 Heideger, M.(이기상 역, 1998 : 249−251).

화함으로써 심리적 사건의 성격을 바꾸려고 한다.[9] 그게 아니라면, 시적
주체는 이미 죽음을 경험했을 것이며, 이는 더 이상 말할 수도, 쓸 수도
없는 상태, 즉 시적 상황에서 벗어난 상태일 것이다.

가. 죽음 체험

아마도 죽음에 다다르도록 그것에 직면하고 있는 상황성을 보여주는
것은 「초혼」 같은 예외적인 작품들일 것이다. 이 작품은 고복(皐復) 의
례[10]를 모티브로 하여 '사랑하던 그 사람'의 죽음을 더 이상 되돌릴 수
없게 된 마지막 순간, 거꾸로 말하면 사랑하던 그 사람을 되살릴 수 있
는 마지막 순간을 초점화하고 있다. 이 긴박하고 절박한 상황성은 죽은
자와 산 자의 경계가 허물어지고 이윽고 산 자가 그 경계를 넘어설 지경
이 되는 상태를 야기한다. 심각한 현실 왜곡이 나타나고 있는 장면들이
이 상황성을 보여주며, '사랑하던 그 사람'이나 '죽음'이나 그를 잃은 내
심정이나 어느 하나 서술할 여력이 없이 그저 그 사람의 이름을 목 놓아
부르는 장면들이 또한 이 상황성을 간접적으로 설명한다.

> 산산이 부서진 이름이여!
> 허공 중에 헤어진 이름이여!
> 불러도 주인 없는 이름이여!

---

9) 이러한 경우, 공포나 허무 같은 정서적 체험 내용은 연민이나 슬픔, 죄책감 같은 것으로 바
   뀌게 된다. 이는 시적 상황이 전혀 다르다는 것을 의미한다.
10) 고복(皐復)은 혼과 백을 다시 합치려는 과정을 말한다. 중세인들은 혼을 불러들여 백에 실
    리면 사람이 다시 살아나는 것으로 보았다. 『주자가례』에는 이에 관한 전거가 다음과 같이
    제시되어 있다. "侍者一人 以死者之上服嘗經衣者 左執領右執要 自前榮升屋中霤 北面招以衣 三呼曰
    某人復 畢 卷衣降 覆尸上 男女哭擗無數" "司馬溫公曰 士喪禮 復者一人 千自前東榮 中屋北面 招以衣
    曰皐某復 三"

부르다가 내가 죽을 이름이여!

심중에 남아 있는 말 한마디는
끝끝내 마저 하지 못하였구나.
사랑하던 그 사람이여!
사랑하던 그 사람이여!

붉은 해는 서산 마루에 걸리었다.
사슴이의 무리도 슬피 운다.
떨어져 나가 앉은 산 위에서
나는 그대의 이름을 부르노라.

설움에 겹도록 부르노라.
설움에 겹도록 부르노라.
부르는 소리는 비껴 가지만
하늘과 땅 사이가 너무 넓구나.

선 채로 이 자리에 돌이 되어도
부르다가 내가 죽을 이름이여!
사랑하던 그 사람이여!
사랑하던 그 사람이여!11)

　다른 작품들과 대비하여 이 작품의 발화 양상이 매우 독특한 것도 시
적 주체가 이 작품에서 마주 대한 것이 '죽음'이었을 것임을 시사한다.
이러한 발화 양상이 형상화 이전의 다듬어지지 않은 목소리가 그대로
드러난 것으로 평가 받는 것도 '죽음'이라는 체험 내용이 본디 시적 주

11) 김소월(1925), 「초혼」, 『진달래꽃』, 매문사.

체가 일정한 거리두기를 통해 심미적으로 형상화하기 어려운 까닭이다.

그만큼 죽음 체험은 회피할 수 없는 숙명적이고 절대적인 문제 상황이다. 죽음 이전에는 죽음을 체험할 수 없는 모순성을 지닌다(동시에 죽음 체험 이후에는 다시 삶으로 되돌릴 수 없다는 모순성도 지닌다). 그렇기 때문에 죽음 체험은 사회적으로 관리되면서도 실상은 완전한 통제가 불가능하다. 이러한 특성으로 인해 죽음은 근대에 와서 미학적 대상이 되었다.

나. 죽음에 대한 상상적 대응

❶ 소통을 의식하지 않고 즉각적으로 마주서기

죽음 체험이란 본질적으로 타자가 아닌 자기 자신의 죽음을 맞게 되는 체험을 말한다. 문학 작품에서의 죽음 체험 또한 본질적으로 시적 주체가 직면한 실제 죽음에 대한 체험을 가리킨다. 하지만 이 체험은 시적 주체에게는 일종의 아이러니이다. 체험하자면 시적 주체는 죽을 수밖에 없고, 죽지 않으려면 죽음을 체험할 수 없기 때문이다. 무엇보다 시적 주체가 죽음 체험을 받아들이느냐가 문제이다. "죽기로 싸운다."는 말에서처럼 죽음 체험을 원하는 시적 주체가 있다면, 어쩌면 그것은 살고자 하는 욕망이 더 크기 때문이라고 볼 수도 있다. 이렇게 보면, 시적 주체에게 실제의 죽음 체험은 부재하는 것이라고 할 수도 있겠다.

그래서 실제의 죽음 체험을 죽음의 정서적 체험이 대신하게 된다. 죽음의 정서적 체험에서는 이 체험의 맥락이 어떻게 형성되었느냐에 따라 그 의미의 수용이 달라진다. 원하지 않았으되 실제와 다를 바 없는 정서적 죽음 체험을 하게 되는 경우, 관조나 성찰이 불가능한 대신에 그 이미지는 충만해질 수 있다. 이것은 마치 랭보(Rimbaud, J. N. A.)가 『지옥에

서 보낸 한 철(Une Saison en Enfer)』에서 죽음을 보여주는 방식과 비슷하
다. 그러니까 여기서 죽음 체험은 일종의 묵시적 환영에 가깝다.

사랑을 잃고 나는 쓰네

잘 있거라, 짧았던 밤들아
창밖을 떠돌던 겨울안개들아
아무것도 모르던 촛불들아, 잘 있거라
공포를 기다리던 흰 종이들아
망설임을 대신하던 눈물들아
잘 있거라, 더 이상 내 것이 아닌 열망들아

장님처럼 나 이제 더듬거리며 문을 잠그네
가엾은 내 사랑 빈집에 갇혔네[12]

이미 죽음 체험이라는 심리적 사건은 시적 주체에게는 물리적 사건과
동일한 것으로 여겨진다. 이 때문에 화자와 시적 주체가 일치된다고 말
하는 맥락이 조성되며, 시적 주체는 청자를 거의 고려하지 않는/혹은 고
려할 수 없는 독백적 발화의 주체로서 자신의 체험을 말하게 된다. 우리
가 흔히 시적 세계를 주관화된 세계라고 부르기는 하지만, 이 죽음 체험
에서는 그 주관성이 좀 더 극단적이다.

일반적으로 '방'은 보통 시적 주체의 내면을 의미하고, 방으로부터 확
장되는 공간에 놓인 벽은 외부와의 단절로, 문은 소통의 관계로, 그리고
창은 합치될 수 없는 거리감을 뜻하는 것으로 설정되곤 한다. 어디까지
나 그 방의 한 가운데에는 시적 주체가 있기에 방은 내면의 공간 역할을

---

12) 기형도(1989), 「빈집」, 『입 속의 검은 잎』, 문학과지성사.

하게 된다. 이 작품에서도 '빈집'에는 창이 있고, 문이 있으며, 또한 언급되고 있지는 않지만 당연히도 벽도 있다. 이 '빈집'은 시적 주체인 '나'에 의해 문이 닫히고 잠기면서 그 안에 있던 모든 것들이 집 밖의 것들과의 단절이 이루어지게 된다.

그런데 이 '빈집'은 일반적으로 '방'이 지니는 심상과는 상반된 의미를 담고 있다. 시적 주체는 "더 이상 내 것이 아닌 열망들"에 이별을 고하게 되는데, 그것은 "빈집에 갇"힌 "가엾은 내 사랑"이며, 내면의 나로 인해 의미 있었던 모든 것들이다. 그러므로 시적 주체가 그것들에 이별을 고하게 되는 순간, 내면이 공허해지는 것이 아니라 아예 '나'라는 존재가 없어지는 상황이 야기된다.

주목해야 할 것은 시적 주체의 위치이다. 집 안이 내면이고 밖이 세계라면 이 작품은 시적 주체가 자신의 내면 밖에 거하게 되는 아주 이상한 사태를 보여주고 있기 때문이다. 이 사태는 단순히 내면의 공허함을 나타내는 데 그치지 않는다. 왜냐하면 '밤'과 '겨울안개'는 집 밖에 있었던 것들이어서, 집 문을 걸어 잠그는 행위가 이것들과도 이별하게 되는 상황을 만들지는 않을 것이기 때문이다. 따라서 여기서는 그 이상의 의미가 존재하게 된다.[13]

한편 이로 인해 "나는 쓰네"라는 행위의 의미가 중요해질 수밖에 없다. 하나의 행으로서 독립된 연을 이루면서 이후에 제시되는 발화 전체를 규정짓는 총론적 진술로서 기능하기 때문이다. 『입 속의 검은 잎』(기형도, 2000)의 작품들에는 유독 이렇게 쓰는 행위와 관련된 소재(종이, 글,

---

[13] 한편 이러한 체험적 특성은 독자로 하여금 시적 주체에 동일시(최지현, 1998 : 350)하도록 부지불식간에 강요하는 효과가 있기 때문에, 독자로서는 화자에 자신을 일치시켜 의사-체험을 하게 되기 쉽다. 앞서 살폈던 「초혼(招魂)」 역시 이러한 상상적 체험 효과를 갖고 있다.

책/서적, 노트, 신문, 책갈피 등등)들이 빈번하게 등장한다. 빈번할 뿐 아니라 말하는 행위와 관련된 소재(혀, 입, 탄식, 고함 등등)와도 의미론적 대립을 이루고 있다. 규정된 존재와 아직 그렇게 되기 전의 존재. 대자적인 존재와 즉자적인 존재. 완료형의 존재와 진행형의 존재. '쓴다는 것'은 판결과 종료의 의미를 갖는다.14)

이 작품에는 '입'에서 '잎'으로 속성 전이가 이루어지면서 마치 버지니아 울프(Woolf, Virginia)의 『댈러웨이 부인(Mrs. Dalloway)』에 등장하는 '나무'처럼 생명의 원천이 되고 있는 물활론적 세계가 한편에 있다. 하지만 이 세계는 '잎'이 '나무'에서 떨어져 나와 있는 것처럼 위태하고 일시적이다. 「정거장에서의 충고」에서는 구름이 나부끼는 것처럼 "많은 나뭇잎들이 그 좁고 어두운 입구로 들이닥"치고, 「가는 비 온다」에서는 "둥글고 넓은 가로수 잎들은 떨어지고", 「입 속의 검은 잎」에서는 "여름 땅바닥은 책과 검은 잎들을 질질 끌고 다녔"으며, 검은 잎이 "내 입 속에 악착같이 매달"린다. 「엄마 걱정」에서는 엄마의 발자국 소리가 "배추잎 같"고, 「대학 시절」에서는 "나뭇잎조차 무기로 사용"된다. 더 나아가 「가수는 입을 다무네」에서처럼 "그의 입술은 마른 가랑잎" 같은 관계가 확립된다. 이 비유들에서 '잎'들은 시민, 대학생, 어머니, 살아 있는 사람 전체로 확장된다. 그 중 어느 누구도 안전하지는 않다.

그런가 하면 이 '잎'과 '나무'들은 책의 물질적 재료가 된다. 따라서 '잎'과 '나무'의 관계는 재차 말하는 행위와 쓰는 행위의 관계에 대응하

14) 기형도는 『문학사상』(1985. 12월호)에 실린 「어느 푸른 저녁」의 시작 메모에서 다음과 같이 적고 있다. <비트겐쉬타인은 이렇게 말했다. "내 책은 두 부분으로 이루어졌다. 이 책에 쓰여진 부분과 쓰여지지 않는 부분이 그것이다. 그리고 정말 중요한 부분은 바로 이 두 번째 부분이다…… 우리는 말할 수 없는 것에 대해서는 침묵해야 한다." 그러나 우리가 '말할 수 없는 것'에 관해 말할 수밖에 없는 것은 거의 필연적이며 이러한 불행한 쾌락들이 끊임없이 시를 괴롭힌다.>

게 된다. 이렇듯 순환적이며 구조화된 유비 관계는 작품 전체를 하나의 작품이 되게 하기 때문에, 이 비유들을 의도적이며 조작적으로 선택했다고 보기 어렵게 한다. 체험 주체로서가 아닌 시인으로서는 일반적으로 각각의 작품들을 고유하고 독창적인 것으로 만들려는 창작 주체로서의 지향이 있기 마련이기 때문이다. 따라서 이 대립적 상관물은 시적 주체에게는 주의 깊게 선택되었다기보다는 맹목으로 집착된 것처럼 보인다.

「빈집」에서와 같은 죽음의 심리적 체험에서는 직면에 있기에 거기서 벗어날 수 없는 즉각성이 상상적 대응의 즉각성을 강제하는 것처럼 보인다. 이 즉각적 대응은 시적 주체에게 잠재되어 있는 근원적 환유들을 불러내며 묵시적이며 환상적인 체험 공간을 만든다. 이는 마치 꿈−환유를 통해 드러나게 되는 심리적 증후와도 같다. 라캉(Lacan, J.) 식으로 말하면, 이는 전위(displacement)이다.

여기서 중요한 것은 어떤 (불편한) 정서들을 느꼈느냐가 아니라 그 증세가 어떠하냐 하는 것이다. 그럼에도 불구하고 그 증세가 죽음−공포였는지, 죽음−연민이었는지는 확정적이지 않다. 한편에서는 서판(書板)에 죽음을 선고하면서, 다른 한편에서는 빈집에 갇힌 '내 사랑'을 안타까워한다. 글을 쓰는 '내'가 '내 사랑'일 수도 있고, 말하는 나일 수도 있다는 뜻이다. 여전히 라캉 식으로 말하자면, 이 체험 공간은 상상계일 수도 있고, 상징계일 수도 있다.

독자에게는 이것이 답답하고 두려운 일일 것이다. 이 죽음 체험은 도저히 소통적이지 않다.[15]

---

15) 정서는 대부분 사회적 상황에서 발생하며, 많은 정서들은 다른 사람들과 관련이 있어 보인다. 정서는 사회−문화적 의미・해석 체계에 의해 유발된다는 것을 넘어서 그 자체의 성격상 정서를 서로 주고받는 커뮤니케이션의 형태를 지닌다(최상진・이정주, 2000).

❷ 죽음, 그 너머 세계를 보기

죽음 이후의 세계를 긍정하지 않는 사람들에게는 '죽음 이후'라는 것이 존재하지 않는다. 더 이상 '삶'이 없는 상태, 그것이 죽음이 된다. 즉, 죽음은 지속적인 것이고 영원한 것이다. 더 이상 지속될 수 없다는 것은 두려움이나 슬픔이 아닌, 불안과 공포를 만들어 낸다. 쉽지는 않지만 그것을 그대로 긍정할 수도 있다. 하지만 긍정하기 어렵다면, 그 다음 세상을 생각해야 한다.

상당수의 한국인들은 죽음 이후의 세계에 대해 긍정한다.16) 그러니까 사후 세계의 존재에 대한 긍정은 한국 사회에서는 일반적인 현상이라고 할 수 있다. 이것은 죽음에 임박하여 공포감이나 불안감, 허무감, 박탈감, 좌절감 등과 같은 견디기 힘든 감정들에 사로잡힐까 두려워하는 사람들이 이에 대한 방어 기제로서 미리 갖추어 놓는 인식적 대응이다. 만약 죽음 체험이 도래하게 되면, 사람들은 사후 세계에 대한 기대나 희망을 담아 이에 대해 상상적 대응을 하게 될 것이다.

이러한 상상적 대응은 죽음에 임박해서도 이루어질 수 있겠지만, 물리적 사건으로서의 죽음 체험에 의해 형성되는 매우 강력한 감정 상태는 이를 압도할 수도 있다. 이 방어 기제는, 그러니까 실전용이라기보다는 훈련용에 가까운 죽음의 정서적 체험이라고 할 수 있겠다.17) 그 대신 실제에 좀 더 가깝게, 그리고 뜻하지 않게 죽음을 예기하게 되는 상황에서 죽음의 물리적 사건이 어느 정도 시간적 지연을 보이고 있는 상황을 가정해 보자. 이를테면 시한부 인생의 마지막 순간처럼 자신의 목숨이 경

---

16) 한 조사 보고(이재운, 1999 : 17)에 따르면, 사후 세계의 존재 여부를 묻는 질문에 대해 답변자의 65.9%가 '확실히 있다' 또는 '있다'로 답하였다. 아마도 죽음을 앞두고는 이보다 많은 수가 같은 답변을 할 것이다.
17) 실제에 있어서도 죽음을 목전에 두고 시를 쓰게 되는 상황은 결코 흔하다고 볼 수 없다.

각(頃刻)에 있다고 여겨질 때를 말하는 것이다.

이때 심리적 사건과 물리적 사건 간의 시간적 간극은 죽음 체험에 대한 이러저러한 상념을 시적 주체를 강제한다. 이것은 물리적 사건이 갖는 각별한 의미를 강제하는 요인이 되기도 한다.

> 그날이 오면 그날이 오며는
> 삼각산(三角山)이 일어나 더덩실 춤이라도 추고
> 한강(漢江)물이 뒤집혀 용솟음칠 그날이,
> 이 목숨이 끊지기 전에 와 주기만 하량이면,
> 나는 밤하늘에 날으는 까마귀와 같이
> 종로(鍾路)의 인경(人磬)을 머리로 들이받아 울리오리다,
> 두개골(頭蓋骨)은 깨어져 산산(散散)조각이 나도
> 기뻐서 죽사오매 오히려 무슨 한(恨)이 남으오리까
>
> 그날이 와서 오오 그날이 와서
> 육조(六曹)앞 넓은 길을 울며 뛰며 뒹굴어도
> 그래도 넘치는 기쁨에 가슴이 미어질 듯하거든
> 드는 칼로 이몸의 가죽이라도 벗겨서
> 커다란 북[鼓] 만들어 들쳐 메고는
> 여러분의 행렬(行列)에 앞장을 서오리다,
> 우렁찬 그 소리를 한번이라도 듣기만 하면
> 그 자리에 꺼꾸러져도 눈을 감겠소이다.[18]

「그날이 오면」에 대한 대중적 독법은 이 작품을 독립의 염원을 담고 있는 '저항시'로 읽는 것이지만, 작중 문제 상황을 놓고 보면 죽음 체험

---

18) 심훈(1949), 「그날이 오면」, 『그날이 오면』, 한성도서주식회사.

을 담고 있는 시로 읽힐 법하다. 만약 이 작품이 무엇인가를 강력하게 염원하고 있다면 죽음은 그 염원의 내용을 이루기 위해 마땅히, 최후의 순간에, 그 임계점을 넘기기 위해 수행해야 하는 자발적인 투기(投企)에 해당한다고 이해해야 할 것이다. 까치 한 쌍이 종을 머리로 들이받아 새벽을 알리고 이무기를 몰아내었던 것에 빗대어, 중요한 것은 새벽이 아니고 새벽을 알리는 것이라는 전언을 중요한 것은 '그날'이 아니라 '그날'을 알리는 자발적인 희생이라는 의미로 실현한다.

여기서 두개골이 깨어지고 몸의 가죽이 벗겨지는 것 같은 희생이 죽음을 의미할 것임을 이해하기란 어렵지 않다. 그 고통을 청자에게 직접 전달하려는 듯, 시적 주체는 그 희생을 과장된 행위로 보여준다. 이를테면, 「생명의 한 토막」에서는 "무엇이 되든지 내 생명의 한 토막을 / 짧고 굵다랗게 태워 버리고 싶소!"라고 말하며, 「너에게 무엇을 주랴」에서는 "산 제물로 우리의 몸을 너에게 바칠 뿐이다!"라고 다짐하는[19] 것과도 상통하는 과장성이다. 강렬히 원하는 것이라면 마땅히 그에 값하는 희생이 뒤따라야 한다는 의식이며, 염원하는 그 세계에 진입할 수 있기 위해 마땅히 필요한 자격을 갖추어야 한다는 의식이다.

그 행위들이 죽음과 맞닿아 있기에 이 죽음은 매우 독특한 의미를 지니게 된다. 곧 통과 제의로서의 의미이다. 죽음 체험의 불편한 정서들을 견뎌내기 위해서 시적 주체는 '죽음'을 '죽음 이후'를 위한 통과 제의로서 규정한다. 시적 주체는 청자에게 이렇게 말한다 : "죽음은 고통스러운 일이지만, 그 너머를 보라. 거기에 진정 네가 바라는 세계가 있다."

이 두 번째 상상적 대응에 개입하고 있는 죽음 체험의 원리는 꿈-은

---

19) 이러한 행위는 덧없이 이루어져서는 안 되는 것이다. 그러기에 「조선(朝鮮)의 자매(姉妹)여(부제 : 홍(洪), 김(金) 두 여성(女性)의 변사(變死)를 보고)」에서는 헛된 죽음이 되지 않기를 간절히 바라는 목소리도 내비친다.

유이다. 죽음 충동에 기반하여 응축(condensation)을 통해 삶의 논리를 전도시키려는/죽음의 논리 또한 전도시키려는 욕망을 드러내는 방식이다. 독자에게는 그 죽음이 어떤 통과 제의인지가 중요하다.

때로 이것은 독자의 욕망과 완전한 일치를 이룰 수도 있다. 예컨대 80년대의 민중시들을 떠올려 보자. 노래의 전통으로 되돌아갔던 이때 시들은 집단적 주체를 호명해 내었다. 그들은 '그' 너머의 세계에 대해 하나같은 꿈을 꾸었을지, 혹은 제각기 다른 꿈을 꾸었을지는 몰라도 적어도 서로가 서로에게 감정이입을 하고 동일시했다.

> (전략)
> 사랑도 명예도 이름도 남김없이
> 한평생 나가자던 뜨거운 맹세
> 싸움은 용감했어도 깃발은 찢어져
> 세월은 흘러가도
> 구비치는 강물은 안다.
>
> 벗이여 새날이 올 때까지 흔들리지 말자
> 갈대마저 일어나 소리치는 끝없는 함성
> 일어나라 일어나라
> 소리치는 피맺힌 함성
> 앞서서 나가니
> 산 자여 따르라 산 자여 따르라
> (후략)[20]

---

20) 백기완(1980), 「묏비나리―젊은 남녀의 춤꾼에게 띄우는」 본문 일부. 1980년 12월에 씌어진 이 시에서 민중가요 '임을 위한 행진곡'이 나왔음은 잘 알려진 사실이다. 작시를 위한 개사는 황석영이 했다.

한 무리의 군중이 이 노래를 부르는 장면을 떠올리면, 죽음을 매우 가까이 둔 긴장감이 장면을 압도하고 있음을 상상하기 어렵지 않다. 군중 속의 개개인들의 내면에는 어김없이 고통이나 두려움, 불안감 같은 것들이 있을 것이다. 하지만 그보다 더 강렬한 '새날'에 대한 욕망이 그들을 하나의 주체처럼 묶어낸다. 그 너머의 세계가 강렬한 욕망의 대상이 죽음 체험의 고통을 외면할 수 있게 하기 때문이다.

❸ '죽는 순간' 없이 '죽음'으로 구원을 기대하기

현실이 죽음과도 같고, 오히려 죽음이 현실로부터 시적 주체를 구원할 삶의 조건처럼 여겨지는 경우를 생각해 보자. 이를테면, 중세 사회에서는 도처에 죽음이 창궐했다. 유럽에서는 전쟁과 기아와 역병에 의해 매우 높은 사망률과 짧은 수명이 특징적이었다. 18세기에 이르기까지 유럽에서의 평균 수명은 30-35세가 통례였다고 하며, 이 중 병사와 변사의 비율도 매우 높았다고 한다(류희수, 1991 : 121). 그 무렵 우리의 경우도 이와는 크게 다르지 않았을 것이다.

죽음이 일상적인 것이 되고, 도처에서 발견되며 가혹해지면 "죽음에 대한 공포보다는 무반응과 불감증의 형태, 즉 "체념된 죽음"의 형태를 자극"(앞의 글, 122)한다. 이렇게 죽음이 일상적인 것이 되고 그 앞에서 체념하게 될 때, 죽음의 가혹성은 오히려 현실의 가혹성을 나타내는 증거가 되며 역으로 죽음은 현실에서 벗어나게 하는 탈출구가 될 수 있다.

이것은 근대 이전의 사회 속에서 목격되던 죽음의 사회적 현상이다. 근대 사회에서는 더 이상 이러한 죽음의 편재성을 목격하기 어려워졌다. 죽음의 인식은 개인화하면서 낯설고 금기시되는 대상으로 바뀌었기 때문이다(Aries, 이종민 역, 1998 : 50).

하지만 근대 사회에서도 여전히 현실의 가혹성에 근거한 죽음의 일상

성이 존재하는 영역이 있다. 그 영역은 시적 세계이다. 이 세계에서 시
적 주체의 절망적 현실 체험은 죽음의 일상화와 편재성을 야기한다.

나는
나는
죽어서
파랑새 되어

푸른 하늘
푸른 들
날아다니며

푸른 노래
푸른 울음
울어 예으리.

나는
나는
죽어서
파랑새 되리.[21]

　「파랑새」의 시적 주체가 마주대하고 있는 죽음이 마치 이와 같다. "원
한이 하늘을 찢고 우는 노고지리"에게도 "혐살이 돋친 쑥대밭"이나마
제 고향이 있다고 할 수 있겠지만, 그에게는 아무리 "산 넘어 산 넘어
봐도" 고향도 인정도 없다(「고향(故鄕)」). 그 흔한 데모에도 끼지를 못하고

---

21) 한하운(1955), 「파랑새」, 『보리피리』, 인간사.

(「데모」), 개조차 그를 업신여긴다(「막다른 길」). 그리하여 자신의 운명을 사람도 아니고 짐승도 아니며 하늘과 땅 사이에서 잘못 돋아난 '버섯'이라고 한탄한다(「나」). 쓰레기통과 함께 쓰레기통처럼 밤을 지새우며 눈 깜빡할 사이에 삶과 죽음의 경계를 넘나들 때 여전히 자신이 살아 있는 존재임을 느끼게 되기도 하고(「목숨」), 한 포기의 꽃과 풀잎들에 "한 번밖에 없는 자살을 아끼"지만(「봄」), 자기 이름에 담긴 뜻 풀이 하나에서도 결국 세상은 '뜬 세상'이요, 죽음에 서두른다(「하운(何雲)」).

아마도 작품들의 배열을 달리하면 시집 『보리피리』(인간사, 1955)에서의 체험적 맥락이 이와는 다른 서사를 만들어낼 수도 있을 것이다. 앞의 이야기가 절대적인 것은 아니라는 의미이다. 어쩌면 그래도 삶에 애착을 가질 수밖에 없다는 이야기가 나올 수도 있고, 결국 살아서 이 고통을 계속 겪을 수밖에 없다는 이야기가 나올 수도 있다. 하지만 어느 쪽이든 시적 주체는 자기 긍정을 포기하고 있지는 않는 것 같다.[22] 그리고 바로 이 자기 긍정 때문에 체념은 삶에 대한 의지가 전혀 없어서 비롯된 체념과는 다른 의미를 지니게 된다. 곧 어느 정도는 죽음에의 의지이며, 동시에 삶에의 의지가 되는, 역설적 의미의 체념이다.

「파랑새」로부터 읽어낼 수 있는 죽음 또한 '살아서의 고통에 대한 보상'으로서의 의미를 지니는 것이 아니다. 오히려 죽음 그 자체가 지닌 구원성이 중요한 의미를 지니고 있다. 물론 이때 시적 주체에게는 죽음이 하나의 일회적 사건으로 머물지 않고 일종의 지속적 사건, 곧 '죽어 있음'의 상태를 뜻하게 된다.[23]

---

22) 만약 자기 긍정마저 포기했다면, 시적 주체에게는 삶도 죽음도 아무런 문제 상황이 되지 못했을 것이다. 그것은 죽음에 대한 긍정과는 전혀 다른 문제이며, 시 이전의 문제이고, 존재 이전의 문제이다.

23) 따라서 이러한 경우에는 죽음을 경계로 그 이전과 이후의 세계가 대비적으로 나뉘지 않게 된다. 죽음 이후의 세계를 구체적으로 그려내는 것은 죽음보다는 삶의 한 국면을 체험 내

「파랑새」에서는 죽음 체험이 존재하는가. 다시 말해, 죽음의 공포가 노출되어 있지 않은, 그리고 죽음의 순간 또는 그 언저리가 중요한 사태가 되고 있지 않은 작품에서도 죽음 체험이 존재한다고 할 수 있는가. 이것이 세 번째 대응에 대해 제기될 수 있는 의문일 것이다.

죽음이 일상이 되는 삶의 조건에서 체험하게 되는 구원으로서의 죽음에서는 역설적으로 '죽는 순간'이 빠진다.[24] 다시 말해, 이 세 번째 대응에서는 대부분 '죽는 순간'은 문제되지 않는다. 또한 그런 만큼 죽음의 순간에 맞게 되는 모든 불편한 정서들, 예컨대 상상할 수 있는 최대한의 고통을 예감하는 공포, '나'라는 실존이 더 이상 존재할 수 없게 된다는 공허감, 가까웠던 사람들과의 모든 유대(紐帶)가 끊어져 버릴 것이라는 고립감, 그리고 남은 사람들이 겪게 될 슬픔으로부터 전이된 서글픔 같은 것들이 더 이상 문제되지 않게 된다.

그 대신에 죽음에의 욕망이 그 자리를 대신한다. 예컨대 「불노리」(주요한)의 시적 주체가 겪는 자살 충동 같은 것이 그것이다.

(전략) 아아 꺾어서 시들지 않는 꽃도 없건마는, 가신 님 생각에 살아도 죽은 이 마음이야, 에라 모르겠다, 저 불길로 이 가슴 태워버릴까, 이 설움 살라버릴까, 어제도 아픈 발 끌면서 무덤에 가보았더니 겨울에는 말랐던 꽃이 어느덧 피었더라마는 사랑의 봄은 또다시 안 돌아오는가, 차라리 속 시원히 오늘밤 이 물속에…… (후략)

곽명숙(2002 : 107)은 이 대목에 나타나는 죽음의 모습에 "가족이나 집단 속에서의 친밀성은 사라졌으며, 죽음을 마땅히 감내해야 할 생명의

용으로 했기 때문에 가능해진다.

24) 반면, '죽는 순간'에 대한 체험 강도가 커질수록 죽음의 구원성은 약해지고 그것의 통과 의례적 성격이 강해짐으로써 오히려 죽음 이후의 세계가 체험 대상으로 강해지는 것이다.

법칙으로 받아들이는 의식도 없다."고 지적한다. 이 죽음은 원래 시적 주체의 죽음이 아니다. 그런데 "'타인의 죽음'에 고착되는 주체의 열정"으로 인해 시적 주체는 자신의 개별성을 체험한다. 그것은 자신이 현실과 맺을 수 있는 모든 유대의 연결 고리가 끊어졌음을 느끼게 된다는 뜻이다.

이 낭만적 관점은 시적 주체가 현실에서 유대의 단절을 느끼게 되고, 공허감과 서글픔을 느끼게 되는 데서 극대화된다. 명시적으로 진술되고 있지는 않지만, 이러한 인식은 오히려 시적 주체가 죽음으로써 원래대로 회복될 것으로 기대하는 것 같다. 이렇게 본다면, 세 번째 대응으로서의 죽음 체험은 시적 주체가 자신의 임박한 죽음 앞에서 갖게 되는 어떤 심리적 과정이라기보다는 죽음에 대한 자신의 인식틀을 전환시킴으로써 죽음에 대한 욕망 혹은 죽음 충동을 제 스스로 촉발하는 과정으로 규정될 수 있을 것이다.

이러한 대응도 두 번째 상상적 대응처럼 실제에서 다양한 변이들을 가질 수 있을 것이다. 하지만 현실이 죽음과 다를 바 없다는 인식을 통해 죽는 순간을 뛰어 넘어버리는 방식은 어느 정도는 강요된 사고의 결과처럼 보인다. 게다가 작품에 따라 선택이 가능한 발화의 기능인 '화자'와는 달리 시적 주체는 안정적인 자기 동일성을 유지하려는 속성이 있어서 인식의 내용이 쉽게 바뀌지 않는다는 특징도 있다.

'나의 죽음'이라는 사태는 어떻게 '우리의 죽음'이라는 사태로 받아들여질 수 있을까. 특히나 현실과 죽음의 경계 무너짐에 의해 물리적 사건으로서의 죽음 체험이 의문시되었을 때, 그리하여 개별자, 곧 유일한 존재로서의 개인이 겪게 되는, 심리적 사건으로서의 죽음 체험이 문제되고 있을 때, 독자는 어떻게 그 죽음 체험의 상상적 대응을 자기 것으로 여길 수 있게 되는가.

아마도 이에 대한 독자의 대응은 투사(projection)가 될 것이다. 하지만 독자가 듣고 보게 될 세계가 이미 죽음 너머의 세계라면, 그 세계는 죽음 체험과 무관한 세계와 어떻게 구별될 수 있을까. 이 의문은 여전히 해소되지 않는다.

❹ 말하지 않음으로써 견뎌내기

무섭거나 두렵거나 그밖에 불쾌를 가져다주는 어떤 대상이나 상황에 직면했을 때 그로부터 벗어나고자 하는 심리 또는 행위를 회피(avoidance)라고 한다. 죽음과 죽음 체험은 회피의 대상이다. 하지만 회피는 무관심과는 다르다. 다시 말해, 회피는 자세(pose)25)의 일종이 아니기에, 그것과 혼동해서는 안 되는 심리적 과정이자 행위이다. 무관심은 기본적으로 자세에서, 그리고 회피는 기본적으로 '표정'에서 나온다.

죽음이 시적 주체의 문제의식 밖에 있는 객관적 사태라고 할 때, 우리는 그의 무관심을 죽음 체험의 정황적 단서가 발견되지 않았다는 판단으로부터 미루어 짐작하게 될 것이다. 곧, 시적 주체는 죽음에 대해 우리가 일반적으로 알거나 이해하는 바와는 다른 자세를 가지고 있다고 여길 수 있다는 뜻이다. 이와는 달리 시적 주체의 회피가 죽음 체험에 대한 상상적 대응을 유보하고 있다면, 적어도 이 사태는 작품 내에서 죽음 체험의 정황적 단서가 발견될 수 있음에 대한 증거가 될 것이다. 이렇듯 '말하지 않음'은 죽음에 대한 다른 자세에서 비롯된 것일 수도 있고, 혹은 죽음에 대한 다른 태도에서 비롯된 것일 수도 있다.

회피에 대해 생각해 보자. 어째서 시적 주체는 죽음 체험에서 벗어날

---

25) 자세(pose)는 주체의 심리적 태도를 말한다. 표정(gesture)과는 달리 내적이며 지속적이고 일관적이다. 자세와 표정은 각기 마음가짐과 몸짓으로 구별되기도 하고, 심리적 태도와 행위적 태도를 구별되기도 하며, 본심과 의장(意匠)으로 구별되기도 한다.

수 없음에도 불구하고 굳이 회피하는가. 그게 아니라, 어째서 시적 주체
는 죽음 체험에 대한 상상적 대응 방식으로 회피를 선택했는가. 그것이
시적 주체에게 가져다주는 이익은 무엇인가.

지글러(Ziegler, V. P.)는 자본주의 사회에서는 죽음의 유의미한 통합이
거의 불가능하다고 주장한다(천선영, 2000 : 153 참조). 그에 따르면, 이 사
회는 죽음을 아무것도 아닌 것 그 자체로 여기며 금기시한다. 개별자들
은 공동체적인 삶을 살고서는 홀로 죽음 앞에 내던져진다. 그는 죽음 앞
에서 자신의 존재적 가치를 묻지만 어떠한 대답도 얻지 못하고 어떠한
지위도 부여받지 못한다.

고독한 공간에 홀로 내던져진 존재의 죽음 체험은 두렵고도 외로운
일이다. 개별자들은 자기의 삶과 죽음에 의미를 부여하려고 애를 쓴다.
또한 죽음을 지연시키거나 유보시키려는 영생 불사의 끝없는 노력을 기
울인다. 물론 그 노력이 실패로 끝난다. 죽음 또는 죽음 체험에 대한 관
조나 성찰은 죽음의 물리적 사건과 심리적 사건 간의 시공간적 간극이
형성되지 않기 때문에 불가능하다. 이는 시적 형상화가 원천적으로 불가
능하다는 것을 의미한다.

시적 주체는 죽음을 막을 수도, 선선히 받아들일 수도 없는 아이러니
앞에서 죽음 체험에 대한 회피를 선택한다. 무관심한 척하는 방식이다.
하지만 이 무관심한 척하는 표정은 죽음을 말하지 않는 것을 의미한다
기보다는 죽음 체험의 공포를 짐짓 남의 것인 양 미루어두는 것을 의미
한다.

　　찢어진벽지(壁紙)에죽어가는나비를본다.그것은유계(幽界)에낙역(絡繹)
　되는비밀(秘密)한통화구(通話口)다.어느날거울가운데의수염(鬚髥)에죽어
　가는나비를본다.날개축처어진나비는입김에어리는가난한이슬을먹는다.통

화구(通話口)를손바닥으로꼭막으면서내가죽으면앉았다일어서드키나비도
날라가리라.이런말이결(決)코밖으로새어나가지는않게한다.26)

「시제십호(詩第十號) 나비」는 일상 언어처럼 읽히지 않는다. 게다가 작
품이 발표된 무렵에는 근대시의 관습으로 거의 자리 잡았던 호흡의 길
이와 띄어쓰기, 행과 연의 배열, 시적 발화의 전개 방식 등도 대부분 위
배하고 있다. 읽기도 힘들지만, 쓰려는 데에도 각별한 주의가 요구되었
을 것이다. 이러한 진술은 듣기도 힘들지만, 말하기에도 어려움이 따르
는 법이다.

그런 만큼 발화 내용의 의미를 묻기 전에 먼저 발화 표현의 의미를
물어야 한다. 띄어쓰기의 일반 규칙은 차치하더라도 근대시 형성 초기에
시도되었던 호흡 단위의 띄어쓰기조차 취하지 않았던 것은 어떤 의미인
가. 아마도 그것은 이 작품의 진술이 하나의 호흡 내에 이루어져야 함을
강조하는 의미가 있었을 것이다. 이 단일한 발화란, 은유적 계열축을 의
도적으로 무시한 채 환유에 의한 통합축만으로 이루어진 병치된 진술을
뜻한다.27)

좀 더 구체적으로 추정하자면, 우선, 시적 주체는 청자에게 진의(眞意)
를 요구하지 말라고 요구하는 중이다. 계열체들이 만들어가는 맥락을 통
해 그 의미를 명료화하거나 구체화하지 말고, 자신의 진술을 있는 그대
로 받아들이라는 것이다. 독자가 이 요구에 화답하려면, 각 발화 단위들
은 그 자체로 이해되어야 한다. 물론 이러한 이해가 쉬운 일은 아니다.
다음으로 시적 주체는 청자에게 그의 진술을 한 호흡으로 수용하라고

---

26) 이상, 「시제십호(詩第十號) 나비」, 『조선중앙일보』, 1934. 7. 24.−8. 8.
27) 이 부분의 원래 진술은 통합축 없는 계열축이 있다는 것으로 되어 있었으나 잘못 표현한
　　것이었기에 바로잡았다.

요구하는 중이다. 독자가 이 요구에 화답하려면, 진술 맥락은 뭉뚱그려져 하나의 복합적인 심상으로 응축되어야 한다.

첫 번째 요구에 따라 각각의 발화 단위들을 이해해 보자 : '나비'는 '통화구(通話口)'이다. '나비'는 '거울 가운데의 수염(鬚髯)'에 있고,[28] 거기서 입김을 내뿜는다. 이 입김은 소통 관계의 양 항 사이에 이항 대립적 관계를 설정한다. '나비'는 죽어가고 있고, '입김'은 '나비'를 살린다. 만약 입을 막으면 '나비'는 날아갈 것이다. '나비'가 날아가면 비밀스런 세계와의 비밀스러운 통로는 차단되고 만다. 하지만 입을 열어 '입김'으로 '나비'를 살린다면, 이 비밀스러운 말은 밖으로 새어나가게 된다.

두 번째 요구에 따라 진술 맥락을 통합해 보자 : 이 작품에서의 관건은 나와 '유계', 그리고 나와 '밖'의 거리 조정이다. 이것은 '나비'가 죽느냐, 혹은 '나비'가 날아가느냐를 결정할 수 있는 매우 미묘하고 문제이다. 만약 유계와의 거리가 가까워지면, 나는 죽음을 맞을 것이다(숨을 쉴 수 없게 될 것이므로). 반면에 밖과의 거리가 가까워지면 비밀스러운 영혼의 세계와는 단절될 것이다(나비가 날아가게 될 것이므로). 어쩌면 정신적 삶과 생물학적 삶 사이에서 위태로운 줄타기를 해야 하는 상황처럼 보이기도 하지만, 정작 더 중요한 것은 나비가 곧 조영(照映)된 '나'라는 점이며, 드러내지는 않았지만 그것이 어느 쪽이든 나의 죽음과 관련된다는 점이다.

정신과 신체가 조화로운 합일이라는 중세적 이념을 더 이상 유지할 수 없게 된 근대인에게 죽음은 자신의 발견이나 귀향 같은 회복의 메시지를 갖지 않는다. 반면에 그저 '아무 것도 아닌' 것으로 되돌려지는 '범속한 죽음(Der banale Tod)'(천선영, 2000 : 151)은 근대인에게는 근본적 문제

---

28) 「봉별기」(이상, 1936)의 첫 대목에는 다음과 같은 내용이 나온다. "나는 어쩌는 수 없이 그 나비 같다면서 달고 다니던 코밑수염을 아주 밀어 버렸다."

상황으로 이해된다. 시적 주체가 이 작품에서 주제로 삼은 것도, 작품의 해석적 맥락을 고려해 보건대 근대적 죽음이 갖는 의미이다.

하지만 여전히 해결되지 않은 문제도 있다. 작품의 주제를 근대적 인간의 죽음에 맞추었을 때, 체험 주체로서의 시적 주체는 이 주제의 한 단면만을 경험하게 된다는 것이다. 시적 주체는 개별자로서의 '나'일 뿐이요, 나의 죽음은 나 외에는 체험할 수도 공감할 수도 없을 뿐 아니라 오히려 금기시되는 대상이기 때문이다.

따라서 시적 주체는 자신의 죽음 체험이 갖는 소통 불가능성에 대해 오히려 무관심한 척하는 표정을 보이면서 개인화된 공포와 허무를 이겨내려고 한다. 그렇기 때문에 독자로서는 그 체험의 내용을 알 수 있는 가능성이 원천적으로 배제되며, 시적 주체는 이를 통해 자신의 죽음을 신비화하거나 혹은 특별한 것으로 만들 수 있다. 형상화보다는 암호화의 상상적 대응을 하게 된 배경인 것이다.

앞서 살펴본 네 가지 상상적 대응은 두드러진 예시일 따름이다. 이것이 일종의 유형―그것도 네 가지만 존재하는 유형―이 될 수 있을지는 단언할 수 없다. 더 많은 사례들이 있어야 하며 적절한 안배를 통해 분류될 수 있어야 한다. 그런데 문제는 이러한 대응 양상들의 유형화 가능 여부가 아니라 해당할 만한 작품들의 존재성 여부이다. 이 말은 뒤집어 말하자면, 죽음에 직면하고 있든, 혹은 어느 정도 거리를 두고 있든, 죽음 체험 그 자체에 집중하고 있든, 혹은 그 이후에 집중하고 있든, 그 체험의 상태를 보고하고 있든, 혹은 체험의 상태를 보이지 않고 있든 간에, 죽음 체험에 대한 상상적 대응에 값할 만한 작품들의 수가 많지 않다는 것이다.

전술하였듯이 문학교육에서 죽음 체험은 본질적으로 죽음의 정서적

체험이다. 그것은 추체험만을 갖게 될 수밖에 없지만,[29] 독자와 시적 주
체 간의 체험의 전면적 일치의 가능성도 열려 있는 추체험이어야 한다.
하지만 실제로는 그렇지 못하다.

　두 번째와 세 번째 대응은, 어떤 의미로 보든 간에, 죽음을 긍정하려
는 시적 주체의 태도가 죽음 체험의 고통을 완화할 독립된 수단들을 마
련한다. 독자는 그 목소리를 힘들어도 참으며 들을 수 있다. 죽음의 지
속 상태가 평화롭다면 그나마 나은 것이고, 설령 고통스럽더라도 그 너
머의 세계에 기꺼이 동참해 줄 자세를 갖게 된다. 하지만 독자는 죽음
체험에 동참하지는 못한다. 좀 더 정확하게 말해서, 두 번째와 세 번째
대응에는 죽음 체험에서 비롯되는 불편한 정서들과의 조우가 없다. 시적
주체가 죽음 이후(또는 죽음의 상태)에 오히려 주목하고 있기 때문이다. 이
는 현실 세계에서 사람들이 죽음으로 인해 갖게 되는 공포나 허무, 단
절감, 고립감, 서글픔 같은 감정 또는 정서적 국면에 독자들이 접근하기
어렵다는 것을 의미한다.

　첫 번째와 네 번째 대응은 시적 주체가 죽음 체험에 직면하고 있는
경우를 보여준다. 그 중 하나는 묵시적 환영 속에서 죽음을 체험하는 것
이며 다른 하나는 죽음을 체험하고는 있으나 이를 암호화하여 드러내지
않는 것이다. 묵시적 환영이란 '죽음 체험의 견딜 수 없음'을 우회하는
방식이다. 전위를 통해 죽음을 다른 어떤 것으로 바꾸어 생각하는 방식
이며, 따라서 이것은 어쩌면 퇴행과 유사한 양상으로 나타난 것이라 할
수도 있다. 죽음 체험 자체가 견뎌내기 어려운 것이기에 이 두 가지 대

---

29) 문학에서의 체험은 텍스트를 해독하면서 상황을 이해하고 이를 상상적으로 재구함으로써
　　상상하게 되는 과정적 특성으로 인해 본질적으로 추체험이 될 수밖에 없다(최지현, 1999
　　a : 264). 그러나 죽음 체험은 근본적으로 체험 자체가 일회적이고 회귀 불가능한 것이라는
　　점에서 선체험이나 동시 체험이 불가능하기 때문에 추체험으로써의 중요성이 강조되는 것
　　이다.

응은 모두 일종의 회피로서의 표정을 지니고 있다고 볼 수 있다. 그렇다면 이번에는 소통이 문제가 된다. 시적 주체에게 체험된 것이라 하더라도-물론 그것들은 어느 정도 변형된 것이겠다-, 독자에게 도달하지 못한다면, 결국 이번에도 독자는 죽음 체험을 의사-체험하거나 추체험하기 어렵다는 의미가 된다.

[그림 10] 죽음 체험에 대한 독자의 대응 전략

시적 주체의 죽음 체험이나 그에 대한 상상적 대응에 대해 독자가 의사-체험이나 추체험을 하지 못하는 상태, 곧 죽음 체험의 '상상할 수 없음'의 사태는 근본적으로는 죽음 체험이라는 것의 시적 형상화가 어렵기 때문이다. 즉, 형상적 질서에 따라 작품의 상상적 세계를 대할 때 그로부터 비롯되는 체험에는 죽음 체험이 포함되기 어렵다는 뜻이다.

하지만 한편으로 생각하면 의사-체험이나 추체험을 통해 죽음 체험을 갖게 되지 못하는 것은 시적 주체의 상상적 대응이 불완전해서가 아니라 오히려 독자들이 시적 주체의 상상적 대응으로부터 독자 자신의 죽음 체험을 구성해 내지 못하는 억압 기제가 있기 때문일 수도 있다.

이는 현실의 어떤 사태도 완벽하게 모사하지 못하면서도 어떤 사태에 대해서는 우리가 문학에서 마치 실제와 같은 상상적 체험들을 갖게 되기도 한다는 점에서 충분히 짐작할 수 있는 것이다. 이때의 상상적 체험은 전체상의 모사나 재현만을 단서로 삼는 것이 아니라 어떤 경우에는 국부적인 맥락이나 모티프 등에 연관된 관념들을 단서로 하여, 심지어는 이것들과 전혀 무관한 다른 맥락이나 모티프에 연관된 관념들을 단서로 하여서까지 상상적 체험을 하게 되기도 한다.

이를테면 죽음에 이르게 된 배경을 놓고 볼 때, 세 번째 대응과 네 번째 대응은 '사회적 죽음(Der soziale Tod)'(천선영, 161−164)과 연결될 수 있다. '사회적 죽음'이란 죽음이 한 개인이 아닌 사회의 책임으로부터 비롯된 것을 말한다. 만약 독자가 죽음에 직면한 시적 주체에게서 죄책감이나 공허감 같은 개인적 차원의 감정을 공체험할 수 없다면, 동시에 그 것이 죽음을 아무것도 아닌 것으로 만들어 버리는 사회적 억압의 기제이기도 하다는 것을 자각하게 된다면, 독자 자신은 죽음의 전체상을 보게 될 수도 있고 또는 죽음의 의미를 회피하지 않고 대하게 만들 수도 있다. 이와 같은 독자의 자세(pose) 변화는 죽음을 죽음은 열망하거나 무관심한 척하며 회피해야 할 대상이 아니라 긍정해야 할 삶의 방식으로 인정하게 만들 수 있다. 또한 죽음 체험이 야기하는 불편한 정서들에 담긴 진실을 숙고하게 될 수도 있다.

다. 불편한 정서의 사회적 의미

시적 주체가 죽음을 체험했을 것이라고 판단할 수 있을 만한 객관적인 증거를 작품으로부터 찾는다는 것은 쉽지 않은 일이다. 시인 자신이 이를 따로 밝혔더라도 그것이 실제 체험으로 존재하게 될지를 단정하기란 어려울 수밖에 없다. 따라서 대상 작품의 선정에 어느 정도 한계가 있을 수밖에 없음을 전제하고, 그 대신 일반적인 평가에서 시인의 죽음과 긴밀하게 연관되어 있다고 평가되는 작품들을 대상으로 삼아 각 작품에 나타난 시적 주체의 상상적 대응을 살펴보고자 한다.

다만 다음과 같은 유형에 속하는 작품들은 대상 작품에서 제외한다. 첫째, 타자의 죽음을 다룬 작품들은 제외한다. 예컨대 김춘수의 『쉰한 편의 비가』(2003)에 실린 연작들은 아내의 죽음을 다루고 있지만, 오히려 강조되고 있는 것은 아내의 죽음으로 생긴 '빈자리'와 그로부터 비롯되는 '부재 의식'이다.

둘째, 타자의 죽음을 계기가 되어, 혹은 죽은 타자와의 만남으로 인해 시적 주체가 삶과 죽음의 경계 속에 놓이게 된 상황에서 오히려 시적 주체가 자신의 살아있음을 의식하게 되고 그로부터 주제적 정서가 발현되는 작품들은 제외한다. 예컨대 앞서 언급한 정지용의 「유리창(琉璃窓) 1」(1935)은 이와 같은 이유로 분석 대상에서 제외한다. 왜냐하면 이 작품에서는 시적 주체가 '죽음'이 아닌 '살아 있음'으로 인한 고독감이나 슬픔 같은 감정을 갖고 있는데, 이는 유리창이 죽은 아이와의 단절적 거리를 만들어내면서 시적 주체의 살아있음을 각성시키기 때문이다.

셋째, 타자의 죽음이 아닌 경우라 하더라도, 명백히 작품의 주제와 거리가 먼 소재 차원의 죽음이 다루어지고 있는 작품들은 제외한다. 예컨대, 『외로우니까 사람이다』(정호승, 1998)에 실린 「종소리」에서 죽음은 생명의 존재적 완성을 의미한다. 시적 주체에만 적용되는 것이 아니라 인간 일반에 대해서도 그러하며, 새들에 대해서도, 심지어는 풀잎들에 대해서까지도 그렇게 말할 수 있다는 것이다. 그래서 시 제목이기도 한 '종소리'는 이 모든 것의 죽음의 시점에 등장하는 계시적 상징으로서 기능하기도 한다. 이때 죽음은 체험 대상이 아닌 심상으로서 수용되며, 따라서 시적 주체의 죽음과는 무관하다.

넷째, 시적 주체 자신의 죽음 체험을 다룬 작품이라 하더라도, 진술 상황에서 이미 과거의 사건으로서 다루어지고 있는 경우에는 제외한다. 만약 현실의 사건이라면 이미 죽어 버렸을 것이므로 죽음에 대해 말하는 것이 불가능한 사태가 될 것이며, 그렇지 않고서는 진술 시점에서 이미 죽음 이후의 사건, 즉 부활의 사건이 초점화되고 있을 것이기 때문이다. 예컨대, 「병(病)에게」(조지훈, 1968)에서 '병'은 "불길한 그림자"(죽음)를 이끌고 오는 존재이다. 그렇기에 먼저 시적 주체는 육체를 아프고 힘들게 만드는 원인으로보다는 오히려 죽음의 사자로서 병을 생각한다. 아마도 시적 주체로서는 담담히 죽음을 받아들일 수밖에 없게 되었다고 여기게 만든 중병이 있었을 것이다. 하지만 시적 주체가 "가슴을 헤치고" 병에게 자신을 내어맡기는 지경이 되었을 때, 그제야 병은 물러서며 시적 주체에게 "생(生)의 외경(畏敬)을 가르"친다. 여기서 시적 주체와 병의 관계가 재설정되고 있다. 증후로서의 병은 죽음 체험이 가져다주는 생의 사건이 되고 있는 것이다.

이렇게 네 가지 제한 조건을 놓고 보면, 결국 여기서 '죽음'이란, 시인의 삶에 이미 중대한 문제 상황으로 존재하고 있는 것이며, 그 문제 상황은 곧 닥칠 것이기에 피할 수도 없는 숙명으로서 여겨지는 것이고, 시인의 삶과 동일성 관계로 가정된 시적 주체에게 또한 실제적인 문제 상황으로 여겨지는 것이다.[30]

한 개별자에게서는 반복될 수도 없고 이미 경험했을 수도 없는 죽음이 바로 그 개별자에게 중대한 문제 상황이 될 수 있는 근거는 무엇인

[30) 그렇다고 시인에게 숙명인 죽음 체험이 시적 주체에게도 동일하게 숙명으로 작용할 것이라고 단정하기는 어렵다. 문학적 체험에서는 그 대응이 변형이나 회피의 방식으로도 나타날 수 있기 때문이다.

가. 그것은 죽음이 삶의 근본 조건이기 때문이다. 쉘러(Scheler, Max)에 따르면, 인간의 의식에는 죽음을 직접적이며 직관적으로 수용하는 지식의 현상학적 기본 형식이 있다고 한다. 인간은 유기체로서의 근본적 유한성을 직관적으로 파악하기 마련이며, 그에 따라 누구에게 배우지 않더라도 죽음이라는 생물학적 확실성을 자신의 삶의 근본 조건으로 삼게 된다는 것이다(김균진, 2001 참조). 쉘러와 유사하게, 하이데거 역시 죽음이 인간 존재를 드러내는 계기라고 본다(박찬국, 2004 : 106 참조).

이렇게 죽음이 삶의 근본 조건이라면, 모든 작품에는 직접적이든 혹은 간접적이든 간에 죽음 체험의 흔적이 담겨 있는 것으로 보아야 하지 않는가 하는 의문이 생길 수도 있다. 만약 그렇다면, 결과적으로 죽음과 마주대하고, 그로부터 야기된 불편한 정서들을 만나게 되는 작품들을 그렇지 않은 작품들과 어떻게 구분해 내기는 어려울 수밖에 없을 것이다. 하지만 몇 가지 단서들을 추가함으로써 이 의문은 해소할 수 있을 것이다.

죽음을 생물학적, 또는 실존론적으로 보는 쉘러나 하이데거와는 달리, 죽음 체험이 사회적으로 관리된다고 보는 관점에서 아리에스(Aries, P.)는 죽음에 대한 의미 부여가 시대마다 달라지는 양상을 보인 바 있다. 그에 따르면, 중세 초기에서 근대에 이르기까지 유럽에서 죽음은 크게 네 단계의 의미 변화를 겪었다고 한다. 전통적인 의미의 죽음은 삶과 죽음 사이의 단절감을 갖지 않았던 가족적이고 친밀한 죽음으로서 집단적이고 공적인 성격을 지니고 있었으나 12－15세기 무렵에는 삶을 비추어보는 거울로서 죽음을 이해하게 되면서 개인적인 성격을 갖게 되면서 차츰 인간 존재의 유한함을 자각하게 되었고, 16세기 이후로는 차츰 죽음에 대한 낭만적이며 환상적인 사고가 확대되면서 죽음과 삶을 대비해 이해하는 경향이 늘어났다고 한다.

이 경향은 특히 죽은 자에 대한 관심의 증대와 죽음에 대한 미학적 의미 부여로 이어졌다(Aries, 위의 책, 50−65). 네 번째 의미 변화는 19세기 이후의 근대 사회와 관련되며, 죽음의 개인화(Individualisierung)로 특징 지어지는데, 그는 이때부터 죽음이 개인화되면서 거부되어야 하는 것, 수치스러운 것, 비밀스럽게 감추어져야 하는 것, 금기시되는 것으로서의 의미를 갖게 되었다고 말한다(Aries, 앞의 책, 70).

근대 사회에서의 죽음이 갖는 개인화된 특성은 문학에서 죽음이 미학적인 주제로 선택되기에 이른 이유를 설명해 준다. 근대에 와서 죽음은 유일하고 절대적이며 그 자체가 극적인 것으로 여겨졌다. 미루어 짐작해 보건대, 이러한 까닭에 죽음의 사태가 근대시에서 체험의 대상이 되었을 때에는 여기에는 몇 가지 특징적인 양상을 갖게 되었을 것이다. 우선, 거부되고 금기시되었어야 할 죽음 체험이 시적 주체에게 절박한 문제 상황이 됨으로써 비롯되는 아이러니이다. 죽음 체험의 내용은 드러낼 수도 그렇다고 감출 수도 없는 감정과 관련된다.

개인화된 죽음은 어쩔 수 없이 자기 긍정의 문제와 관련된다. 죽음은 삶의 실패로 여겨질 수 있고, 그것은 유일한 주관자인 자기 자신의 실패로 이어질 것이기 때문이다. 따라서 완전한 자기 부정에 이르는 죽음 충동이 체험의 내용이 되는 경우에도 적어도 그것이 자기 긍정에 위반된다는 것을 의식하지 않을 수 없을 것이다. 그렇다면 이것조차도 중요한 시적 주제가 될 것이다.

근대시의 출발이 죽음을 미학적 대상으로 삼아 이루어지는 것과 죽음이 체험 대상으로 시적 주체에게 인식되었다는 것은 별개의 문제이다. 만약 시적 주체가 죽음에서 한 발 물러서 체험보다는 관찰의 대상으로 삼고자 한다면 죽음의 유일성은 그만큼 감소될 수밖에 없다. 또한 죽음의 절대성 역시 줄어들게 되는데, 그것은 보편적 인간이라거나 절대화된 개인31)의 죽음이 가졌던 절대성과는 다른 맥락에서 개인화된 죽음이 갖는 절대성이기 때문이다. 따라서 이 역시 아이러니컬한 상황에 놓여 있다고 할 수 있다. 심미적 형상화와 죽음 체험은 선택적인 것이 되고, 이는 시적 주체에게는 어떻게 해서든 해소해야 할 모순이 된다.

공히 문제적인 이러한 양상들은 근대시에서 시적 주체가 죽음 체험에 임하는 네 가지 상상적 대응의 방식을 특징적인 것이 되게 한다. 그 중 하나는 본질적으로 '퇴행'이며, 다른 세 가지는 '회피'이다. 이런 까닭에 일반적으로는 상상적 대응 자체가 오히려 죽음을 '상상할 수 없음'을 제도화하는 강력한 근거가 되는 것으로 보인다.

---

31) 타자일 수밖에 없는 이 개인은 추모와 흠모와 열망의 대상이 되는 절대화된 존재의 의미를 지닌다. Aries(위의 책, 65) 참조.

IV. 향유

국어 선생님께서 윤동주의 「별 헤는 밤」을 읽어 주셨을 때
정윤은 갑자기 주위에 아무도 없는 것 같고 머리 위로는 별들이 운행하며
뭐라 설명할 수 없는 아련한 감정이 생겼다.
자신이 앉은 언덕 뒤에서 '패(佩), 경(鏡), 옥(玉),
이런 이국 소녀
들의 이름과, 벌써 아기 어머니 된 계집애들의 이름과,
가난한 이웃 사람들의 이름과,
비둘기, 강아지, 토끼, 노새, 노루, '프랑시스 잠', '라이너 마리아 릴케',
이런 시인의 이름을 부르는 나긋한 목소리가 들렸다.
정윤은 문학이 '토끼 구멍'(『이상한 나라의 엘리스』)이나
'옷장 문'(『나니아 연대기』) 같은 것처럼 느껴졌다.
작품을 읽어 주실 때의 국어 선생님의 얼굴 표정과 몸짓과
마음에서 우러나오는 듯한 분위기는
평소 국어 선생님의 정신없이 바쁜 일상에서는 대할 수 없는 것이었다.
정윤은 문학을 사랑하고 즐기는 것이 무엇인지 느낄 수 있을 것만 같았다.
자기 자신도 문학을 통해 다른 사람이 될 수 있을 것만 같았다.

문학의 내면적 형성

이글튼(김명환 역, 1989)이 논한 대로 문학이 그것을 문학이라고 약속하는 것에 의해 규정된다면, 우리가 문학을 아는지는 어떻게 알 수 있을까? 또한 우리가 문학을 안다는 것이 가치 있는 행동이나 삶에 어떻게 영향을 미치는지는 무엇으로 판단할 수 있을까? 이글튼의 주장이 문학에 대한 주관적 관념론을 대변한 것이 아니라 오히려 그러한 약속에 자리 잡고 있는 당대 사회의 제도적·이데올로기적 가치 체계를 유표화하고 상대화하는 것이지만, 그럼에도 불구하고 여전히 우리는 문학을 무엇이라고 말해야 할지 어렵기만 하다. 설령 그것이 상상적인 글이나 특별한 언어 형식을 가리키는 것으로 약속이 되어 있든, 혹은 세상의 온갖 실용적 담론들과 담을 쌓은 성채 안에서 소수의 권위 있는 저자들에 의해 인증 받은 고결하고 기품 있는 문장으로 제한되어 있든, 아니면 다른 어떤 것이든 간에 상관없이, 문학이 그렇게 규정되어 있다는 것과 '문학은 무엇인가'가 제기하는 가치의 성격은 독립적인 문제이다.

우리가 텍스트의 의미를 이해하려고 하고 작품의 가치를 평가해 보려고 하며 작품세계를 경험하려고 하는 것은, 문학이 우리를 끌어당기는,

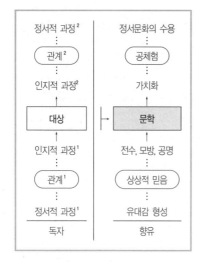

[그림 11] 향유 단계의 심리적 과정

혹은 우리가 문학에 매혹을 느끼는 무엇이 있으며, 우리가 그 '무엇'을 문학의 가치로서뿐 아니라 문학을 규정하는 주요한 판단 근거로서 인정하고 있기 때문이다. 그런데 문학에 대한 지식이 안정적이지 못하다면, 우리의 문학 향유를 합당하게 설명할 방법도 없는 것이 아니겠는가? 이 순환적 모호함과 혼란으로부터 벗어나서 우리가 선택할 수 있는 다른 해결책은 질문의 대상을 제도로서 존재하는 문학에서 작용태로서 존재하는 문학으로 바꾸는 것이다. 이것은 추상적 관념으로서의 문학이 아닌 향유 주체인 독자에게 내면화된 문학에 대해 질문하는 것이며, 문학이 독자의 내면적 성장과 어떤 관련을 맺는지에 대해 질문하는 것이기도 하다.

이 질문이 독자와 관련되어 있으므로, 이제 문학의 실현을 독자와 문학의 거리 간의 관계에 초점을 두고 살펴보게 될 것이다. 독자와 작품의 거리를 기준으로 보면, 문학의 실현은 문학 텍스트가 문학 작품으로 의미화되고 작품세계로 내면화되며, 최종적으로 가치화된 문학이 되는 과정이다. 문학의 정체로부터 문학의 가치가 확인될 수 있다면, 우리는 발달에 대한 문학교육적 관점을 제대로 수립할 수 있을 것이다.

가. 일차적 욕망 : 동일화, 혹은 대리

문학이 인간에게 가치 있는 체험을 제공하는 것은 앞서도 말했듯이 직접적이지 않다. 현실이 아니기 때문이며, 독자가 그것을 현실과 혼동하지 않기 때문이다. 독자는 문학 속에서 일어나는 일들이, 곧 상상된 체험이 실제로는 일어나지 않을 것임을 알기 때문에 오히려 그 가능성을 기꺼이 즐긴다(Gribble, J., 나병철 역, 1987). 만일 독자가 현실과 텍스트의 내용을 혼동한다면, 작품 속의 인물이나 시점(혹은 시적 주체)과 자신을 혼동함으로써 정체성을 상실해 버리고 마는 일이 발생하게 될 것이다. 상상된 체험에서 흔히 '동일시(identification)'라고 명명되는 대체 현상은 그것이 태도(pose)나 전략이 아닌 이상 정신적 장애일 뿐이다.

문학 텍스트를 처음 만났을 때, 독자는 그것을 이해 가능한 대상으로 삼고 싶어 한다. 은유도식과 언어 맥락에 대한 이해에 이르면 문학 텍스트를 더 충실하게 읽어 내고자 한다. 이것은 하나의 완성품으로서의 문학 작품을 기대하는 욕망이자, 작품을 완전히 설명할 수 있는 상태로 만들고자 하는 욕망이다.

이 욕망은 독자인 '내'가 작품과 관계를 맺을 때, 시인/작가의 시선과 동조되기 쉽기 때문에 발생한다. 문학 작품이 가진 특징 중의 하나는 (현실을 강하게 암시하는 경우에조차) 현실과는 독립된 하나의 세계를 예시하게 된다는 것인데, 이는 매우 강력한 실재감을 가지고 있어서 그 세계 밖에 있는 독자로서는 단지 작품의 의미만 풀어내고 있는 것에 만족할 수 없게 만든다. 또한 예시된 세계는 자족적이고 완결되어 있어서 독자로 하여금 그 세계를 남김없이 이해할 수 있다거나 혹은 이해할 수 있어야 한다는 관념에 강박되기 쉽게 만든다. 이러한 배경에서 독자는 쉽게 시인/작가의 시선에 동조된다.[1]

이 욕망을 '동일화' 혹은 '대리'라고 부를 수 있을 것이다. 보통 문학

---

[1] 시인/작가에 대한 선이해가 이 과정을 촉진시킨다.

작품을 읽을 때 가장 먼저 나타나는 욕망이기 때문에 일차적 욕망이라 부를 수 있다. 여기서 욕망 대상과의 비분리를 뜻하는 동일시는 자아의 망각을 통해 욕망 대상이 주체를 대리하는 양상이기도 하다. 그래서 독자로서는 시인/작가에 동일화 욕망을 갖는 것이고 이를 뒤집어 보면 시인/작가가 독자의 자리를 차지하게 되는 것이다. 이에 따라 작품을 통한 시인/작가의 욕망 충족을 독자는 자신의 욕망 충족으로 오인하게 된다. 이러한 까닭에 욕망 실현의 동기는 가장 강력하지만 가능성은 가장 취약한 관계가 형성되는 것으로 평가된다.

나. 이차적 욕망 : 타자되기

작품의 의미가 남김없이 해석될 수 있다면 동일시에 따른 주체의 망각은 작품에 대한 상상적 체험이 끝난 다음이라도 유지될 수 있다. 실제로 몰입도가 매우 높은 작품을 감상한 다음에는 현실의 논리와 체험 주체로 돌아오는 것이 오히려 낯설거나 어색하게 여겨질 때가 있다. 하지만 작품의 의미가 남김없이 해석될 수 없는 현실은 동일화의 욕망을 좌절시킨다. 이때 독자는 작품 읽기를 중단하는 방식으로 실현되지 않는 욕망을 포기할 수도 있고 다른 은유도식을 통해 특정한 인물 역할을 수용함으로써 욕망 충족을 새롭게 시도할 수 있다.

문학을 통한 타자되기는 문학적 욕망이자 문학 체험의 효용의 하나이기도 하다. 독자는 문학을 통해 한계를 갖지 않는 폭넓은 경험을 할 수 있다. 이 경험은 독자의 육체가 가진 시공간적 한계를 넘어서는 것이라는 점에서 매우 진취적인 삶의 동기로서 존재하며, 타자되기를 통해 타인에 대해 이해할 수 있게 된다는 점에서 중요한 교육적 원리로서도 인정된다.

타자되기라는 이차적 욕망은 일정한 수준 이상의 문학능력을 요구한다. 문학 체험을 통해 타자가 되기 위해서는 먼저 타자에 대한 공감이 필요하며(정서 재인), 이에 바탕을 둔 주체가 되어야 하고(역할 수용), 그 주체로서 체험할 수 있어야 하기 때문이다(내면화). 그런데 이 과정이 실제로는 용이하지는 않다. 본질적으로 타자되기는 주체의 타자성에 기댄다. 다시 말해, 독자 자신이 자신을 대상으로서 볼 수 있어야 하는 것이다. 그런데 만약 이 과정에서 여전히 현실의 독자가 남아 있게 된다면, 타자되기는 단지 타자의 의장(意匠)을 갖춘 가면놀이와 같게 될 수 있다.

타자되기를 통해 독자는 시인/작가의 시선을 가진 인물이나 주체(서정적 주체, 서술자, 혹은 카메라 같은)를 대상으로 할 수도 있지만(공감을 통해) 그 외의 인물이나 주체도 가능하며, 심지어는 독자 자신이 임의로 투사한 존재가 그 대상이 될 수도 있다(거리두기를 통해). 이때 비록 독자가 수용한 역할이 작가에 초점화되어 있지 않았던 인물이었다고 할지라도 형상화되지 않은 모두 세부들이 구체적인 현실처럼 살아나야 한다. 작품에서 어떤 특정한 역할을 수용하든 그것이 상상적 체험이 되기 위해서는 독자에게 그 인물이 전유되어야 하며, 그 인물의 세계가 충분히 조망되어야 한다.

다. 삼차적 욕망 : 문학적 자아의 형성

누군가가 되어 보는 것은 자신의 육체와 생활공간의 제약을 벗어나는 가슴 두근거리고 신나는 일이 될 수는 있겠지만, 조만간 거기서 반드시 돌아와야 한다면 그다지 반가운 일이 될 수는 없을 수 없다. 신데렐라가 무도회의 밤 12시를 맞았을 때의 감정도 비슷했을 것이다. 문학을 통한 상상적 체험이 그와 비슷해서, 작품세계의 누군가가 되었다가 돌아오는 길에 만나게 되는 것은, 자신은 다른 누구도 아닌 현실의 자기 자신이라는 확인이다. 이것은 한편에서는 다행스러운 일이 될 수도 있지만, 다른 한편에서는 불행이 될 수도 있다.[2] 이런 맥락에서 '타자되기'는 결국 가능성과 한계가 공존할 수밖에 없는 문학적 욕망의 추구인 셈이다.

그런데 문학적 체험이 축적되고 이 과정에서 작품세계가 세계를 예시하며 전체성을 가질 수 있게 되면, 독자는 이러한 보편적 가치에 바탕을 두고 작품세계뿐 아니라 이를 통해 실현되는 문학을 지식이 아닌 체험으로서 내면화할 수 있게 된다. 문학은 해독해야 할 글이나 해석해야 할 담론의 차원을 넘어서 향유할 문화이자 삶으로서 구체화된다.

작품세계의 내면화와 문학의 내면화는 어떻게 구분되는가. 이를테면 이러한 문학의 내면화를 통해서 작품세계의 인물들은 개별 작품의 완전하고 독립적인 세계를 뛰어넘어 다른 세계의 인물들과 만나게 된다. 예컨대, 홍길동과 전우치, 박씨 부인, '우리 오빠'[3]와 '장총찬'[4] 등은 영웅의 모습으로 독자의 내면에서 하나의 영웅상을 만들어낸다.[5] 악인, 소시민, 실연의 아픔을 겪는 청년, 삶의 기로에 몰린 고독자 같은 문제적 인물들도 이와 같이 방식으로 독자의 내면에 자리를 잡고 작품 읽기를 통해 체험하게 되는 다양한 인물들의 이해의 바탕이 된다. 무엇보다 중요

---

2) 작품세계를 통한 상상적 체험은 본질적으로 일시적이다. 이 체험이 끝나고 독자 자신으로 돌아왔을 때 거기에는 이 체험을 통해 상상적으로 이루거나 해결했던 일들이 그대로 남아 있게 된다. 김첨지(「운수 좋은 날」, 김동인)로 남아 있지 않다는 건 다행스러운 일이지만, 흥부 같은 전화위복(轉禍爲福)을 현실로 돌아오면 꿈꿀 수 없다는 일을 반길 수는 없는 노릇이다.
3) 「우리 오빠와 화로」(임화)의 편지 속 인물.
4) 『인간시장』(김홍신)의 주인공.
5) 시대나 사회적 여건에 따라 영웅이 의미하는 바와 영웅의 구체적인 사례들이 달라지는 까닭에, 이렇게 어떤 영웅상이 만들어진다는 것은 문학적 체험에서 매우 중요한 의미를 갖게 된다. 독자는 일상의 논리로 구성된 은유도식으로 인물을 해석하고 평가하던 것에서 진전하여 상상적 체험의 방식과 경로에 직접적으로 영향을 미치는 문학적 은유도식을 통해 인물을 만나게 되기 때문이다.

한 것은 이러한 인물들처럼 독자 자신도 문학적 체험을 수행하는 일관된 주체성, 곧 문학적 자아를 형성할 수 있게 된다는 것이다. 현실의 경험들이 현실을 이해할 수 있게 하는 이해의 틀을 제공하듯이, 문학적 체험들 또한 문학을 향유하게 하는 틀을 제공해 준다. 그것이 삼차적 욕망인 문학적 자아의 형성이 갖는 의미이다.

문학적 인간다움

독일의 신학자이자 실존철학자인 불트만(Bultmann, R. K.)은 '신학은 인간학'이라는 유명한 명제를 남긴 바 있다. 신의 존재 문제는 일반적으로 형이상학적 차원에서 다루어진다. 신은 믿음의 대상이고 교조(dogma)를 원리 속에 존재한다. 하지만 인간이 "신은 왜 존재하는가?" 또는 "인간은 왜 신을 믿는가?" 같은 의문에 대한 탐색을 시도한다면, 그 탐색은 인간학적 차원의 문제가 된다. 문학 역시 같은 문제틀 속에 있다. 문학은 그것의 존재 형식에 관한 형이상학적 질문의 대상이 될 수도 있고, 인간학적 질문의 대상이 될 수도 있다. 인간학적 질문의 대상이 될 때, 그 질문이 다루는 문제적 경험과 현상의 중심에는 항상 인간이 놓인다.

문학교육학을 인간학[1]으로 이해할 때, 거기에는 '인간다움'에 대한 질

---

[1] 인간학적 질문이 흔히 갖게 되는 취약점은 다른 질문들은 모두 생성적이면서 유독 '인간'에 대해서는 선험적 전제를 두는 것이다. 이러한 선험적 전제는 질문이 그 질문의 답을 구성하는 순환론적 모순을 갖게 된다. 만약 이 책이 문학교육은 '공감적 인간'을 구현하려는 목적을 갖는다고 전제하고 이에 근거하여 문학교육에 '공감적 문학교육이 왜 필요한가?'라는 질문을 던진다면, 같은 모순을 갖게 되는 것이다. 이 책은 질문의 지점을 되돌려 문학교육이 얻고자 하는 교육적 가치와 의의, 곧 문학교육을 통해 구현하고자 하는 '인간다움'에 대해 메타적 질문을 던진다. '왜 우리는 문학교육을 통해 이러저러한 인간다움을 추구하고자 하

문이 중심을 이룬다. 하지만 '인간다움' 역시 선험적으로 구성된 것이 아니므로, 이 질문은 "인간다움을 구현하기 위해 문학은 무엇을 해야 하는가?"라는 형식이 아니라, "어떤 인간다움을 지향하기 위해 문학이 기여해야 하는가?"라는 형식이 되어야 한다.

가. 문학교육의 인간상

문학교육은 선험적 존재로서의 인간을 상정하지 않는다. 만약 그러할 경우, 문학교육은 너무나 쉽게 윤리교육으로 전환해 버리고, 문학이 맞닥뜨렸던 수많은 살아있는 인간들과 그들의 체험들은 당위적 가치로 환원되어 버릴 것이기 때문이다. 문학교육은 당위적 존재로서의 모습이 아니라 지향적 존재로서의 인간을 다루며, 그 인간의 모습에서 '인간다움'을 모색한다. 게다가 이 지향적 모습은 우리가 문학교육을 통해 "왜 '이러저러한' 인간상을 구현하려고 애쓰는가?"라고 제기하는 질문 안에 이미 내재되어 있는 만큼, 곧 이 질문을 던지는 우리들의 내면에 이미 어떤 문학적 인간다움의 지향이 자리 잡고 있는 만큼, 존재의 모습이 아니라 거기에 담긴 우리의 질문법이 '인간다움'의 의미의 실제 값이 되는 것이다.

우리는 이미 이러한 작업을 수행해 왔으므로, 여기서는 그 과정을 정리해 보려고 한다. 앞서 우리는 작품세계 내의 욕망하는 주체의 내면적 형성 과정을 살펴보았다. 여기서 문학 주체의 삼차적 욕망은 문학교육의 목표점에서 만나게 되는 인간의 이상적 내면 특성이 아니라 문학적 체

___

는가.' 이러한 의미에서 보면, 인간에 대해 묻는 이 책의 질문법은 미셸 푸코(Foucault, M.)가 『말과 사물』(이광래 역, 1986)에서 '주체'로서 '인간'으로서 발명되는 과정과 그 기원을 밝히며 취했던 인간학에 가깝고, 그 성격으로 보면 뒤집어진 인간학이라 할 만하다.

험을 충족하는 문학 주체의 내면적 지향임을 확인하였다. 따라서 삼차적 욕망은 종국적 도달점을 막 갖게 된 것이 아니라 문학 주체로서 주체성을 확인한 독자들이 저마다 지향하게 되는 다양한 가치의 방향을 갖게 되었다고 할 수 있다. 이러한 특성을 지닌 삼차적 욕망은 '인간다움'을 이끌어가는 내적 동인인 것이다.

삼차적 욕망은 문학을 현실과 경계 지어 대상화하고 놀이화하는 이차적 욕망의 문학 이해와는 달리 체험된 작품세계로부터 추상된 보편성의 맥락에서 문학에 대한 질문을 제기하게 된다고 하였다. 이러한 까닭에 작품세계 내로 국한되는 상상의 경계는 삼차적 욕망에 와서 확장되고 유동화된다. 상상이 현실로 확장되는 것은 문학적 체험의 역할이 확장됨을 뜻한다. 이렇듯 삼차적 욕망은 대상화되었던 문학이 현실과의 관계를 재설정하고 (현실이 문학에 개입하였던 이차적 욕망으로부터) 문학이 현실에 개입하는 능동성을 발휘할 수 있게 한다.

삼차적 욕망은 또한 작품 안에서 일정한 역할로서만 기능하는 일시적, 잠정적 존재였던 문학적 자아가 현실로 귀환함으로써 작품세계 속에서 체험한 가치와 의미를 현실화하도록 하는 동력이 된다. 이때 작품세계 속에서 체험한 가치와 의미는 (문학 향유를 통해) 보편적 개념으로서 '문학'을 방법적으로 경유하게 되는데, 이것은 작품세계에서 체험한 가치들을 지시적인 것에서 예시적인 것으로, 역사적인 것에서 예감적인 것으로 바뀌도록 만든다.[2] 마찬가지로 독자가 체험한 주체로서의 위치도 현실에 대해 보편적 개념으로서 기능하게 한다.[3]

---

2) 여기서 '자유'는 곧 현실에 구속되지 않는 가치 지향의 본질적 속성으로서 보편적 개념이 된다.
3) 학습 독자가 문학 체험을 통해 얻게 된 인간에 대한 관계적 이해는 '유대감'이라는 보편적 개념의 형식으로 현실 이해에 작용하게 된다.

이처럼 문학적 자아의 내면으로서 욕망이 문학적 체험을 바탕으로 현동화되었을 때 그것이 지향하는 '인간다움'이란, 실체적 내용을 갖는 인간의 어떤 자질로 포착된다기보다는 보편적 개념으로 성립되기 위한 요소들의 관계로 포착된다.

나. 전유·조망·창안

'인간다움'이란 결국 문학능력의 다른 이름이다. 그런데도 여기서 문학능력을 대신하여 '인간다움'을 사용하는 것은 전자가 후자를 대체할수 없고 후자가 전자로 환원될 수 없기 때문이다. '인간다움'에는 체험행위가 존재하며, 체험 내용이 존재하고, 무엇보다 그것으로부터 발생하는 지향적 변화가 그 내부의 역동적 가능성으로 내재한다. 달리 말해, '인간다움'이란 행위 주체로서의, 곧 담론 주체로서의, 곧 실현태로서의인간이 갖는 과거-현재-미래의 내면 변화가 포괄되어 있다. 다만 여기서는 전유와 조망, 창안 같은 '인간다움'의 내면 요소들이 상상력과 감수성, 공감적 조정, 직관과 통찰 등과 같은 문학능력의 요소를 통해 발현되는 경로를 설명해 두고자 한다. 이 요소들은 대부분 이 책의 앞부분에 언급되고 있다. 여기서는 왜 각각의 문학능력들 대신 '인간다움'의요소라는 범주 아래 이것들을 설정해 두고 있는지, 그리고 각 요소들은문학능력 외의 어떤 점에서 독립적으로 주목될 필요가 있는지 밝히려고한다.

❶ 전유

전유에 대해서는 문학 감상의 의미화 방식으로서 이미 설명한 바 있다.4) 이것은 문학을 전체성의 관점에서 볼 수 있는 능력이며, 체험을 통해 작품세계를 내면화할 수 있는 능력이고, 작품을 하나의 의미 체계로 파악할 수 있는 능력이다. 전유를 통해 독자는 텍스트로부터 문학으로 이어지는 실현 과정 전체를 이해할 수 있다.

전유는 문학능력인 상상력과 감수성을 촉진할 뿐 아니라 그렇게 형성되고 확장된 상상력과 감수성을 통해 작품이나 문학세계를 이해한다. 이하에서 언급할 '조망'과 달리 전유는 이 작품이나 문학세계의 잃어버린 세부(細部)를 찾아내거나 전체 규모를 파악하는 역할을 하지는 않는다. 그보다 작품이나 작품세계의 본질을 포착하고 행위의 의미와 변화의 성격을 평가하는 일을 수행한다.

만약 '문학이란 무엇인가', '작품은 어떤 가치를 갖는가', '그 인물은 어떤 삶을 살았을 것 같은가', '그 표현은 왜 감동을 주는가' 같은 질문을 던지거나 그 질문에 답변을 시도하고 있다면, 이는 전유의 힘에 기댄 것이다.

❷ 조망

폴 리쾨르(Ricoeur, 김한식 역, 2004)의 '기대지평'으로부터 동사적 용법으로 이끌어 낸 조망(眺望)은 멀리 내다본다는 뜻을 가졌을 뿐 아니라 여기에 다음과 같은 인식적 요소들을 더한다. 조망은 전체적인 그림을 파악하는 행위, 혹은 그 능력을 말한다. 이때의 전체적인 그림이란 단지 대상화된 풍경을 말하는 것이 아니라 주체의 경험공간으로서 기능한다. 따라서 조망은 주체와 대상으로서의 체험 공간 간의 관계 설정을 함께 규정한다.

---

4) Ⅱ부 2장 '나'절 참조.

은유도식처럼 문학적 인간다움으로서 조망은 지평이 보여주는 주체와 체험 공간의 관계나 그것의 변화를 포착하게 한다. 따라서 단지 현상이나 구조의 관찰로 멈추는 것이 아니라 주체화된 대상, 혹은 대상화된 주체의 변화 과정까지도 포착하게 한다. 또한 여러 조망이 함께 실현된 작품세계를 체험할 때에는 그 세계에 대한 여러 이해들의 (조력이나 대립 같은) 관계들을 이해할 수 있게 한다.

조망은 '전유'와는 달리 직접적으로 그 본질과 가치를 평가하지 않는다. 하지만 그렇게 하지 않고도 세부와 전체를 살핌으로써 작품과 작품세계에 내재된 가치를 드러낸다. 문학적 인간다움으로서 조망은 독자의 조망을 직접 타자에게 요구하지 않는다. 그와 달리 조망은 공유된 조망을 통해 공감을 이끌어내고 그것으로 공유된 체험의 조건, 곧 공유된 체험 공간을 만듦으로써 가치에 대한 윤리적 모색을 시도한다.

만약 '당신은 왜 이 문학 작품을 읽는가', '당신은 작가의 생각에 동의하는가', '당신에게 이 작품은 어떤 경험을 주었는가' 같은 질문을 던지거나 그 질문에 답변을 시도하고 있다면, 이는 조망의 힘에 기댄 것이다.

❸ 창안

창안(創案)은 새로운 관념을 형성하는 행위와 그 능력을 말하는 것이지만, 여기서는 새로움을 추구하는 문학적 인간다움의 본질적 성향 자체를 나타낸다. 무엇인가를 창조한다는 것을 지나치게 강조할 때처럼 창안은 때로 소수에 의해서만 획득될 수 있는 특별한 능력을 의미하는 것처럼 여겨질 수도 있지만, 문학적 인간다움의 요소로서 창안은 오히려 기존 사상(事象)의 질서를 바꾼다는 정신적 표상과 작용에 주목한다.

창안은 심미적 체험을 뒷받침하고 그 체험에 내재한 심미성의 근원을 직관적으로 파악하거나 통찰할 수 있게 한다. 하지만 창안은 창작 능력이 아니며, 예술적으로 단련된 향유 능력도 아니다. 문학적 인간다움으로서 창안은 질서가 아닌 가능성에서, 조화가 아닌 긴장과 불안에서 심미적 체험을 이끌어낸다.

만약 '당신의 모습과 가장 가까운 인물은 누구인가', '당신이라면 그 인물이나 사건을 어떻게 표현했겠는가', '당신은 인물이나 사건에 대한 작가의 생각에 동의하는가' 같은 질문을 던지거나 그 질문에 답변을 시도하고 있다면, 이는 창안의 힘에 기댄 것이다.

다. 내면적 가치

문학적 인간다움이 추구할 만한 가치를 갖는다면, 이는 어떻게 실현할 수 있을까? 그리고 이 과정은 심리학적으로 어떻게 설명할 수 있겠는가? 전유와 조망, 창안이라는 문학적 인간다움의 요소는 교육을 통해서만 갖게 되는 속성은 아니지만, 그렇다고 저절로 심화되고 확장되는 능력 요인이라고 볼 수도 없다. 우리가 가진 자산이 새로운 가치 추구를 위해 투자되기도 하지만, 이렇게 해서 얻게 된 가치들은 우리의 새로운 자산이 되기도 한다.

문학에 대한 인식 능력으로서 전유는 상상력과 감수성을 통해 발현되며 이것들의 교육을 통해 심화된다. 그 결과로 전유는 문학에 대한 상상적 믿음을 형성하고 우리가 체험하는 작품세계가 붕괴되지 않도록 표현되지 않은 모든 부분에서 그 세계를 지탱한다. 문학의 윤리적 실현을 추구하는 능력으로서 조망은 공감적 조정 능력을 통해 발현되며 그것의 교육을 통해 심화된다. 그 결과로 조망은 문학에 대한 공체험을 형성할 수 있게 하며 이를 바탕으로 문학에 대한 신뢰를 형성하며 우리가 체험하는 작품세계가 합당한 질서 속에 있다는 믿음을 갖게 한다. 문학의 심미적 실현을 추구하는 능력으로서 창안은 직관과 통찰을 통해 발현되며 이것들에 대한 교육을 통해 심화된다. 그 결과로 창안은 문학에 대한 심미적 감식안을 형성하고 우리가 체험하는 작품세계가 새롭고 놀라운 심미적 체험이 될 수 있게 한다.

이상의 논의를 반영한 '인간다움'의 내면적 가치 요소를 다음 [그림 12]의 오른쪽 부분에 정리하였다.

[그림 12] 지향적 존재로서 '인간다움'의 내면적 가치

문학교육의 실천[*]

가. 발달의 비선형성

❶ 평정과 일탈

문학 수업이 이루어지는 현장에서 문학 텍스트는 대부분 작품으로 주어진다. 이 경우 문학 이해는 문학 체험으로 연결되지 않는다. 문학 텍스트는 시학적 텍스트로서 고정되고 주체로서 독자의 개입이 차단되는 까닭에 인지 갈등이 발생할 여지가 없어 이를 해소하기 위한 읽기의 과정이 촉진되지 않는다. 문학 텍스트는 많은 경우 정선된 목록에서 선택되며 이 목록은 의도하지 않은 경우라 하더라도 현실 경험의 통제 조건을 준수한다. 경험의 폭은 매우 좁고 강박적이다. 예컨대 12세 미만 시청가의 애니메이션에서도 과도한 폭력은 일상화되어 있지만 이 나이대 아동들에게 권장되는 문학 텍스트의 목록에서는 금기되어 있다. 이것은 우회적이든, 암시적이든 문학 텍스트가 실제 현실을 표시하고 있다는 동의가 있기 때문이다.

문학 작품의 선택이 제한되어 있는 것은 전반적으로 문학교육이 가정하는 발달이 협애하고 일방향적이기 때문이다. 인지적 변화 과정이 일정한 가치 지향적 방향으로의 발달적 경향성을 갖는다고 가정하는 인지 발달에 대한 설명들은 따르는 것처럼 보인다. 피아제(Piaget, J.)의 이론이나 생물학적 성숙 이론, 지글러(Siegler, R. S.)의 정보 처리적 인지 발달 이론, 콜버그(Kohlberg, L.)의 도덕성 발달 이론, 에릭슨(Erikson, E. H.)의 정체성 이론 등은 문학적 발달을 논의할 때 자주 인용되는 이론들로서 동화와 조절, 소질의 발양과 성숙, 문제 해결의 규칙과 전략의 습득, 성숙과 학습, 심리 사회적 요구의 수용 같은 방향성을 설정한다.

문학교육 이론들 중에는 발달의 방향에 관해 명시적으로 언급한 논의들이 의외로 적은 편이지만, 대체로 문학을 통한 독자의 발달을 낮은 수준의 정서적 평형에서 높은 수준의 정서적 평형으로 고양되어 가는 과정으로 그리고 있다.[1] 또한 문학이 제공하는 심미적 체험의 본질이 정화(淨化)와 고양(高揚)에 있는 것으로 평가한다.

다음 [그림 13]은 학습 독자의 인지·정서적 발달 단계를 문학 텍스트에 등장하는 주요 인물의 행위에 대한 가치 판단과 내면화의 입장에 따라 구분하고 이것들의 발달 단계론을 이끌어낸 한 연구를 시각적으로 모형화한 것이다.[2]

---

1) 이와 비슷한 입장에 선 연구로는 김창원(1997), 염은열(2003), 한명숙(2003), 우한용(2004), 정재찬(2004) 등이 있다.
2) 김중신(1994a, 1994b) 참조.

하나의 평형 상태   문학 정서가 갖는 진폭   →   새로운 평형 상태
(선체험)   (고양된 체험 수준)

↑   ↑   ↑
상태1   과정   상태2

[그림 13] '일탈에서 평형으로'의 문학 감상 능력 발달 모형

이 모형에서는 정의적 발달의 수준은 '심리적 평형' 상태를 의미하며, 작품에 형상화된 문학 정서의 진폭만큼이 문학 감상의 내용으로서 기능한다. 이러한 입장에서는 심리적 평형 상태를 유지하거나 지향하는 것이 바람직하다는 관점이 자리 잡고 있다. 그리고 이것은 곧 학습 독자의 성숙 과정과도 일맥상통하고 있다.3)

이러한 가정에 대한 비판적 입장은 문학 정서의 진폭이 가져오는 부정적 정서가 다만 방법적으로만 교육적 의미를 갖는 것이 아니라 오히려 체험의 과정에서는 심리적 평형의 상태보다는 더 지속적이고 가치 있는 교육적 계기로 작용하게 된다는 점에 주목한다(최지현, 2009). 이 입장은 문학의 심미적 체험을 '일탈 상태'에 있는 것을 봄으로써 문학 독서를 역동적인 과정으로 여긴다. 이러한 관점을 시각적으로 모형화한 것이 [그림 14]이다.

---

3) 이후 살펴보겠지만, 문학능력의 발달적 과정에 대한 탐구는 문학교육연구의 기본 영역에 속한다. 그 중에서도 정의적 발달의 문제는 중핵이 될 수밖에 없다. 그럼에도 불구하고, 학습 독자의 정의적 발달 과정 또는 단계와 관련하여 본격적으로 연구한 성과는 양적으로나 질적으로 결코 충분하지 않다. 다만 '비판적 주체 형성'을 문학교육의 주요한 목표로 설정한 논의들에서 '비판적 거리 두기'를 '공감적 이해'보다 상위적인 발달 수준으로 가정하는 예를 볼 수 있으며(남민우, 1998; 김동환, 1999; 김미혜, 2000 등), 공감 능력을 중시하는 논의들에서는 문학 텍스트의 특성에 따라 공감의 수준을 달리 보고 있는 예(박인기, 1985)를 볼 수 있는데, 이 논의들 또한 모두 정의적 발달에서 일정한 위계적 수준이 존재한다고 가정하고 있다.

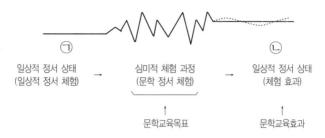

[그림 14] 체험의 과정을 중심으로 한 [그림 13]의 변형 모형

[그림 13]을 변형한 이 모형에서 에서 주목해야 할 것은, ㉠과 ㉡의 정서 상태가 비록 시각적으로는 상하 관계의 일정한 수준 차이를 지니고 있는 듯 보이기는 해도 실제로는 '더 윤리적'이라고 보아야 할 위계성을 전제하고 있지는 않다는 것이다. 이 변화는 문학교육의 관점에서는 목표라기보다는 효과에 해당한다. 실제로 교육목표에 따라 도달하게 될 것으로 예상되는 일상적 정서 상태인 ㉡은 점선(⋯⋯...)으로 표시되는 '체험의 가능역'을 담보하게 될 것으로 보인다.

❷ 향유 가능역으로서의 문학능력

Ⅱ부 4장에서는 문학능력이 세 가지 방향의 정의를 가지고 있음을 확인한 바 있다. 이에 따른 문학능력을 발달 양상을 [그림 15]로 도해하였다. 이 도해는 문학능력의 범주적 관계를 입체적으로 보여준다.

먼저 이 도해는 3차원 분포로 구현된다. 여기서 y축은 문학능력에 대한 관념적 모델과 현상적 모델 사이의 이해 차이를 보여준다. 관념적 모델에 따르면, 문학능력은 내적 자질에 기반할 때에만 비로소 작품 이해와 감상으로 현실화될 수 있다고 본다. 또한 작품 이해와 감상 능력은 결국 내적 자질의 획득을 지향한다고 평가한다. 반면에 현상적 모델은

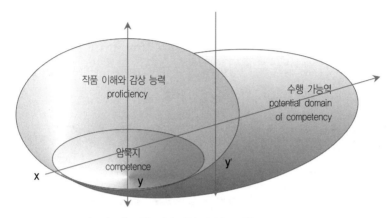

작품 이해와 감상 능력
profidiency

수행 가능역
potential domain
of competency

암묵지
competence

x

y

y'

[그림 15] 문학능력에 대한 입장을 3차원 구조화한 모델

고정된 내적 자질을 인정하지 않는 대신, 다양한 문학 현상들에 대해 갖게 되는 숙달성이 문학능력의 실제라고 본다. 아울러 관념적 모델이 사용하는 개념이나 범주들을 본원적인 것으로서가 아니라 문학 이해와 감상 능력의 거시적 지표로서 평가한다. 이로써 볼 때, 세로축에서 내적 자질, 곧 적응력은 문학능력의 구심적 실체를 상정하며, 작품 이해와 감상 능력, 곧 숙달성은 원심적 발현을 상정한다고 할 수 있겠다. 이론적 입장과 관련해서는 세로축에 전자는 실체론적 입장을, 후자는 기능론적 입장을 반영한다.

x축은 내적 자질과 향유 가능역을 경과한다. 이 둘은 모두 잠재성의 가치를 인정한다. 하지만 전자가 본질주의적이라면, 후자는 연관주의적이라는 점에서 서로 변별된다. 세로축에서 벌어지는 것과 유사하게 전자는 구심적 실체를 상정하며, 후자는 원심적 발현을 상정한다. 하지만 후자는 실현되지 않았더라도 잠재성 수준에서 그 단서를 발견하여 적극적으로 인정하려는 입장이다. 이를테면, 후자는 창안적 사고가 독창적 형상화로 현실화되지 않았다고 하더라도 그 자체를 인정하는 편이다. 좀

더 정확히 말하자면, 후자는 교육과정에서 모든 가능한 잠재성을 현실화 하도록 가르치고 있지는 않는다는 점을 강조한다. 따라서 문학능력의 중 요한 변별 지점은 독창적 형상화와 그렇지 못한 것 사이보다는 창안적 사고와 그렇지 못한 것 사이에서 설정된다. 향유 가능역은 작품 이해와 감상 능력과 y−y' 구간만큼을 공유하고, 그 이상을 잠재성으로 갖는다.

이 도해가 보여주는 문학능력에 대한 세 가지 방향의 정의는 다음과 같은 문제적 상황을 드러낸다. 첫째, 이 도해는 종적으로 심화, 혹은 구 체화하는 문학능력의 발달 경로4)와 횡적으로 확장, 혹은 수렴되는 문학 능력의 발달 경로를 모두 보여준다.5) 하지만 그 중 어느 경로, 혹은 두 방향으로의 경로 모두 합당한 설명의 내용이 될 수 있겠지만, 이를 이 도해로부터 구할 수는 없다. 이에 관해서는 선행 연구가 이루어진 바 없 다. 둘째, 이 도해는 x축, 혹은 y축 어디로도 문학능력을 객관화할 기준 이나 지표를 지니고 있지 않다. 오히려 x축의 전후나 y축의 상하가 동일 한 준거에 따른 지표로 구성되어 있지 않다는 것을 보여줄 뿐이다.6)

이 책은 기본적으로 향유 가능역으로서의 문학능력을 지지하는 입장 에서 문학능력의 발달에 접근한다. 이는 문학능력이 문학하기라는 상징 적 상호작용을 통해 경험하게 되는 상상적 체험의 가능 범위를 포괄한

---

4) 이 도해에서와는 달리 뒤집어진 y축의 형태가 될 수도 있다.
5) 이를테면 최현섭 외(1999 : 399)가 제시하는 문학발달성의 모형은 <감수−감지 / 자진 감수 → 반응−자진반응 / 심미적 만족 → 가치화−가치수용 / 가치선택 → 가치체계의 조직화 → 인 격화 / 사회화>로 이어지는 단일하고 수렴적인 발달적 계열성을 갖고 있다. 여기서 인격화 나 사회화는 문학능력의 완성 단계가 되고 있다. 상상력 측면에서도 '인식적 상상력 → 조응 적 상상력 → 초월적 상상력'으로 위계화하고 있다.
6) 전술하였듯이 내적 자질에 주목하는 관점에서는 작품 이해와 감상 능력은 다만 그 자질이 발현된 양상으로 평가될 뿐 문학능력의 연속적인 발달 과정으로 설명되지는 않는다. 이와 마찬가지로 향유 가능역에 주목하는 관점에서는 내적 자질이 다만 본질론적 가정에 고착되 어 있다고 비판하며 그것들이 관계적 성격을 회복해야 한다고 주장한다. 이 관점은 그 대신 추상화된 개념과 범주들을 분류하는 전략을 취한다.

다는 측면에서 실현된 능력 차원보다 잠재성 차원에 더 주목하며, 다원
주의적 개방성과 발산적 가치를 지향한다는 입장이다. 다만 이 입장이
동반할 수 있는 교육 내용의 모호함을 해소하기 위해 바탕을 이루는 자
질로서의 중핵적 개념을 인정하고, 그 개념이 실현되는 각 단계나 수준
에 따라 하위 개념들이 분류될 수 있는 현실화의 방안을 인정한다. 그
대신 이 중핵적 개념은 최종적으로 도달해야 할 본질적 가치라기보다는
가치의 모형(matrix)으로 설정된다.7)

나. 세 가지 방식의 교육 실행

문학교육의 실행 방식을 모색할 때, 이를 실행의 수단과 실행의 방법,
실행 환경, 실행 주체 등과 같은 다양한 측면에서 접근해 볼 수 있다. 그
중 어떤 것은 효율성이나 합리성 측면에서 유의미하며, 어떤 것은 정당
성의 측면에서, 또 어떤 것은 실행성의 측면에서 실제적인 답을 제공해
줄 수 있을 것이다. 실행 주체의 측면에서 이 문제를 본다면, 교육철학
적 관점에서 상이한 해결책이 도출된다.

교사와 학습자, 그리고 교육 내용의 관계적 양상을 중심으로 교육이
이루어지는 방식을 나누면 크게 세 가지 유형이 대별된다. 이 유형은 일
차적으로 교육의 실행 주체를 중심으로 구분되어 있지만, 실제로는 교육
내용이나 추구하는 가치, 혹은 교육 내용의 절대성 등에서도 의미 있는
차이를 가지고 있다.

우선적으로 각 방식은 지향하는 가치의 측면에서 주요한 입장 차이를
보인다. 교사 주도로 이루어지는 교육에서는 전통을 중시하는 반면, 학

---

7) 비유하자면 이 중핵적 개념은 다양한 형질로 외화되는 유전형 같은 것이다.

습자 주도의 교육에서는 표본(전범)을 추구하는 대상이자 가치로 삼는다. 그리고 교사와 학습자의 상호작용적 관계가 중시되는 교육에서는 교사와 학습자의 상호작용적 관계에 내재한 원리를 교육 대상으로 삼으려고 한다. 각각의 교육 내용이나 교육의 경로 역시 차이를 보이는데, 전통적인 가치를 중시하는 교사 주도의 교육에서는 체계화된 지식을 계승이라는 방식을 통해 습득하게 하며, 표본을 중시하는 학습자 중심의 교육에서는 표본이 되는 대상의 수행 행위를 모방적 상상을 거쳐 변용하여 수용하게 하고, 소통 원리를 중시하는 상호작용 중심의 교육에서는 공감을 통해 그 원리를 내면화하게 한다.

이 각각의 실행 방식을 '전수', '안내', '감염'으로 이름 붙여 볼 수 있을 것이다. 이것들이 지닌 교육적 의미와 가능성에 대한 논의가 이 장의 주된 내용이다. 먼저 각 실행 방식의 주요한 차이를 다음 [표 2]에 정리하였다.

[표 2] 인간 형성의 세 가지 경로

교육 실행 방식	전수	안내	감염
인간 형성의 경로	계승	모방	소통
교육의 주된 내용	지식 습득	수행성 강화	공감
교육의 주도자	교사가 주도	학습자가 주도	상호작용적 관계
교육 내용의 절대성	인정	인정 + 확장 가능	불인정
추구하는 가치	전통	표본, 혹은 전범	내재 원리

❶ 전수

'전수'는 문학능력이 그 자체로 교육되는 것이 아니라 지식의 형태로 교육되며, 이 지식은 학습자에게 강력한 환기 효과를 발휘함으로써 문학능력의 요소들, 예컨대 교육적 의도에 기댄 상상을 활성화할 수 있을 것으로 가정한다. 또한 학습자들이 유사한 사고 체계를 가지고 있다는 점에서 보편적이며 객관적인 교육 내용을 산출할 수 있을 것으로 보기도 한다. 이 경우 전수는 전통의 계승과 밀접한 상관성을 지닌다(Gossman, 1990).

전수의 가장 효과적인 국면이 문학 텍스트 이해 과정이므로, 핵심적인 교육 내용은 이 과정의 핵심 개념 중 하나인 은유도식이 된다. 상상의 기제로서 은유도식은 학생들이 유사한 상상의 체계들을 갖는지 설명할 수 있으며, 어째서 유사한 상상적 체험을 공유하게 되는지에 대해서도 설득력 있는 설명들을 제공한다. 또한 은유도식은 그 자체로서도 전수될 수 있으며 효과적으로 활용할 수 있도록 지도할 수 있다. 은유도식과 직간접으로 연결된 문학적 감수성과 상상력의 선지식과 선이해도 전수의 주요한 교육 내용이 된다.

한편 전수는 이 과정에서 교육적 은유도식이 존재한다는 것에 동의하며, 문학교육을 통해 어떤 은유도식이 다른 은유도식으로 발전해 간다는 것에도 동의한다. '전통적으로' 권위를 얻어왔던 것들의 전수가 정전의 체계를 옹립한다는 것은 일반적으로 확인되는 사실이지만, 보편적인 상상적 세계가 존재한다는 것만큼이나 일탈적인 상상이 계기적으로는 교육적일 수도 있다는 인식이 전수를 통한 문학교육에서 확인될 수 있다.

전수는 예컨대 낮은 수준의 은유도식을 높은 수준의 그것으로 대체하기 위해 은유도식의 계열화를 시도한다. 우리는 단순한 은유도식이 복잡한 은유도식보다 낮은 상상력 수준을 반영하며, 단일한 은유도식이 복합적인 은유도식보다 낮은 상상력 수준을 반영한다고 가정한다. 높은 수준의 작품은 다양하게 해석될 여지가 있으며, 따라서 다양한 상상적 체험을 가능하게 하는 것이라고 판단하는 것과 같은 맥락이다.

발생학적 측면에서 이루어지는 이러한 가정은 인간의 인지 구조 발달과 대응하며 따라서 받아들일 만한 것으로 판단된다. 게다가 일반적으로 전수의 교육은 지식의 안정성을 뒷받침하기 위해 이를 선험적으로 증명된 것처럼 여기는 경향이 있다. 하지만 여기에는 단일하고 강력한 상징의 세계를 보여주고 있는 작품이 낮은 상상력의 소산이라고 말할 수 없다거나 복잡한 은유도식이 주제나 내용 구조를 산만하고 모호하게 만들 때 그것을 높은 수준의 상상력이라고 말할 수 없다는 등의 문제가 자리 잡고 있다. 실은 지식이 갖는 안정성이란 그것이 기대고 있는 문화 맥락의 상대적으로 느리고 안정적인 변화의 다른 표현이기 때문이다.

전수는 교육적 은유도식의 존재를 긍정함으로써 교육적인 상상을 지향할 수 있게 한다. 전수는 원리적 설명을 통해 학습자가 학습의 이유와 원리를 수용할 수 있게 하며, 유사한 상상적 체험을 공유하기 위해 노력하게 한다. 상상 이전에 윤리적 사고가 간여하고 있고, 교육적 상상들이 충분히 문화적인 것이고 정치적이다.[8]

이러한 특성에 기초하여 전수를 통해 이루어지는 상상에는 이미 교육의 실행이 이루어진 것으로 평가할 수 있다. 본질적으로 교육은 은유도식을 경유하여 이루어지기에 상상 이전에 이미 있었고 은유도식을 통해 윤리적 사고가 간여하기에 상상 외부에 있는 것이다.

"교육은—특히 문학 교육은— 사회 집단이 보유하고 있는 기억 장치의 근대화된 형태이다. 즉, 소위 문화라는 것을 구성하는 일단의 지식과

---

8) 다만 실제 전수에서는 윤리적 사고가 독립적으로 판단 형식을 제공한다고 보기 어렵다. 따라서 이미 상상에는 윤리적 사고가 간여하고 있다고 보아야 하며, 각성된 윤리적 판단은 그 이후가 될 수밖에 없다. 그렇기 때문에 윤리적 사고가 상상을 지배하지만, 우리는 상상이 윤리적 사고를 촉발한다고 느끼게 되는 것이다. 은유도식은, 말하자면 가치 판단이 작용해 있지 않을 것 같은 순수한 사고 형식처럼 보이고 따라서 '교육적'이라는 이름을 얻는 윤리적 판단이 그 이후에 개입하는 것처럼 보이지만, 이미 특정한 은유도식이 선택되는 것 자체가 윤리적 사고의 내용이라 할 만하다.

지혜를 한 세대에서 다음 세대로 전수하는 기능을 한다."9)

전통적으로 지식과 지혜의 전수라는 측면에서 교육은 교육의 내용을 결정하는 선임자들의 집단과 이를 습득하여 계승하는 후임자들의 집단으로 이원화되어 왔다. 연륜이나 고전은 지식과 지혜를 보증하는 가치의 기반이었다. 하지만 오늘날 교육 체제에 관련하여 지식 전수와 의사 소통 간에 벌어지는 논쟁으로 인해,10) 교사(그리고 그 뒤에 자리 잡은 교육 체제)는 전수를 통한 계승만으로는 교육의 가치를 주장할 수 없게 되었다. 교사는 합리적인 설명을 통해 학습자에게 그 가치를 증명해야 하는 상황에 놓이게 되었다.

지금도 많은 교사들이 지식 중심의 전수-계승 모델을 그대로 수업에 적용한다. 여기에는 문학교육의 내용이 갖는 가치의 불확실성에 대한 두려움, 나아가 의도된 효과와는 전혀 다른 양상이 나타날 것에 대한 거부감이 반영되어 있기도 하다. 하지만 문학 수업이 감상을 위해 설계되고 개방적인 교육 목표를 지향하여 수행된다면, 문학적 체험은 이 문제에 대한 해결의 실마리가 될 것이라고 생각한다. 왜냐하면 문학적 체험의 가치는 교사 자신이 체험 속에서 학습자와 공감의 토대를 형성하고, 체험 속에서 교수·학습의 절차를 수행하는 가운데 얻어지기 때문이다. 감상을 위해 설계된 문학 수업에서는 교사가 문학적 체험의 가능한 조건, 달리 말해서, 문학 수업의 가능한 조건들을 가르칠 뿐, 문학적 체험을 가르치지는 않는다. 교사는 감상을 통해 그 체험을 학습자와 공유한다. 다른 교과의 수업에서와는 달리, 문학 수업에서 교사의 진술을 정당화할

---

9) 알지르다 줄리앵 그레마스(Greimas·윤희원 역, 1996 : 21-22)
10) 마이클 애플(Apple, 최원형 옮김, 1988), 앙리 지루(Giroux, 한준상 외 공역, 1991), 윌리엄 케인(Cain, 1994) 등.

수 있는 것은 문학적 체험이다.

❷ 안내

안내는 표본이 되는 수행 행위를 학습자가 대리적으로 경험(재현)하게 함으로써 학습이 이루어지게 하는 교수·학습의 방식을 가리킨다. 여기서 핵심적인 학습 기제는 모방적 상상에 있다. 하지만 모방적 상상은 표본의 수행 결과를 모방하거나 표본과 동일한 수행 절차를 따르는 것을 뜻하지는 않으며 따라서 복제와는 다른 방식으로 교육이 이루어진다고 보아야 한다. 그보다는 지배 담론에 대한 피지배 담론11)처럼 표본의 재현이 모방 대상의 내적 원리를 학습자 내에서 동일하게 작동시킨다는 가정을 지닌다.

이에 따라 안내에서는 학습자의 내면에 존재하는 은유도식이 중요한 교육적 조건이 된다. 물론 모방은 교육 내용의 절대성을 가정할 뿐 아니라 학습자의 대리 경험을 통해 은유도식 그 자체를 지식으로 학습할 수 있게 한다는 점에서 전수와 유사한 측면을 지니고 있다. 대리 경험의 작용 기제가 담론 형식으로 재현된 상상적 체험의 기제와 같거나 유사하며, 따라서 은유도식을 먼저 학습하지는 않더라도 상상의 과정에서 그것이 자각될 가능성은 있기 때문이다. 하지만 이를 뒤집어 보면, 대리 경험의 대상이 학습자의 은유도식에 맞아야 한다는 조건이 충족될 때 비로소 교육적 영향이 발생한다는 것도 사실이다.

안내에서 대리 경험된 체험 내용은 학습자의 외부에 존재하는 것이다. 그렇기 때문에 이 체험 내용은 직접적으로 교육되지 않고 변용을 통해

---

11) 여기서 '피지배 담론'이란 '지배 담론'과는 독립적인 어떤 담론을 가리키는 것이 아니라 '지배 담론'을 내면화한 피지배자의 담론, 비유하자면 '지배 담론의 거울상' 같은 것을 말한다.

학습된다. 변용의 과정에서는 새로운 은유도식이 산출될 수 있는 가능성이 가정된다. 그리고 이 점에서도 전수와의 변별점이 존재한다. 전수는 은유도식을 지식의 형태로 직접 학습자에게 전달하는 것을 말하지만, 안내는 표본의 그것과 동일한 은유도식이 학습자 내면에서 형성될 수 있도록 환경을 조성해 주는 것을 말하기 때문이다.

안내는 대리 경험인 상상이 일어나는 상황으로 학습자를 이끌어가는 과정이다. 따라서 교사는 학습자로 하여금 표본이 되는 어떤 경험 내용을 접하게 함으로써 안내를 통한 문학교육을 시작한다. 이 교육에서는 어떤 경험 내용에 처음으로 접하게 되느냐가 교육의 방향을 결정하는 데 큰 영향을 미친다. 또한 그 접촉이 얼마나 빈번하게 이루어지며 긍정적 평가 상황 속에서 이루어지느냐 역시 교육에 큰 영향을 미친다.

안내의 학습 내용이 지식의 형태가 아닌 행위와 그것이 담아내는 체험 그 자체에 있기 때문에, 그 첫 단계는 대리 경험할 수 있는 환경을 조성하는 일이 된다. 말하자면 학습자의 은유도식이 수용할 수 있는 '가치 있는' 대리 경험을 찾아 제공하는 것이 안내의 첫 단계가 된다. 그렇기 때문에 예컨대 이분법적 사고를 하는 아동에게는 다원적 세계관을 반영한 서사, 곧 인물 관계가 명확하지 않고 가치 판단의 내용이 '선·악'이나 '정의·불의', '호·오' 같은 분명한 구도를 갖추지 못한 서사를 제공하지 않는다. 이 경우 학습자의 문학능력이 발달할 수 있는 계기는 이항 대립적 도식이 점차 세분화되고 미세해짐으로써 형성되는 위계적 구도로부터 마련된다. 선과 악의 대립이 있고 동조하는 가치와 그렇지 않은 가치, 선호하는 현상과 그렇지 않은 현상들이 각기 대립되고 있다고 할 때, 안내의 첫 단계에서는 그것들 중 어느 하나의 대립 구도가 유표화(有標化)되어 학습자의 은유도식 내에 수용되지만, 학습의 어느 순간이 되면 학습자는 그것들이 중첩된 구조를 대하게 될 수 있으며,[12] 이것이 창조적 상상으로 발전할 계기가 된다.

안내의 문학교육에서는 학습자의 은유도식이 점차 분화되고 발전할 수 있는 가능성을 인정한다.13) 하지만 은유도식의 발전이 무엇을 뜻하는지는 사회적으로 합의되어 있는 것은 아니다. 전수에서처럼 수렴적 지향이 있거나 (곧 살펴보겠지만) 감염에서처럼 발산적 지향이 있는 것이 아닌 까닭에, 방향성에 대한 논란은 항상 존재한다.

이러한 까닭에 안내자의 역할을 대리 경험의 대상이 되는 텍스트가 아닌 교사가 담당하게 될 때에는 그것이 지닌 내재적 문제성이 부각된다. 안내는 학습자로 하여금 특정한 체험에 접하게 함으로써 특정한 체험의 가치 판단에 영향을 미칠 수 있다. 또한 교육의 반복은 상상력의 민감성에 영향을 미친다. 만약 교사의 개입이 텍스트를 특정한 모방적 대상으로 규정하게 된다면 학습의 경험은 그에 따라 얼마든지 달라질 수 있다. 여기에 안내의 문학교육에서 대리 경험의 대상이 되는 것이 담론 형식으로 재현된 문학적 체험이라는 점도 교사의 안내자적 역할의 중요성을 부각시키는 또 다른 요인이 된다. 이러한 조건은 학습자로 하여금 대리 경험을 하는 데 난관이 되기 때문이다.

학습자의 입장에서는 모방을 통한 대리 경험을 수행해야 하는 상황에

---

12) 예컨대 「토끼와 거북이」와 같은 교만과 성실함의 이항대립적 대립 구도를 수용했던 아동이 「아기 돼지 삼형제」를 읽게 되었을 때, 성실함과 교만의 대립 구도와 선과 악(으로 여겨지는) 대립 구도 사이의 충돌은 아동에게 문학 독서의 어려움을 안겨줄 수 있다. 하지만 대개 아동들은 이러한 충돌을 성실함-교만을 하위에 두고 선-악의 대립 구도를 상위에 두는 '구도의 위계화'를 통해 해소하려 할 것이고 또한 대개 성공하게 된다(물론 어떤 아동은 대리 경험의 과정에서 전자의 구도를 잊게 될 수 있다). 결과적으로는 아동들은 선-악의 이항대립적 구도를 지닌 서사를 수용하게 되지만, 위계화 과정에서 중첩된 구도의 중간자(교만한 첫째, 둘째 돼지)에 대한 아동의 민감성이 커지게 되면 이항대립적 구도는 다원적 구도로 전환될 가능성을 갖게 되는 것이다.

13) '유사성 창조'로 하여금 '유사성 발견'과 구분되게 하는 것은 안정적인 도식을 벗어버리고, 모호한 상황을 견뎌내며, 낯선 대상에 천착하고, 이질적인 것들을 결합해 보려는 태도와 거기에 담긴 동기이다.

서 모방의 대상이 행위(담론)가 아닌 텍스트가 되는 것은 모방 자체를 할 수 없는 상황과 동의어가 될 수 있다. 이 때문에 학습자는 텍스트가 아닌 교사를 모방하게 될 수 있고, 교사 또한 학습자에 대해 안내자적 역할을 자임하게 될 수 있다.

안내를 통한 문학교육에서 교사는 체험자로서의 위치를 갖는다. 교사는 학습자에게 모방할 만한 좋은 표본을 예시해 주거나 그 자신이 좋은 상상적 체험을 보여 주는 표본이 되어야 한다.

❸ 감염

'거래'는 교사와 학습자의 상호작용을 강조하는 문학교육 이론들이 즐겨 사용하는 개념이지만, 학습자의 능동적인 역할을 드러낸다는 점과 교육이 학습을 통해 완성된다는 점을 밝혀 주는 것 외에는 어떤 설명도 제공해 주지 않는다.[14] 이 개념이 가진 형식적 공정함에는 어떤 교육 내용이 거래될 수 있는가에 대한 내용적 충만함이 없다. 이 말은 거래의 상호작용적 과정에는 교육 내용이 학습자 외부에 존재하며, 이 때문에 비유의 형식적인 차원은 충족하고 있지만 내용적인 차원은 전수와 크게 다를 바 없는 것이다. 만약 화폐 같은 수단으로서 교육의 거래가 이루어

---

14) 경규진(1993, 1995)은 로젠블레트(Rosenblatt, L. M.)의 '독자 반응 이론'을 도입하여 학습 독자의 감상을 '텍스트와의 심미적 거래'로 규정한다. 이 거래는 학습 독자들이 자신의 반응을 충분히 표출할 수 있는, 강제되지 않는 자유로운 교실 환경을 전제로 설정된다. 경규진은 로젠블레트가 학습 독자의 문학 경험을 문학사나 문학 지식으로 대치하는 것에 반대한다는 점에 주목한다. 무엇보다 독자의 자발성에 대한 신뢰에 공감한다. 그에 따르면, 이런 조건에서 독자들은 텍스트'에' 몰입하여 자연스럽게 자신의 언어적이고 문화적인 삶의 경험으로부터 온 생각과 감각, 느낌, 심상 등을 선택하여 그것을 새 경험으로 종합(환기)하면서, 이에 반응하게 된다는 것이다.

그의 논점은 텍스트에 지나치게 의존하는 문학교육이나 학습 독자의 주관적 심리를 무조건적으로 추종하는 문학교육을 모두 경계한다. 그러나 '거래'라는 개념을 통해 텍스트의 상대방으로 학습 독자를 둠으로써 공평성의 가정을 은연중 설정하며, 학습 독자의 주관적 심리의 문제는 다시 논란 속에 놓이게 된다.

진다면, 그것은 지식일 수밖에 없다. 이 경우 선택의 폭은 있지만 그 선택은 전수나 거래나 모두 주는 쪽의 내용 안에서 이루어질 수밖에 없다. 심지어는 이 거래의 내용적 가치에 대해서도 우리는 말할 수 없다.

'거래'의 맥락에서 교육 과정에서 발생되는 교사와 학습자의 담론들은 거래되지 않는 한, 소음(noise)이 되고 만다. 교사에 의해 통제되지 않는 학습자 간의 대화나 행위들뿐 아니라 학생들에 의해 거부되는 교사의 설명들—비록 그것이 교육 내용에 관한 것이라도 이해되지 않는 설명들, 떠들지 말라는 지적, 학생 개개인에 대한 사적인 발언들—이 모두 소음이 된다. 교육을 전제로 했을 때, 학생들은 교육 내용에 대한 교사의 합리적인 설명만을 합당한 거래로 받아들이려 한다. 따라서 수업에서 소음에 해당하는 진술들이 이루는 실로 엄청난 양 때문에, 교육이라는 거래가 이루어지는 것 자체가 신기한 일처럼 보인다.

이렇게 많은 소음들을 제거하고 거래의 진정성을 얻기 위해 교사의 진술과 학생의 진술, 그리고 텍스트는 '진실'이라는 신용 수단을 선택한다. 교육이라는 담론의 공간에서는 실제로는 불공정한 거래가 이루어지고 있을 때에도 진실이라는 담보로 공정성을 보증하려고 한다. 이것이 교육에서 진실이 갖는 양면적 속성이다. 한편에서는 통제의 수단으로, 다른 한편에서는 교육의 성립 조건으로 진실의 담론이 선택된다.

이는 문학교육에서도 마찬가지이다. 다만 그 진실이 '아름다움', 혹은 '인간다움'이라는 덕목으로 바뀌어 있을 뿐이다. 그런데 아름다움이나 인간다움에 대해 어떤 합리적인 설명이 가능하다 하더라도 그것이 아름다움이나 인간다움 자체를 실현시킬 수 있는 것은 결코 아니다. 그렇다면 선임자들의 지혜가 논란에 붙여지는 오늘날 문학교육이 이루어지기 위해 교육 내용의 가치를 어떻게 평가할 것이며 어떻게 학습하게 할 것인가. 문학교육에 던져지는 이러한 질문은 문학교육이 논증할 수 없는 학

습자와 텍스트의 상호작용을 교수·학습의 내용으로 삼고 있는 것에서
비롯된다.

전수나 안내가 모두 교육의 어떤 국면에서는 의미 있는 실행 방식이
될 수 있다는 사실은 교육에서 상호작용이 갖는 중요성을 교사와 학습
자 사이에 형성된 관계에서 찾는 것이 아니라 그 관계를 통해 학습자가
경험하게 될 학습의 과정과 내용에서 찾아야 함을 시사한다. 이 점에서
교사와 학습자의 상호작용이 어떤 가치 있는 내용을 학습자에게 제공하
느냐에 주목하기보다는 이 상호작용을 통해 학습자가 어떤 가치 있는
교육적 경험을 갖게 되느냐에 주목하는 것이 필요할 것이다.

세 번째의 교육 실행 방식인 감염(contagion)은 생물학적 유비이다.[15]
마치 병에 걸렸을 때 일어나는 신체적 변화 과정처럼 내적인 상호작용
에 기초하여 교육의 과정이 일어난다고 보는 것이 감염의 교수·학습이
다. 이 유비에서 교육의 내용은 외부 인자에서 내재적 요인으로 전이되
는 것으로 상정된다. 생물학적 유비를 사용한 만큼 교육적 가정에서도
그에 따른 비유가 존재한다.

외부 인자가 유기체 내에 침투해 들어올 때의 접촉은 독립적인 두 체
험 주체의 조우를 비유한다. 이 접촉은 적응과 증식을 핵심으로 한 상이
한 두 생존 시스템이 결합되고 재배치되는 것으로서 교육 장면에서는
(학습 내용으로서의) 체험과 (학습자의) 체험이 관계를 형성하는 과정이
된다.[16] 이 과정에서 감염된 유기체가 외부 인자에 대해 저항하여 항체
를 형성하는 것은 학습자의 체험이 문학 작품에 내재화된 체험, 곧 학습

---

15) 이 유비에서는 항원의 파괴나 항체의 파괴 같은 적대적 관계의 대립에 의한 극단화된 귀결
　은 차용하지 않기로 한다.
16) 이때 교사의 체험은 학습자가 학습해야 할 내용으로서의 체험은 아니다. 최지현(1998a)에
　서는 교사의 공체험이 일어나는 조건을 '개입'이라고 한 바 있다. 이 '개입'을 통해 교사는
　학습자의 체험과 만나고 이는 공체험을 형성한다.

내용으로서의 체험을 그대로 수용하는 것이 아니라 학습자 자신의 선체험에 기초한 내면화된 체험으로 발전함을 뜻하게 된다. 이때 감염이 진행되기 위해서는 감염 원인인 외부 인자가 마치 유기체의 내재적 과정이나 기제로 오인되고 수용되어야 한다. 감염은 이 오인을 조건으로 삼는다. 문학 독서에서도 독자가 작품의 사건이나 상황을 자신의 그것으로 받아들이는 내면화가 이러한 오인과 유사하다. 이른바 '창조적 오독' 역시 같은 원리에서 이루어지는 오인이다.

감염은 유기체를 내부로부터 약화시키고 부수적으로 죽음에 이르게 할 수 있다. 하지만 이 유비에서는 그렇게 이르는 과정에서 작동하는 자발성과 동조성에 초점을 두고 원리적으로 차용한다. 수행에서의 유사성 정도로만 보면, 감염 이후에는 면역이 뒤따른다.

감염은 외부 인자, 곧 항원을 전제한다. 그럼에도 불구하고 감염에 의한 교육에서는 역설적으로 학습자의 능동적 역할이 강조된다. 그것은 감염이 외부 인자에 대한 유기적 반응을 유발하며, 적응이나 증식이 그 귀결이 될 때 비로소 그것에 '교육적'이라는 이름을 붙일 것이기 때문이다.

문학 작품은 학습자의 내면에서 작품세계를 형성하도록 자극한다. 하지만 서로의 체험역이 다른 조건에서는 학습자가 작품 속 서술자나 인물의 시점 그대로 작품세계에 몰입할 수는 없다. 하물며 시인이나 작가가 의도한 세계에 직접 몰입하기란 불가능하다. 학습 독자가 마치 유기체 내에 들어온 항원에 대해 항체를 만들어 저항하고 공격하는 것 같은 반응이 작품 읽기 과정에서 일어난다. 이러한 장애가 발생하지 않으려면, 학습자는 상상적 체험을 해야 하며 그 조건은 작품세계에서 학습자가 독자로서 일정한 역할을 수용할 수 있어야 한다.[17] 그리고 이러한 조건

---

17) 감염이 진행되는 과정에는 유기체의 오인과 능동적 수용이 필요하다. 이 과정에서 유기체는 항원을 외부 인자로 여기지 않고 유기체의 세포들과 상호작용하는 환경을 허용하게 되

이 충족되기 위해서는 먼저 작품세계가 학습자에게 개입할 만한 대상으로 받아들여져야 한다.18)

교사의 역할(혹은 작품의 교육적 기제)은 학습 독자에게 작품으로부터 수용될 만한 역할의 개입을 예시하고 그 자신이 그 역할과의 대화적 관계에서 또 다른 역할을 맡아 작품세계에 개입하는 것이다. 만약 타자의 상상적 체험이나 담론 형식으로 재현된 상상적 세계가 학습자에게 강한 정서적 환기를 불러일으키면, 학습자는 그로부터 환기된 대상에 연관된 상상을 하게 된다. 물론 이 학습자와 상상적 체험의 대상은 독립해 있다. 이를 통해 학습자는 자신이 접한 타인의 상상에 스스로 반응하게 되고 공감을 바탕으로 긍정적, 혹은 비판적 수용을 하게 된다. 대개 학습자는 내적으로 준비된 상상의 작용 기제와 일치하는 것에 대해 상상적 체험을 할 수 있다. 상상적 세계를 향한 학습자의 내면화된 가치 지향과 동기화되어 있는 정서적 태도는 상상의 작용 기제가 불일치하는 경우에도 작용할 수 있게 한다.

감염에 의한 교육도 전수나 안내처럼 소통적 모델을 통해 설명할 수 있다. 하지만 그렇게 설명하는 것은 감염의 교육적 사태를 제대로 설명

는데, 이것이 감염을 진행시킨다.

18) 이 지점에서 감염은 안내와 유사하되 다른 실행 방식의 특성을 갖게 된다. 공통적으로 안내와 감염은 학습자의 상상을 핵심적인 과정으로 삼는다. 이 상상을 위해 교사는 적절한 은유도식을 맥락화하고 구조화하고 구체화하는 도움을 제공할 수 있다. 교사는 또한 그에 따라 만들어지는 어떤 상상적 체험을 예로 삼아 제시할 수도 있다. 하지만 안내에서 교사가 예로 삼는 것은 일종의 표본이 되며 학습자가 수행하는 것은 대상화된 상상이 된다. 말하자면 상상적 체험은 이해를 전제로 한 모방의 대상인 것이다. 학습자는 그 상상의 세계를 인지적으로 수용하며 2차적으로 정서적인 반응이 뒤따른다. 반면에 감염에서 교사가 예로 삼는 것은 작품을 이해하는 데 필요한 이상적인 인물의 체험이 아니다. 교사는 (좀 더 섬세하고 작품의 주제가 근접할 수는 있으나) 학습자와 크게 다를 바 없는 제3자의 상상적 체험을 소개한다. 이것은 학습자로 하여금 자신의 상상적 체험을 수행할 수 있도록 보이는 참조로서 기능한다. 그렇기 때문에 감염에서는 내면화된 상상이 중요해진다. 이 두 실행 방식은 교실 내 토론을 통해 발전할 수 있다. 안내의 경우는 작품 밖에서 그 토론이 이루어지며 감염은 작품 속, 다시 말해 작품세계 속에서 그 토론이 이루어진다.

하지 못한다. 전수에서 학습자의 상상은 은유도식이라는 매개를 통하게 된다. 이 때문에 담론 형식으로 재현된 타자의 상상적 세계는 학습자의 내면에서 동일하거나 흡사하게 반복된다. 안내에서 접촉을 통해 마주 대하게 되는 상상은 모방적 상상의 표본이 된다. 안내에서도 은유도식이 동원되며, 그렇기 때문에 비록 학습자의 사전 경험들이 영향 요인이 된다고는 해도, 담론 형식으로 재현된 타자의 상상적 세계는 '안내'라는 교육적 선택에 의해 교육적 가치가 담보된다.

전수나 안내에서 학습자는 '교육적 상상'이라는 이름으로 상상에 임하게 된다. 하지만 이것을 체험이라고까지는 말하지 않는다. 이에 반해 감염에서 학습자는 수용하고 공감함으로써 비로소 상상적 체험에 임하게 된다. 이때 감염의 교육적 작용은 다음과 같이 설명될 수 있다. 담론 형식으로 재현된 타자의 상상적 세계가 학습자에게 강한 정서적 환기를 불러일으키면, 학습자는 그로부터 환기된 대상에 연관된 상상을 하게 된다. 이 연관된 상상이 일정한 질서를 갖는 상상적 세계로 발전하고 그에 대한 체험이 지속적으로 유지될 수 있을 때, 상상력의 교육적 가치가 인정받게 된다. 이렇게 보면, '교육적'이라고 이름을 붙이는 것은 최초의 상상 그 이후의 사태가 되는 셈이다.

❹ 그리고 공명

'감염'은 문학적 상상이 체험으로서 실현될 수 있게 하는 교육 실행 방식의 적절한 유비가 될 수 있다고 보지만, 단어 자체가 주는 어감은 그리 긍정적이지는 않다. 하지만 일찍이 이와 유사한 개념이 문학 향유의 교육적 과정을 설명하는 데 사용되기도 했다. 교감(rapport), 공명(resonance), 공감(sympathy) …… 전이(transference)도 이와 유사한 개념이다.[19)]

공명(resonance)은 같거나 유사한 고유 진동수를 지닌 각기 다른 물체가 서로 근접한 위치에서 진동 에너지를 주고받을 때 한 물체A가 다른 물체B의 진동 에너지를 흡수하여 진동하게 되는 현상을 말한다. 진동은 물체 간의 고유 진동수가 근접할수록 더 커진다. 또한 진동 에너지는 한 물체B로부터 발생하지만 진동은 다른 물체A에 의해 일어난다는 특징이 있다. 물리학적 유비를 사용한 이 개념을 감염처럼 교육의 장면에 도입할 때 개념이 지닌 원리는 다음과 같은 것들을 시사한다.

첫째, 공명이 일어나는 두 물체가 독립해 있는 것처럼, 학습자는 상상적 체험의 대상과 독립해 있어야 한다. 상상은 의도하거나 강제하기 어려우며 지식처럼 전수할 수 없다.

둘째, 두 물체가 서로 근접할수록 공명이 크게 일어나는 것처럼, 학습자가 상상할 수 있을 만큼 근접한 거리의 상상적 세계가 요구된다. 하지만 만약 학습자의 경험 세계로부터 더 멀어진 상상적 세계에 대해 상상적 체험이 가능해졌다면 그만큼 학습자의 상상력은 더 발달했다고 볼 수 있을 것이다.

셋째, 공명이 일어나기 위해서는 두 물체 간의 고유 진동수가 같아야 하는 것처럼, 학습자는 내적으로 준비된 상상의 작용 기제와 일치하는 것에 대해 상상적 체험을 할 수 있다. 하지만 고유 진동수가 같지 않아도 그 진동수들이 배율의 관계에 있을 때에는 공명이 일어나는 것처럼, 학습자가 경험할 수 있는 상상적 세계는 그보다 더 많고 넓다. 이 세계를 향한 학습자의 내면화된 가치 지향과 동기화되어 있는 정서적 태도는 그 때문에 중요한 의미를 지닌다.

공명을 사회적 관계 원리로 확장시킬 수 있다는 입장(Bauer, 이미옥 역, 2006)도 있거니와, 앞서 열거한 특성들은 공명이 문학 향유의 원리로도

---

19) 다만 이 용어들은 앞서 유비를 통해 설명한 문학적 체험 과정 전체를 함축적으로 드러내 보여주지는 못한다.

인정될 수 있음을 보인다. 물론 공명은 원천적으로 문학교육적으로 원리화하기에는 곤란한 측면도 지니고 있다. 이 유비에 따르면, 상상적 세계와 학습자의 상상적 체험이 마주 대하는 공명의 과정에서 문학 교사의 상상적 체험이 필수적으로 요구되는 것은 아니기 때문이다. 이를테면 작품 읽기에서 독자가 작품의 상상적 세계에 정서적으로 공감하는 것을 상상력의 교육으로 규정하기는 어려운 것이 사실이다.

공명, 혹은 공감은 상상적 체험의 계기이고 시작이다. 감염은 감상에 관한 학습자의 자발성과 학습 내용과 맺는 내적 연관에 대해 설득력 있는 설명을 제공한다. 감염이 유기체의 오인에 의한다는 것은 오인에 대한 감염 유비의 취약점이 될 만하지만,[20] 작동 원리 자체는 상상적 체험과 내면화의 관계에 대한 성찰을 제공해 준다. 더 나아가 이 개념은 교사의 개입과 상상적 체험—또는 이에 대응하는 교육적 역할이나 작용—을 함께 요구하고 있다는 점에서 이제 소개할 '공진화(co-evolution)'와도 잘 어울린다.

다. 공진화

'공진화'는 어떤 종A의 유전적 변화가 다른 종B에 영향을 미칠 때 이에 대응하여 종B에 계기적으로 일어나게 되는 유전적 변화를 말한다. 원래 공진화란 자연계에서 숙주와 기생체 간의 진화적 경쟁을 기술하는 원리로서 얼리히와 레이브(Ehrlich and Raven, 1964)에 의해 고안된 개념이다. 그들은 나비와 식물 간의 경쟁적 적응 과정을 탐구하면서 숙주인 식

---

20) 물론 감염을 위해서는 유기체의 혼동이나 오인이 요구되며, 이것은 유비적 이해로서는 부적절한 요소로 여길 만하다.

물이 기생체인 나비의 공격에 대해 방어적 기제를 작동하여 진화하게 되었을 때 기생체인 나비가 종으로서 존속하기 위해 여기에 적응하여 함께 진화하는 과정을 발견하였는데, 이때 이 현상을 공진화라 개념화한 것이다. 영향 관계로 보면, 한쪽이 다른 쪽의 유전적 변화를 야기하면 변화된 다른 쪽이 연이어 유전적 상승 작용을 일으키면서 영향을 준 쪽에 다시금 유전적 변화를 야기하는 것으로 이해할 수 있다. 이로부터 이 개념은 상호적 경쟁과 적응에 따른 발전 원리로 이해되기 시작했으며, 오늘날 진화론에서는 복수의 종이 상호 작용적인 경쟁적 진화를 하게 되는 것을 통칭하게 되었다(Thompson, 1994).

공진화는 과학 이론의 발전 모델에서 사회 발전 모델로 확장된 패러다임 전환(paradigm shift)처럼 시스템적 발전 모델로서의 가능성이 지속적으로 모색되어 왔다. 이에 따라 여기서 모방한 원리가 자연계에서뿐 아니라 신경망 연구에서나 학습 시스템 연구 등에도 적용되었는데, 인지심리학계에서도 이 같은 시도가 이루어졌다(이정모·이건효·이재호, 2004). 그런데 만약 이처럼 인간과 인공물의 관계가 은유적 의미에서 공진화한다고 볼 수 있다면, 교육적 상호작용 맥락에서 학습자의 인지 발달이나 교사·학습자의 심리 작용에 대해서도 유의미한 설명이 가능할 것이다.21)

❶ 공진화와 문학 독서

공진화는 문학 독서의 방법에 대한 설명을 제공해 줄 수 있다. 텍스트와 작품의 공진화적 관계에 의해, 작품과 작품세계의 공진화적 관계에

---

21) 예컨대 새로운 텔레비전 장르에 시청자들이 적응하게 되는 과정이 공진화를 통해 설명되는 것도 같은 맥락에서이다(Schatz, 한창호·허문영 역, 1995).

의해, 체험 주체로서 교사와 학습자의 공진화적 관계에 의해, 그리고 체험 주체들에 의해 공유된 작품세계와 보편성을 획득한 문학의 공진화적 관계에 의해(혹은 이것의 선순환적 계기에 의해 형성된 문학과 작품의 공진화적 관계에 의해). 이는 공진화가 일어나는 문학 독서의 각 단계(4단계)를 구성한다.

이론적으로 보자면, 문학 독서의 초기에 독자는 문학 작품의 사회적 양식을 공유하지 못한 상태로 문학을 대하게 되는데, 이때 독자에게 문학은 선지식의 형태의 '추상적 개념으로서의 문학'이거나 '문학 이전의 텍스트'로서 존재하게 된다. 일반적으로 문학 이전의 텍스트는 (그것을 문학이라고 해야 할지 여부에 대한 판단에 앞서 있다는 점에서 그리고/그에 따라) 감상은 물론이고 이해의 단서도 적다는 점에서 접근하기 어려운 것이 사실이지만, 이해에 앞서 존재하는 추상적 개념으로서의 문학도 그것이 확고하면 확고할수록 (독자 자신의 역할 수용에 따른 상상적 체험을 막아 버린다는 점에서) '역설적으로' 독자가 개입할 여지가 줄어든다.22) 하지만 실제로는 문학은 대개 작품으로 독자에게 주어지며 (또 다른 의미에서) '역설적이게도' 불충분하게 알려져 있는 작품으로 독자에게 주어지기 때문에 텍스트로서 이해될 여지도 있고 동시에 느슨한 문학적 관습과 명명에 있기에 작품으로서도 새롭게 읽힐 여지가 있게 된다. 이는 공진화의 첫 번째 조건이 조성됨을 뜻한다.

독자는 텍스트의 언어 맥락에 따라 의미를 파악해 가며 '문학'의 외연을 짐작해 간다. 그러는 가운데 문학에 대한 독자의 관념을 형성되는데, 이와 독립적으로 독자는 (문학교육, 혹은 선행 독자에 의해) 문학에 대한 당대의 문화적 합의의 도움을 받게 될 수도 있다. 이것이 작품 읽기의

---

22) 해독되지 않는 외국 문학 작품을 처음 소개 받는 상황을 가정해 보라.

두 번째 단계가 된다. 이 단계에서 독자가 수용하게 되는 문화적 합의는 독자에게 상상의 맥락을 제공하는 한편, 독자 자신이 파악한 문학의 외연과 상호작용하며 구체화될 수도 있다. 하지만 만약 이 과정에서 특정한 작품 해석을 모범적인, 혹은 이상적인 것으로 여기게 된다면, 독자는 이에 대한 모방을 상상으로 혼동하거나 혹은 모방적 상상을 문학 독서의 완결로 혼동하게 될 수 있다. 독자가 선택한 도식과 그에 따른 상상이 독자적이라 해도, 이 단계에서는 더 다양하고 풍부한 상상이 독자에게 필요하며, 독자는 작품에 접근하는 여러 도식에 개방적이어야 한다.

작품에 대한 독자의 상상은 처음에는 장면이나 심상에 따라 단편적으로 이루어진다. 하지만 두 번째 단계에서 형성된 도식들 중에 작품 전체의 맥락으로 수용될 만한 것이 발견되는 경우 독자는 이에 근거하여 작품 전체에 대한 구조화된 상상에 들어갈 계기를 얻게 된다. 또한 이때 텍스트의 비문자적 자질들이 이 구조화된 상상의 기저에서 특정한 정서를 유발하게 되면 독자는 비로소 작품의 상황을 구체적으로 수용할 수 있게 된다.[23] 다시 말해 인지적으로 파악할 수 있게 되었을 뿐 아니라 정서적으로도 체감할 수 있게 된다는 뜻이다. 이 두 과정은 상호 계기적이어서 독자가 작품을 전체성으로 받아들이는 다층적인 국면을 만들어 낸다.[24] 작품을 읽을수록 작품의 의미가 다르게 받아들여지는 것은 독자

---

23) 두 번째 단계에서는 비문자적인 자질은 아직 독자에게 유표화되거나 내면에서 활성화되기 어렵다. 간략히 요약하면 텍스트 내에서 비문자적 자질의 기능은 새로운 의미를 생성하는 데 있기보다는 언어 맥락의 정서, 태도적 반응을 강화하거나 변주하는 데 있으며, 이로 인해 비문자적 자질의 기능이 실현되기 위해서는 먼저 언어 맥락이 형성될 필요가 있기 때문이다. 그런데 언어 맥락의 형성에는 대개 문화적 합의의 수용이 선행한다.

24) 전체성으로 파악되는 작품은 그것이 단지 구조화된 의미 체계로 존재하는 데 그치지 않고 하나의 세계로 존재하게 된다. 이를테면 작품에 간헐적으로 등장하는 인물이 있다고 할 때 작품세계에서는 (등장하고 있지 않은 순간에도) 그 인물은 인물로서의 삶을 살아가며 그 인물이 겪음직한 사건과 상황과 사연들 속에서 경험과 감정을 축적해 간다. 이 축적된 경험과 감정은 작품 전체에도 영향을 미친다.

가 체험하는 상상적 세계, 곧 작품세계가 그때마다 다르게 실현되기 때문이며, 달리 말해 독자가 작품세계에서 취하는 역할이 달라지기 때문이다.25)

이것이 세 번째 단계로서 독자는 여기서 두 번째 단계에서 작품을 대상화하였던 상상을 내면화된 상상으로 발전시키게 된다. 세 번째 단계의 문학 독서에서는 작품은 작품세계로 실현되고, 작품세계는 다시금 새로운 작품을 낳는 공진화의 세 번째 조건이 마련된다. 때로는 교사가 없이도 이 단계가 실행될 수 있으나, 현실적으로는 작품에 대한 학습자의 구조화된 상상을 돕는 외부적 계기로서 역할하는 경우가 많다. 이때 교사의 개입은 공진화의 촉진 역할을 한다.

작품에 대한 독자의 상상적 체험이 작품세계를 형성할 때 그것이 다른 문학 주체의 작품세계와 만나 객관화하게 되는 문학 향유의 조건이 형성된다. 각자가 체험한 작품세계는 체험의 과정에서 형성되고 수용된 문학 텍스트의 세 층위, 곧 언어 맥락과 비문자적 자질, 그리고 문화적 합의에 대한 이해를 바탕으로 하며, 이는 작품세계가 다른 독자들과 공유되거나 통합될 수 있게 하는 객관적 기초가 된다. 문학세계를 체험한 독자에게 형성된 문학에 대한 선이해(작품세계를 통해 추상적 범주로서 문학에 대해 갖게 된 체험적 지식)는 문학 독서를 하나의 순환 과정처럼 만들며 작품 읽기의 틀을 형성한다. 이 단계에서 문학은 보편적 대상이자 특수한 실현을 하게 되는 작품이 된다. 이처럼 문학에 대한 선이해에 바탕을 두고 문학 독서가 선순환적26)으로 지속되는 것을 네 번째 단계의 공진

---

25) 두 번째 단계에서와는 달리, 이것은 문학의 세세한 의미 요소들을 더 많이 발견했다거나 작품을 더 잘 이해하게 되었다거나 하는 것과는 성격이 다르다. 새로운 역할 수용과 상상적 체험은 때로는 기존의 것보다 더 적은 의미 자원에 기대는 경우도 있고 때로는 창조적 오독에 기대는 경우도 있기 때문이다.

26) 언어 맥락이 비문자적 자질을 실현을 뒷받침하고, 문화적 합의가 언어 맥락의 의미를 외적

화라 한다.

네 번째 단계의 공진화는 독자가 선이해한 문학과 아직 대하기 전인 (동시에 다른 독자들이 이미 체험한 문학세계이기도 한) 다수의 문학 작품 사이에서 이루어진다. 그 원리는 문학이 독자에게 한층 심화된 문학 독서의 동력이자 방법론을 제공함으로써 지속적이고 발전적인 문학 독서를 추동하는 것이다. 이 단계의 공진화는 때로는 강독이나 토론, 대화 등을 통해 독자들 사이에서 직접적으로 일어날 수도 있으며, 교실에서의 교육 또한 여기에 해당할 수 있다.[27]

[그림 16]은 네 단계에 걸친 문학 독서 과정과 공진화의 관계를 도해한 것이다. 도해가 보여주듯이 이 과정은 시간에서뿐 아니라 내용에서도 중첩된 과정이고 실제에서는 매우 압축적으로 진행될 수도 있다.[28] 이 도해는 문학 독서가 작품 읽기가 문학 독서의 최종적 도달점이 아니며 추상적이고 일반적인 범주로서 문학을 이해하는 것 역시 최종적인 목표가 아님을 보여준다. 오히려 이 도해는 문학교육에서는 문학 독서 과정의 매 단계마다 마주치게 되는 목표이자 동시에 선순환적 계기의 핵심으로 작용하는 공진화가 중요한 의미를 갖는다는 것을 보여준다. 제시된 도해 자체는 최초의 작품 읽기에서 순환적 독서에 이르기까지의 계기만을 나타낸 것이다. 일반적으로 우리의 작품 읽기에서 실제 과정은 단계 4에서 단계 1, 혹은 단계 2나 단계 3으로의 송환과 그 연속이다.

맥락 속에 놓이게 하며, 비문자적 자질이 문화적 합의의 가능성을 확장하고 언어 맥락을 미세하게 조율하는 것, 그리고 다시 언어 맥락이 문화적 합의의 규약성을 공증하고, 문화적 합의가 비문자적 자질에 대한 민감성을 제도화하는 것.

27) 교실의 교육 담론은 공진화의 네 단계 모두와 관련된다.

28) 단계 1에서 단계 3까지는 모두 텍스트로부터 독서 행위가 시작된다.

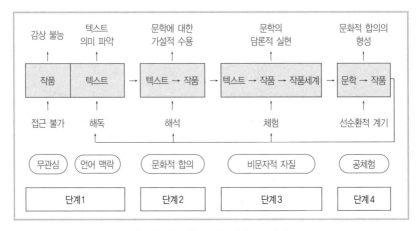

[그림 16] 문학 독서의 과정과 공진화

　이 연속적 과정에서 학습자인 독자는 작품 읽기의 과정이 진행되면서 문학에 대한 이해를 심화하거나 풍요화한다. 그와 함께 문학은 텍스트에서 작품, 그리고 작품세계, 나아가 하나의 작품을 통해 공체험된 (추상적 관념으로서의) 문학으로 상호작용적 적응과 발전의 과정을 함께 거치게 되는데, 이는 독자의 입장에서는 자신이 이해하고 체험하는 과정에서 수용하게 되는 문학의 변화 과정이 되기도 한다. 곧 작품 읽기에서 독자가 변화하면 문학과 함께 변화하게 되는 것이다.

❷ 공진화를 통한 문학교육

　공진화는 관계적인 쌍방의 동반적 발전을 의미하지만, 그 중 어느 하나에 초점화하여 살필 때에는 '외부적 요인의 내재적 동인화'라는 특성이 부각된다. 문학교육의 과정을 공진화 개념을 통해 설명하고자 한다면, 그 과정에서 문학은 외부적 요인으로 남아 있지 않고 내재적 작용으로 전환됨을 인정해야 한다. 곧 문학은 실체일 경우에도 작용적 실체로서 존재해야 한다는 뜻이다. 만약 문학을 선험적이며 형이상학적 대상으로 고형화한다면, 독자의 내면적 변화를 설명할 동력을 갖지 못하게 될 것이다.

공진화는 감염과 같은 생물학적 유비를 통해 관계의 유기체적 변화를 나타낼 이를 구조화하여 볼 수 있게 하는 장점이 있다. 게다가 이때 문학 교사의 상상적 체험은 학습자의 상상적 체험의 원인이나 대상에 그치는 것이 아니라 학습자의 상상적 체험에 따라 반응하며 함께 발전하는 상상의 활동이 된다. 문학 교사의 상상력 수준이 저 높은 곳에 있고 학습자의 상상력이 부지런히 따라가는 관계가 아니라 학습자와 문학 교사의 상상력이 상호 발달하는 관계가 성립한다는 것이다.29)

공진화라는 개념이 갖는 설명력의 측면에서 보면, '감염에 의한 교육'은 '공진화에 의한 교육'으로 대체되는 것이 합당하다. 하지만 이 절의 첫머리에서 교육의 방식을 삼분하여 제시했던 것은 개념적 엄밀성보다는 분류적 편이성이 크게 작용했기 때문이다. 고쳐 말하면, '전수, 안내, 감염'은 단순하고 분명한 구분선을 가지고 교육이 이루어지는 방식을 보여주는 데 효과적이었다는 뜻이다. 만약 후자로 전자를 대체한다면 이러한 효과는 크게 줄 수밖에 없다. 그런 까닭에 삼분의 명칭을 고쳐 쓰지 않았던 것이며, 동시에 단서 조항을 달았던 것이다.

공진화는 또한 진화의 원리를 담고 있다는 점에서 공명—이것은 본질적으로 물리학적 개념이다.—과는 달리 학습 이론의 주요 개념으로 발전시킬 수 있는 가능성을 지닌다. 앞서 우리는 '공명'을 교사와 학습자 간의 공감적 조정을 비유하는 개념으로 사용한 바 있는데, 이렇게 감상의

---

29) 공진화의 첫 단계에서 교사는 너무 많은 이론을 제공해서는 안 된다. 하지만 문학으로서 이해할 수 있는 최소한의 이론은 반드시 필요하다. 그 이론은 도식(과 이를 통한 심상)의 형성을 돕는 것을 핵심으로 한다.

동조 현상이 교육적 과정 속에 놓이게 되면, 감상은 일방에 의해 다른 일방이 변화되는 것이 아닌, 상호작용적이며 상호 적응적인 발달을 촉진할 수 있게 된다. 이 개념은 공감이나 공진, '울림'처럼 작품 읽기에서 복수의 체험 주체를 상정한다. 그런데 공명의 경우 한쪽 소리굽쇠의 역할이 어느 한쪽―체험 주체로서 '내'가 아닌 문학 교사나 다른 독자가 될 수밖에 없다.―으로 결정되어 있는 이들 개념과는 달리 공진화는 상호적으로 그 역할을 수행하는 작품 읽기의 모델을 보여준다. 이는 진화가 본질적으로 자기 초월을 내포하고 있다는 점에서 교육이 갖는 쌍방적 영향력을 포착할 수 있게 한다. 교육을 통해 학습자뿐 아니라 교사도 발전하게 된다.

공진화는 문학 독서뿐 아니라 상상력의 발달을 설명하는 데에도 중요한 단초를 제공한다. 이 개념에서 상상력은 누군가로부터 다른 누군가로 전이되는 방식으로 발달하는 것이 아니라 그 자신의 발달 원리에 따라 발달하는 것으로 이해된다. 공진화는 정서 체험이 더 깊고 풍부해지는 문학적 체험 자체를 설명할 때에도 도움이 된다.

더 풍요해지고, 이를 통해 심화되는 감상은 다른 방식의 교육에서는 찾기 힘든, 문학교육의 고유한 교육적 원리이다. 이 발달적 원리는 무엇이 '교육적'이기 때문에 그 방향으로 나아가는 목적론적인 원리가 아니라 서로 다른 질서를 갖는 작품세계들이 만나 새로운 질서를 갖는 더 풍요한 작품세계로 발전해 나가는 적응론적 원리이며, 따라서 위계적 발달보다는 확산적 발달에 적합한 원리이다. 이는 상수(常數)로 가정되는 교사에 대한 학습자의 발달이 교사의 심리적 상태나 수준 이상으로 진행되기 어려운 교육적 가정의 문제점을 지양할 수 있게 해 준다.

첫째, 공진화는 교사와 학생이 지속적으로 교수·학습의 관계를 맺는 까닭을 설명한다. 곧 공감적 조정을 통해 교사와 학생은 둘 다 변화를 겪게 되며, 이 변화로 인해 교사와 학생의 관계 자체도 변화하게 된다. 이 변화된 관계는 새로운 교육적 상황을 만들어 낸다.

둘째, 공진화는 교사와 학생이 어째서 개입과 동기화를 통해 교수·학습 상황에 들어오게 되는지 설명한다. 공감적 조정은 해석의 조율이 아니라 체험의 조정을 의미한다. 교사와 학생은 그들 자신의 모습으로는 체험할 수 없다는 것이다.

셋째, 공진화는 문학 작품을 새로운 문학 작품으로 만들어내며, 문화적 합의를 새로운 문화적 합의로 발전시키는 원리가 될 수 있음을 설명한다. 공진화는 작품 읽기의 추동력이며, 문학 생산의 추동력이기도 하다는 것이다.

이제 이 과정을 다음 [그림 17]처럼 정리할 수 있다.

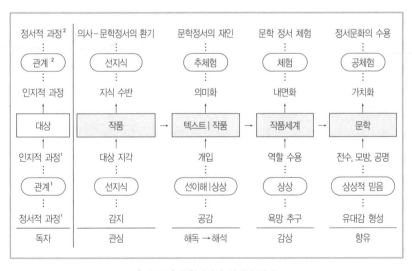

[그림 17] 문학하기의 심리적 과정

참고문헌

강남주(1989), 「시적 화자와 독자의 반응」, 『한국문학논총』 제10집, 한국문학회, 87-109.

강범모(2011), 「의미론에서 "의미"와 관련된 용어들의 개념과 번역어」, 『언어와 정보』 15-1, 한국언어정보학회, 79-92.

강현재(1991), 「시교육의 수용론적 방법 연구」, 서울대학교대학원 석사학위논문.

경규진(1993), 「반응 중심 문학 교육의 방법 연구」, 서울대학교대학원 박사학위논문.

경규진(1995), 「문학교육을 위한 반응 중심 접근법의 가정 및 원리」, 『국어교육』 v.87 · 88, 한국국어교육연구회, 1-23.

고광수(2005), 「문학 감상의 경험 교육적 성격에 대한 예비적 고찰, 문학교육학 16호, 한국문학교육학회, 83-106.

곽동훈(1987), 「중학교 문학 교재에 대하여-작품 선정 기준」, 『배달말교육』 5호, 배달말교육학회, 253-276.

곽명숙(2002), 「1920년대 초반 동인지 시와 낭만화된 죽음」, 『한국현대문학연구』 제11집, 한국현대문학회, 101-128.

구영산(2001), 「시 감상에서 독자의 상상 작용 연구-정서체험을 중심으로」, 서울대학교대학원 석사학위논문.

구인환 외(1998), 『문학교수학습방법론』, 삼지원.

구인환 · 박대호 · 박인기 · 우한용 · 최병우(1987), 『문학교육론』, 삼지원.

권성우(1994), 「1920-30년대 문학비평에 나타난 '타자성' 연구」, 서울대학교 박사학위논문.

권영철 편(1985), 『규방가사-신변탄식류』, 효성여대 출판부.

권오만(1988), 「개화기 시가 연구-그 현실인식, 문체, 형태를 중심으로」, 서울대학교대학원 박사학위논문.

권오만(1991), 「개화기 문체와 장르 선택」, 김은전 외, 『현대시사의 쟁점』, 시와시학사, 98-147.

권오현(1992), 「문학소통이론 연구-문학텍스트의 소통구조와 교수법적 기능」, 서울대학교 대학원 박사학위논문.

권택영(1996), 「현대문학과 타자 개념」, 현대시사상, 1996 겨울, 고려원.

김경희(1995), 『정서란 무엇인가』, 민음사.

김광조(1984), 「개화기의 어휘연구-독립신문에 나타난 어휘를 중심으로」, 연세대학교 교육대학원 석사학위논문.

김균진(2001), 「죽음에 관한 의식의 차원」, 『현대와 신학』 26권, 연세대 연합신학대학원.

김기홍(1982), 「감정언어와 문화적 차이 연구－한미간을 중심으로」, 『한국외국어대학교논문 제15집』, 한국외국어대학교, 17-35.

김남희(1997), 「현대시 수용에 관한 문화 기술적 연구－고등학생 독자를 중심으로」, 서울대 학교대학원 석사학위논문.

김남희(2007), 「현대시의 서정적 체험 교육 연구」, 서울대학교대학원 박사학위논문.

김대행 외(1986), 『고려시가의 정리』, 개문사.

김대행 외(2000a), 『국어교육학』, 소명출판.

김대행 외(2000b), 『문학교육원론』, 서울대학교출판부.

김대행 편(1984), 『운율』, 문학과지성사.

김대행(1979), 『한국시가구조연구』, 새문사.

김대행(1985), 「정서의 본질과 구조」, 김대행 편, 『고려시가의 정서』, 개문사, 7-32.

김대행(1991), 『시가시학연구』, 이화여자대학교출판부.

김대행(1994), 『국어교과학의 지평』, 서울대학교출판부.

김동리(1952), 「청산과의 거리」, 『문학과 인간』, 백민사.

김미혜(2000), 「비판적 읽기 교육의 내용 연구－비평 담론의 생산 과정을 중심으로」, 서울 대학교대학원 석사학위논문.

김봉군(1996), 「시 낭송 지도를 어떻게 할 것인가」, 김은전 외, 『현대시교육론』, 시와시학사, 302-324.

김상욱(2006), 「문학교육 연구방법론의 확장과 그 실제－서사텍스트의 표현능력을 중심으 로」, 『문학교육학』 21, 한국문학교육학회, 11-40.

김신숙(1992), 「교육과정에 있어서의 '잠재적 기능'과 '의도치 않은 결과'」, 이화여자대학교 대학원 석사학위논문.

김용선(1990), 『교육학에 대한 또 다른 의견―바슐라르를 중심으로』, 도서출판 인간사랑.

김용선(1991), 『상상력을 위한 교육학―바슐라르를 중심으로』, 도서출판 인간사랑.

김용직(1996), 『한국현대시사』, 한국문연.

김우창(1977), 『궁핍한 시대의 시인』 김우창 전집 1, 민음사.

김욱동(1987), 『대화적 상상력』, 문학과지성사.

김원희(2010), 「문학교육을 위한 강경애 『인간문제』의 인지론적 연구」, 『한국문학이론과 비 평』 49집, 한국문학이론과비평학회, 189-209.

김원희(2010), 「문학교육을 위한 백신애 소설세계의 인지론적 연구」, 『현대문학이론』 41, 현 대문학이론학회, 309-328.

김원희(2010a), 「문학교육을 위한 강경애 『인간문제』의 인지론적 연구」, 『한국문학이론과 비평』 49집, 한국문학이론과비평학회, 189-209.

김윤식(1973), 『근대한국문학연구』, 일지사.

김은전 외(1991), 『한국 현대시사의 쟁점』, 시와시학사.

김은전 외(1996), 『현대시 교육론』, 시와시학사.

김은전(1979), 「국어교육과 문학교육」, 서울대학교 사범대학 편, 『사대논총』 19, 서울대학교 사범대학.

김이섭(2001), 「문학과 심리학의 상호연계성에 대한 연구」, 『독일문학』 42-3, 한국독어독문학회, 309-329.

김이섭(2003), 「문학심리학의 역사와 현재-독어권, 불어권, 영어권의 비교연구」, 『세계문학비교연구』 9, 세계문학비교학회, 5-28.

김정우(2003), 「국어과 교육과정에서의 정의교육 범주에 대한 연구 : 내용 체계 및 위계의 문제를 중심으로」, 『문학교육학』 12, 한국문학교육학회, 11-40.

김정현(1995), 『니체의 몸 철학』, 지성의샘.

김종서·이영덕·이홍우 공저(1982), 『교육과정』, 서울대학교 출판부.

김주연(2004), 「프로이트의 문학 비평」, 『독일문학』 제92집, 189-210.

김주향(1991), 「시교육 방법 연구 : 상상력 계발을 중심으로」, 서울대학교대학원 석사학위논문.

김준오(1987), 『가면의 해석학』, 이우출판사.

김중신(1994), 「서사 텍스트의 심미적 체험의 구조와 유형에 관한 연구」, 서울대학교대학원 국어교육과 박사학위논문.

김중신(1994), 「소설 교재의 위계화 가능성에 대한 고찰」, 『국어교육연구』 창간호, 서울대학교 국어교육연구소, 65-87.

김중신(1996), 『소설감상방법론 연구』, 서울대 출판부.

김진우(1994), 『언어와 의사소통-수사학과 화용론의 만남』, 한신문화사.

김창원(1995), 『시교육과 텍스트 해석』, 서울대 출판부.

김창원(1996), 「초등 국어과 교육학의 교수·학습 방법 : 시 경험의 분열과 시교육의 본질을 중심으로」, 『초등교과교육학의 교수·학습 방법 연구』, 인천교육대학교 초등교육연구소.

김창원(1997), 「초·중등 문학교육의 연계 연구 : 문학 능력의 발달성을 중심으로」, 『한국초등국어교육』 13, 한국초등국어교육학회, 303-325.

김창원(2008), 「문학능력과 교육과정, 그리고 매체-교육과정 목표를 통해 본 문학능력관과 매체의 수용」, 『문학교육학』 26, 한국문학교육학회, 63-85.

김창원·정재찬·최지현(2000), 「문학교육과 상상력」, 『독서연구』 5, 한국독서학회, 131-193.

김혜련(2003), 「픽션의 역설과 인지주의 감성론」, 『미학』 제35집, 한국미학회, 109-149.

김혜련(2007), 「아리스토텔레스의 수사학에서 감정의 역할 : 인지주의적 해석」, 『철학연구』 76, 철학연구회, 43-67.

김혜영(2002), 「문학적 체험 형성의 수사적 조건 연구」, 『국어교육연구』 7집. 국어교육학회, 309-332.

김황기(2007), 「몰입 이론으로 본 듀이의 미적 경험」, 『미술교육논총』 제21권 1호, 307-326.

김효정(2007), 「문학 수용에서의 공감 교육 연구」, 서울대학교대학원 석사학위논문.

김 훈(1990), 「정지용 시의 분석적 연구」, 서울대학교대학원 박사학위논문.

김흥규(1980), 『문학과 역사적 인간』, 창작과비평사.

김흥규(1984), 「전통의 현재적 의의에 관한 물음」, 『예술과 비평』 2, 1984 여름호.

김흥규(1992), 「고전문학 교육과 역사적 이해의 원근법」, 『현대비평과 이론』 통권 3호, 1992
년 봄호, 한신문화사.

라영균(2000), 「정전(正典)과 문학 정전(文學正典)」, 『외국문학연구』 7, 한국외국어대학교
외국문학연구소, 75-93.

류수열(2004), 「사회성 발달을 위한 문학교육의 방향」, 『문학교육학』 13, 한국문학교육학회,
63-87.

류홍렬(1998), 「문학교육에서 욕망의 이해에 관한 연구-욕망의 중개를 중심으로」, 서울대
학교대학원 석사학위논문.

류희수(1991), 「중세말 통과의식으로서의 죽음의 시간」, 『경남사학』 5, 경남사학회, 117-140.

문학과문학교육연구소(2005), 『문학독서 교육, 어떻게 할 것인가』, 푸른사상사.

박동규・김준오(1986), 『현대시론』, 한국방송통신대학출판부.

박미주(1994), 『공감, 공감적 이해』, 원미사.

박성희(1997), 『공감과 친사회행동』, 문음사.

박우동(1993), 「고독의 귀인, 감정 반응, 및 대처 행동」, 성균관대학교대학원 박사학위논문.

박인기(1994), 「문학 독서 방법의 상위적 이해」, 국어교육연구 1, 서울대학교 사범대학 국어
교육연구소, 247-263.

박종훈(2005), 「지식 중심의 국어교육 내용 범주 설정 시론」, 『국어교육』 117, 한국어교육학
회, 469-492.

박찬국(2004), 「하이데거 : 죽음은 인간 개개인의 가장 고유한 가능성이다」, 정동호 외, 『철
학, 죽음을 말하다』, 산해, 189-212.

박철희(1982), 『서정과 인식』, 이우출판사.

서경석(1997), 「정전(正典)의 해체와 생성-'불안정한 문학사'에 대한 간략한 문제제기」, 『한
국문학』 1997년도 봄호, 현대문학사.

서우석(1981), 『詩와 리듬』, 문학과지성사.

서울대학교 교육연구소 편(1994), 『교육학용어사전』, 하우.

서울대학교 국어교육연구소 편(1999), 『국어교육학사전』, 대교출판.

서정주(1961), 「소월에 있어서의 정한의 처리」, 『현대문학』 71, 현대문학사.

송명자(1982), 「삐아제의 인지구조 변용론과 학습」, 한국심리학회 발달심리연구회 편, 『삐아
제 연구』, 서울대출판부, 158-178.

송 무(1994), 「영문학 교육의 정당성과 정전의 문제」, 고려대학교대학원 박사학위논문.

송 무(1997), 「문학교육의 '정전' 논의」, 문학교육학 창간호, 한국문학교육학회, 293-316.

송 무(1997), 『영문학에 대한 반성』, 민음사.

송장권・이성식・전신형(1994), 『미드의 사회심리학』, 일신사.

신경일(1994), 「공감의 인지적, 정서적 요소 및 표현적 요소간의 관계」, 『연구보』 제29집, 부산대학교 학생생활연구소, 1-37.

신동욱(1991), 『시상과 목소리』, 민음사.

양병호(2005), 『한국 현대시의 인지시학적 이해』, 태학사.

양병호(2009), 「만해 한용운 시의 인지시학적 연구」, 『국어문학』 46, 국어문학회, 131-151.

여홍상 엮음(1997), 『바흐친과 문학이론』, 문학과지성사.

여홍상(1999), 「영문학 교육의 정체성과 문학적 언어능력-비판적・창조적 사고를 위하여」, 『영어영문학』 45-1, 한국영어영문학회, 43-59.

염은열(2003), 「문학교육과 학습자의 발달 단계」, 『문학교육학』 11, 한국문학교육학회.

오세영(1976), 「한의 논리와 그 역설적 의미」, 『문학사상』 제51호, 1976년 12월호.

우한용(1998), 『문학교육과 문화론』, 서울대학교 출판부.

우한용(2004), 「문학교육과 허구적 인식능력-이문열의 〈황제를 위하여〉를 대상으로」, 『국어교육연구』 14, 서울대학교 국어교육연구소, 7-66.

우한용(2004a), 「문학교육과 도덕성 발달의 의미망」, 『문학교육학』 14, 한국문학교육학회, 11-40.

우한용(2004b), 「문학독서 교육의 이론과 실천을 위한 기반 검토」, 『선청어문』 32, 서울대학교 사범대학 국어교육과, 43-84.

우한용 외(1997), 『문학교육과정론』, 삼지원.

원용진・주혜정(2002), 「텔레비전 장르의 중첩적 공진화(dual co-evolution)-사극 '허준', '태조 왕건' 분석을 중심으로」, 『한국방송학보』 통권 16-1, 300-332.

유영희(1994), 「시 텍스트의 담화적 해석 연구」, 서울대 대학원 국어교육과 석사학위논문.

유영희(1996), 「시의 화자를 어떻게 지도할 것인가」, 김은전 외, 『현대시교육론』, 시와시학사, 247-262.

유영희(2007), 「현대시의 정서 표현과 정서 체험 교육」, 우리말글 39, 우리말글학회, 139-166.

윤여탁(1995), 『시의 논리와 서정시의 역사』, 태학사.

윤여탁(1998), 『시 교육론 2』, 서울대학교출판부.

윤여탁(1999), 「문학교육에서 상상력의 역할-시의 표현과 이해 과정을 중심으로」, 『문학교육론』 3, 한국문학교육학회.

윤여탁・유영희・최미숙(2006), 『시와 함께 배우는 시론』, 태학사.

윤여탁・최미숙・최지현・유영희(2010), 『현대시 교육론』, 사회평론.

윤현섭(1987), 「지능, 어휘력 그리고 정서구조」, 『강원대학교 논문집-인문학연구』, 제25호, 121-133.

윤현섭(1987), 『정서의 논리』, 강원대학교 출판부.

이구슬(1996), 『해석학과 비판적 사회 과학』, 서광사.

이돈희(1993), 『교육적 경험의 이해』, 교육과학사.

이명찬(2008), 「시 창작교육 방향의 탐색－창작 과정에 대한 이해를 바탕으로」, 『문학교육
　　　　　학』 27, 한국문학교육학회, 55-78.

이삼형 외(2000), 『국어교육학과 사고』, 역락.

이상금(2001), 「외국어 독서와 문학텍스트의 독서 전략」, 『문학교육학』 8, 한국문학교육학
　　　　　회, 229-251.

이송희(2010), 「인지시학적 시각으로 본 기형도 시세계」, 『현대문학이론연구』 40, 현대문학
　　　　　이론학회, 115-135.

이숭원(1986), 「한국근대시의 자연표상 연구」, 서울대학교대학원 국어국문학과 박사학위
　　　　　논문.

이승철(2010), 「정지용의 ‘장수산1’에 대한 인지시학적 연구」, 『한국언어문학』 72, 한국언어
　　　　　문학회, 437-454.

이승혜(1990), 「정서의 구조 : 정서 단어의 심리학적 분석」, 부산대학교대학원 심리학과 석
　　　　　사학위논문.

이영훈(2001), 「태도의 지식구조와 정보처리 양식 : 이중처리이론을 중심으로」, 『한국심리학
　　　　　회지 : 사회 및 성격』 V15. N2, 한국심리학회, 85-109.

이익섭(1994), 『사회언어학』, 민음사.

이재운(1999), 「한국인의 죽음관에 대한 설문조사 보고－종교와 한국인의 죽음관」, 『전주사
　　　　　학』 7, 전주대학교 역사문화연구소, 1-61.

이정모 외(1989), 『인지과학 : 마음/언어/계산』, 민음사.

이정모 외(2003), 『인지심리학』, 학지사.

이정모・방희정(1996), 「기억 표상의 이론적 모형」, 이정모 편, 『인지심리학의 제 문제 (I) :
　　　　　인지과학적 연관』, 성원사, 199-221.

이정모・이건효・이재호(2004), 「사이버 인지심리학의 개념적 재구성 : 인공물과 인지의 공
　　　　　진화」, 『한국심리학회지 : 실험』 16-4, 한국심리학회, 365-391.

이정모・이홍철(1996), 「정보처리 패러다임의 특성」, 이정모 편, 『인지심리학의 제 문제(I) :
　　　　　인지과학적 연관』, 성원사, 55-67.

이정민 외(2001), 『인지과학』, 태학사.

이종영(1996), 『가학증・타자성・자유』, 백의.

이종은・김응환・설성경・정민・윤주필・박용호(1997), 「한국문학에 나타난 한국인의 우주
　　　　　관과 생사관 연구」, 『한국학논집』 30, 한양대학교 한국학연구소, 7-246.

이충렬(1988), 「정서 분류에 대한 동서비교 고찰」, 경희대학교대학원 석사학위논문.

이호영(1991), 「한국어의 리듬－숨쉬기와 끊어읽기를 중심으로」, 『한국어 연구논문』 28집,
　　　　　KBS 아나운서실 한국어 연구회.

임철규(1978), 「죽음의 미학－안티고네의 죽음」, 『현상과 인식』 2-2, 한국인문사회과학회,
　　　　　93-110.

임 화(1940), 「신문학사의 방법」, 김외곤 편(2000), 『임화 전집 2 : 문학사』, 박이정.

장경렬 외 편역(1997), 『상상력이란 무엇인가』, 살림.

장경렬(1992), 「신비평, 무엇이 여전히 문제인가」, 『현대 비평과 이론』 제4권 1호 통권 7호, 1992 봄·여름, 한신문화사.

장경렬(1996), 「상상력, 그 비밀을 찾아서 : 사뮤엘 테일러 코올리지(Samuel Taylor Coleridge)」, 현대비평과이론 12, 한신문화사.

장윤희(1995), 「이야기 글에서 등장인물의 정서상태 추론」, 고려대학교대학원 석사학위논문.

전기철(1992), 「한국 전후 문예비평의 전개양상에 대한 고찰−불안의식의 내재화와 응전력을 중심으로」, 서울대학교대학원 박사학위논문.

정동호 외(2004), 『철학, 죽음을 말하다』, 산해.

정동호 외편(1986), 『죽음의 철학』, 청람.

정문길(1978), 『소외론 연구』, 문학과지성사.

정 민(1996), 『한시미학산책』, 솔.

정양은(1970), 「감정론의 비교 연구−사회적 감정을 중심으로」, 『한국심리학회지』 Ⅰ-3, 한국심리학회, 77-90.

정원식·이상로·이성진(1985), 『현대교육심리학』, 교육출판사.

정재완(1976), 「한국의 현대시와 어조(Tone)−가상적인 화자와 청자의 설정을 중심으로」, 『한국언어문학』 제14집, 한국언어문학회, 1-18.

정재찬(1996), 「현대시 교육의 지배적 담론에 관한 연구」, 서울대학교대학원 박사학위논문.

정재찬(2004a), 「문학교육과 도덕적 상상력」, 『문학교육학』 14, 한국문학교육학회, 41-78.

정재찬(2004b), 『문학교육의 현상과 인식』, 역락.

정재찬(2009), 「문학체험의 자기화를 위한 문화 혼융의 글쓰기」, 『한국작문학회 연구발표회 자료집』, 한국작문학회, 43-79.

정정호(1992), 「성차와 '여성적 글쓰기'의 정치적 무/의식」, 『현대비평과 이론』 제2권 2호 (통권 4호), 1992 가을·겨울, 146-170.

천선영(2000), 「근대적 죽음에 대한 유형적 분석」, 『사회과학연구』 제9호, 서강대학교 사회과학연구소, 143-183.

천이두(1984), 「한의 미학적, 윤리적 위상」, 『한국문학과 한(恨)』, 이우출판사, 8-34.

천이두(1993), 『한의 구조 연구』, 문학과지성사.

최경희(2004), 「문학 경험이 아동의 가치 형성에 미치는 영향」, 『문학교육학』 14, 한국문학교육학회, 79-119.

최길성(1988), 「한국 전통적 여성상과 한」, 서울대학교 사범대학 국어교육과 편, 『난대 이응백 교수 정년퇴임 기념논문집』, 서울대학교 사범대학 국어교육과, 678-697.

최미숙(1997), 「문학텍스트의 수사학적 읽기 연구−내적 대화를 중심으로」, 『논문집』 제62집, 한국국어교육연구회.

최상진·이장주(2001), 「정서의 사회−문화적 성격」, 『사회과학연구』 13, 중앙대학교 사회

과학연구소, 123-146.

최인령(2002), 「인지적 환기시학-베를렌느의 'riette oubliee IX'를 중심으로」, 『불어불문학연구』 52, 한국불어불문학회, 615-641.

최인령(2005), 「광고 메모리, 시적 메모리 : 인지적 환기시학의 접근방법에 의한 시와 광고 슬로건의 관련성 연구」, 『불어불문학연구』 64, 한국불어불문학회, 613-646.

최인자(1993), 「작중인물의 의미화를 통한 소설 교육 연구」, 서울대학교대학원 석사학위논문.

최정윤・한미정(1999), 「삶의 의미수준과 죽음불안과의 관계」, 『한국심리학회지』, 11-2, 한국심리학회, 167-181.

최준식(1994), 「한국인의 생사관 : 전통적 해석과 새로운 이해」, 『종교연구』 10, 한국종교학회, 173-208.

최지현(1994), 「한국 현대시 교육의 담론분석-1940년대 저항시를 중심으로」, 서울대학교대학원 석사학위논문.

최지현(1996), 「현대시 교육론의 반성과 전망」, 김은전 외, 『현대시 교육론』, 시와시학사, 79-114.

최지현(1997a), 「한국 근대시 정서체험의 텍스트 조건 연구」, 서울대학교대학원 박사학위논문.

최지현(1997b), 「문학과 미술」, 문학과문학교육연구소 편, 『문학의 이해』, 삼지원, 174-196.

최지현(1998a), 「문학감상교육의 교수학습모형 탐구」, 『선청어문』 26, 서울대학교 사범대학 국어교육과, 309-357.

최지현(1998b), 「문학정서체험, 교육내용으로서의 본질과 가치」, 구인환 외, 『문학교수학습방법론』, 삼지원, 120-136.

최지현(1998c), 「이중 청자와 감상의 논리」, 『국어교육연구』 6집, 서울대학교 국어교육연구소, 323-355.

최지현(1999a), 「이른바 '애상(哀傷)'은 어떻게 거부되는가-슬픔의 정서에 대한 '교육적 고려'를 비판적으로 성찰하기」, 『문학교육학』 3, 한국문학교육학회, 261-282.

최지현(1999b), 「초기 근대시의 시 정서에 관한 몇 가지 가설들의 검토」, 『교육논총』 3, 서원대학교 교육대학원, 75-93.

최지현(2000a), 「국어과 교육에서 정의적 교육 내용」, 『국어교육학 연구』 11집, 국어교육학회, 27-46.

최지현(2000b), 「문학교육에서 정전과 학습자의 정서체험이 갖는 위계적 구조에 관한 연구」, 『문학교육학』 5, 한국문학교육학회, 53-99.

최지현(2001a), 「시 교육과 문화적 감수성」, 김은전 외, 『현대시 교육의 쟁점과 전망』, 시와시학, 107-122.

최지현(2001b), 「정지용 시의 은유구조-물 이미지의 형성과 상호텍스트적 영향 관계를 중심으로」, 『호서문화논총』 15, 서원대학교 호서문화연구소, 1-11.

최지현(2003), 「감상의 정서적 거리-교육과정변인이 감상에 미치는 영향」, 『문학교육학』 12, 한국문학교육학회, 41-67.

최지현(2006), 『문학교육과정론』, 역락.

최지현(2007a), 「문학교육의 교육적 상상력」, 『국어국문학』 144, 국어국문학회, 167-191.

최지현(2007b), 「문학독서의 원리와 방법」, 독서연구 17, 한국독서학회, 63-82.

최지현(2007c), 「불편한 감정과의 조우-근대시에서 "죽음"과 마주대하기」, 『문학교육학』 23, 한국문학교육학회, 233-271.

최지현(2009), 「문학능력의 위계적 발달 평가 모형」, 『문학교육학』 28, 한국문학교육학회, 41-93.

최지현 (2012), 「문학교육과 인지심리학-'문학적 이해' 개념을 중심으로」, 『문학교육학』 37, 한국문학교육학회, 125-156.

피터하(2003), 「하이데거 사유에서 죽음의 존재론적 구조」, 『해석학연구』 11, 한국해석학회, 260-285.

한계전(1983), 『한국현대시론연구』, 일지사.

한계전(1985), 『한국 근대시 형성 연구』, 문학세계사.

한명숙(2002), 「문학교육의 정서 탐구」, 『청람어문교육』 v.24, 청람어문교육학회, 231-268.

한명숙(2003), 「문학인지 발달과 이야기 감상 교육」, 『문학교육학』 11, 한국문학교육학회, 209-244.

한상철(1994), 「하이데거와 리꾀르의 해석학적 사유-리꾀르의 하이데거 수용과 비판」, 서울대학교대학원 박사학위논문.

한철우(1995), 「문학 영역의 교수-학습 모형」, 『선청어문』 23, 서울대학교 국어교육과, 219-232.

한철우(2004), 「문학독서 교육의 전개와 방향」, 『독서연구』 12, 한국독서학회, 251-297.

허승희·박동섭·상승희(1999), 『아동의 상상력 발달』, 학지사.

황정현(1999), 「드라마의 인지 과정 이해」, 『문학교육학』 3, 한국문학교육학회, 313-333.

황혜진(2006), 「가치경험을 위한 소설 교육 내용 연구」, 서울대학교대학원 박사학위논문.

Allport, G. W.(1935), "attitudes" in C. Murchinson(ed.), *Handbook of social psychology* Vol. 2. Worcester, Mass : Clark University Press, 798-884.

Allport, G. W.(1953), *The Nature of Prejudice*, 이원영 역(1993), 『편견의 심리』, 성원사.

Altieri, C.(1983), "An Idea and Ideal of Literary Canon", in Robert von Hallberg(eds.), *Canons*, Chicago : The Univ. of Chicago Press, 37-60.

Anderson, R. M. and May, R. M.(1982), *Coevolution of hosts and parasites*. Parasitology 85, 411-426.

Apple, M.(1982), *Education and Power*, 최원형 옮김(1988), 『교육과 권력』, 한길사.

Aries, P.(1975), *Essais sur l'histoire de la mort en occident du moyen age a nos jours*,

이종민 역(1998), 『죽음의 역사』, 동문선.

Arnheim, R.(1958), *Invented world : the psychology of the arts*, 김재은 역(1984), 『예술심리학(하)』, 이화여자대학교 출판부.

Arrivé, M.(1986), *Linguistique et psychanalyse*, 최용호 역(1992), 『언어학과 정신분석학 : 프로이드, 소쉬르, 옐름슬레우, 라깡을 중심으로』, 인간사랑.

Atkins, G. D. and Michael L. Johnson eds.(1985), *Writing and Reading Differently : Deconstruction and the Teaching of Composition and Literature*, UP of Kansas.

Atkinson, R. L., Atkinson, R. C., and Hilgard, E. R.(1983), *Introduction to Psychology* (8th), 이훈구 역(1984), 『현대심리학개론』, 정민사.

Austin, J. L.(1975), *How to do things with words*, 김영진 역(1992), 『말과 행위 – 오스틴의 언어철학, 의미론, 화용론』, 서광사.

Averill, J. R.(1976), "Emotion and Anxiety : The Sociocultural, Biological and Psychological Determinants", in Amélie Oksenberg Rorty(ed. 1980), *Explaining Emotions*, University of California Press, 87–130.

Bachelard, Gaston(1943), *L'air et les songes*, 정영란 역(1993), 『공기와 꿈 : 운동에 관한 상상력 연구』, 민음사.

Bachelard, Gaston(1957), *La poétique de l'espace*, 곽광수 역(1989), 『공간의 시학』, 민음사.

Bachelard, Gaston(1960), *Poétique de la rêverie*, 김현 역(1982), 『몽상의 시학』, 홍성사.

Bakhtin, M. M.(1986), S*peech Genres and Other Late Essays*, Trans. by Vern W. McGee, ed. by Caryl Emerson and Michael Holquist, Austin : University of Texas Press.

Bakhtin, Mikhail M.(1928), *Формальный метод в литературоведении*, 이득재 역(1992), 『문예학의 형식적 방법』, 문예출판사.

Barthes, R.(1963), "Les deux critiques", 김현 편역(1979), 「두 개의 비평」, 『현대비평의 혁명』, 홍성사, 27–34.

Barthes, R.(1977), "From Work to Text", *Image–Music–Text*, Stephen Heath(ed. and trans.), New York : Hill and Wang, 155–164.

Barthes, R.(1970), "L'ancienne rhétorique : aide-mémoire", 김현 편(1992), 「옛날의 수사학」, 『수사학』, 문학과지성사, 17–116.

Barthes, R.(trans. by Richard Miller, 1985), *S/Z – An Essay*, Hill and Wang : New York.

Baudelaire, C. and etc(김붕구 역, 1980), 『보들레르, 파르나스파 시』, 탐구당.

Bauer, Joachim(2005), *Warum ich fühle, was Du fühlst : Intuitive Kommunikation und das Geheimnis der Spiegelneurone*, 이미옥 역(2006), 『공감의 심리학』, 에코리브르.

Beaugrande, R. de and W. Dressler(1980), *Introduction to Text Linguistics*, 김태옥·이현호 공역(1991), 『담화, 텍스트언어학 입문』, 양영각.

Beck, A. T.(1976), *Cognitive Therapy and Emotional Disorders*, New York : New American Library.

Bem, D.(1970), *Beliefs, attitudes, and human affairs*, Belmont, CA : Brooks/Cole.

Bender, J. and Dabid E. Wellberry(1990), *The End of Rhetoric*, Stanford University Press.

Bennett, T.(1979), *Formalism and Marxism*, 임철규 옮김(1983), 「형식주의와 마르크스주의」, 현상과인식.

Bennett, T.(1990), *Outside Literature*, Routledge.

Berger, Peter L. and Thomas Luckmann(1966), *Social Construction Reality*, 박충선 역(1990), 『지식형성의 사회학』, 기린원.

Berman, M.(1982), *All That Is Solid Melts Into Air : The Experience of Modernity*, 윤호병·이만식 역(1995), 『현대성의 경험-견고한 모든 것은 대기 속에 녹아 버린다』, 현대미학사.

Bernis, Jeanne(1958), *L'Imagination*, 이재희 역(1983), 『상상력』, 탐구당.

Bernstein, B.(1990), *The Structuring of Pedagogic Discourse—Class, Code and Control*, Routledge.

Bloom, H.(1973), *The Anxiety of Influence*, 양석원 역(2012), 『영향에 대한 불안』, 문학과지성사.

Bourdieu, P. and Passeron, J. C.(1977), *Reproduction in Education, Society and Culture*, trans. Richard Nice, London : Sage.

Bourdieu, P.(1975), "Cultural Reproduction and Social Reproduction", in Karabel, J. and Halsey, A. H.(eds.), *Power and Ideology in Education*, Oxford Univ. Press.

Bourdieu, P.(1984), *Questions de sociologie*, 문경자 역(1994), 『혼돈을 일으키는 과학』, 솔.

Brett, R. L.(1969) *Fency & Imagination*, 심명호 역(1979), 『공상과 상상력』, 서울대출판부.

Brook-rose, C.(1985), "Woman as a Semiotic Object", *Poetics Today*, Vol. 6 No. 1/2, 김열규 외 공역(1993), 「기호학적 대상으로서 여성」, 「기호학적 대상으로서 여성」, 『페미니즘과 文學』, 문예출판사, 9-20.

Brooks, C. and R. P. Warren(1976), *Understanding Poetry*, Holt : Rinehart and Winston.

Brooks, P.(1987), "The Idea of a Psychoanalytic Literary Criticism", *Critical Inquiry*, 13 / 2 : 334-348.

Cain, William E.(1994), "Contemporary theory, the Academy, and Pedagogy", in *Teaching Contemporary Theory to Undergraduates*, Dianne F. Sadoff and

William E. Cain eds., The Modern Language Association of America, New York, 3-14.

Canguilhem, G.(1943), *La normal er le patholigiqeu*, 여인석 역(1996), 『정상적인 것과 병리적인 것』, 인간사랑.

Carroll, John B.(1964), *Language and thought*, 조명한 역(1979), 『언어와 사고』, 정음사.

Chandler, M. J., Greenspan, S., and Barenboim, C.(1974), "The assessment and training of role-taking and referential communication skills in institutionalized emotionally disturbed children", *Developmental Psychology*, 10, 546-553.

Chatman, S. B.(1978), *Story and Discourse : Narrative Structure in Fiction and Film*, 김경수 옮김(1990), 『영화와 소설의 서사구조』, 민음사.

Childers, J. and Gary Hentzi(eds. 1995), *The Colombia Dictionary of Modern Literary and Cultural Criticism*, 황종연 역(2008), 『현대 문학·문화 비평 용어사전』, 문학동네.

Collingwood, R. G.(1938), *The Principles of Art*, 김혜련 역(1996), 『상상과 표현-예술의 철학적 원리』, 고려원.

Crowley, S.(1990), "writing and Writing", in Henrickson, Bruce & Morgan, Thaïs E., eds. *Reorientations : Critical Theory & Pedagogies*, Univ. of Illinois Press.

Culler, J(1975), *Structuralist Poetics*, NY ; Cornell University Press.

Dasenbrock, R. W.(1990), "What to Teach When the Canon Closes Down : Toward a New Essentialism", in Henrickson, Bruce and Morgan, Thaïs E.(eds.), *Reorientations : Critical Theory & Pedagogies*, Univ. of Illinois Press, 63-76.

Davis, M. H.(1983), "The effects of dispositional empathy on emotional reactions and helping : a multidimensional approach", *Journal of Personality*, 51, 167-184.

de Man, Paul(1979), *Allegories of Reading*, 장경렬 역(1993), 「이론의 저항」, 「문헌학으로의 복귀」, 『현대 비평과 이론』 6호, 가을·겨울.

de Man, Paul(1982), "The Resistance to Theory", *Yale French Studies*, No. 63, 3-20.

Derrida, J.(1967), *Gramatology*, 김성도 역(2010), 『그라마톨로지』, 민음사.

Dewey, J.(1987), "Art as experience", in J. A. Boyston(ed.), *The later works of John Dewey*, Vol. 10. 이재언 옮김(2003), 『경험으로서의 예술』, 책세상, 15-105.

Durand, G.(1994), *L'Imaginaire. Essai sur les sciences et la philosophie de l'image*, 진형준 역, 1995), 『상상력의 과학과 철학』, 살림.

Eagleton, T.(1983), *Literary Theory : Introduction*, 김명환 역(1989), 『문학이론입문』, 창작과비평사.

Easthope, A.(1983). *Poetry as Discourse*, 박인기 역(1994), 『시와 담론』, 지식산업사.

Easthope, A.(1991), *Literary Into Cultural Studies*, 임상훈 역(1989), 『문학에서 문화연구로』, 현대미학사.

Eisenberg, N. and Miller, P. A.(1987), "The relation of empathy to prosocial and related behaviors", *Psychological Bulletin*, 101, 91-119.

Eisner, Elliot W.(1979), *The Educational Imagination*, 이해명 역(1983), 『교육적 상상력 : 교육과정의 구성과 평가』, 단대출판부.

Elias, N.(1939), *The Civilizing Process : The History of Manners, Edmund Jephcott* (trans. 1978), 이희수 역(1995), 『문명화 과정 : 매너의 역사』, 신서원.

Erikson, Erik H., *Childhood and Society*, 윤진・김인경 옮김(1988), 「아동기와 사회」, 중앙적성출판사.

Fairclaugh, N(1989), *Language and Power*, Longman.

Felman, S.(ed. 1982), *Literature and Psychoanalysis : The Question of Reading : Otherwise*, The Johns Hopkins University Press.

Ferry, L.(1990), *Homo Aestheticus*, 방미경 역(1994), 『미학적 인간』, 고려원.

Festinger, L.(1957), *A Theory of Cognitive Dissonance*. Stanford, CA : Stanford University Press.

Fiedler, L. and Houston Baker(eds., 1981), *Opening on the Canon: Selected Papers from the English Institute*, Johns Hopkins Univ. Press.

Fish, S.(1980), *Is There a Text in This Class? : The Authorrity of Interpretive Communities*, Cambridge : Harvard UP.

Fiske, J.(1989), "Culrural Studies and the Culture of Everyday Life", *Understanding Popular Culture*, Boston Unwin Hyman.

Flavell, John H, Miller, Patricia H and Scott A. Miller(1993), *Cognitive development(3rd Ed.)*, 정명숙 역(1999), 『인지발달』, 나남출판.

Foucault, M.(1961), *Histoire de la folie à l'âge classique―Folie et déraison*, 김부용 역(1991), 『광기의 역사』, 인간사랑.

Foucault, M.(1969), *L'archéologie du savoir*, 이정우 역(1992), 『지식의 고고학』, 민음사.

Foucault, M.(1970), *L'ordre du discours gallimard*, 이정우 역(1994), 『담론의 질서』, 샛길.

Foucault, M.(1976), *Histoire de la sexualité : Vol I : La Volonté de savoir*, 이규현 역(1990), 『성의 역사―앎의 의지』, 나남사.

Foucault, M.(1984), *Histoire de la sexualité : Vol III : Le Souci de soi*, 이혜숙・이영목 공역(1990), 『성의 역사―자기에의 배려』, 나남사.

Foucault, M.(1984), *Histoire de la sexualité : Vol II : L'Usage des plaisirs*, 문경자・신은영 공역(1990), 『성의 역사―쾌락의 활용』, 나남사.

Foucault, M.(1966), *Les mots et les choses*, 이광래 역(1987), 『말과 사물』, 민음사.

Fowler, R.(1981), *Literature as Social Discourse*, London : Batsford Academic and Education LTD.

Freud, S.(1905), "On psychotherapy", In J. Strachey(ed., 1953), *The Standard Edition of the Complete Psychological Works of Sigmund Freud* (Vol 7), London : Hogarth, 255-268.

Freud, S.(1961), *Sigmund Freud : Gesammelte Werke*, 임홍빈, 홍혜경(1997), 『정신분석강의(하)』, 열린책들.

Frijda, N. H., Suprapti Markam, Kaori Sato, and Reinout Wiers(1994) "Emotions and emotion words", in James A. Russell, José-Miguel Fernándes-Dols, Antony S. R. Manstead and J. C. Wellekkamp (eds.), *Everyday Conceptions of Emotion : An Inroduction to the Psychology, Anthropology and Linguistics of Language*, NATO ASI Series.(3), 121-143.

Frye, N.(1963), *Educated imagination*, 이상우 역(1988), 『문학의 구조와 상상력』, 집문당.

Gadamer, H.-G.(1960), *Wahrheit und methode*, 이길우 외 옮김(2000), 『진리와 방법 1』, 문학동네.

Gaut, B.(2007), *Art, Emotion and Ethics*, Oxford University Press.

Geertz, C.(1973), *The Interpretation of Cultures(Selected Essays)*, Basic Books, Inc., Publishers : New York.

Gibson, L.(1986), *Critical theory and education*, 이지헌 역(1989), 『비판이론과 교육』, 성원사.

Giddens, A.(황정미 · 배은경 공역, 1996), 『현대사회의 성 · 사랑 · 에로티시즘』, 새물결.

Ginburg, Herbert P. and Sylvia Opper(1969), *Piaget's Theory of Intellectual Development*, 김억환 역(1993), 『피아제 인지발달론』, 성원사.

Giroux, H.(1988), 한준상 외 공역, 『교육과정논쟁』, 집문당.

Gladwell M.(2005), *Blink : the power of thinking without thinking*, Boston, MA : Little, Brown.

Goodman, Nelson(1976), *Languages of Art : An Approach to a Theory of Symbols*, 김혜숙 · 김혜련 공역(2002), 『예술의 언어들-기호이론을 향하여』, 이화여자대학교 출판부.

Gordon, S, L.(1990), "Social Structural Effects on Emotions", in T. D. Kemper(ed.), *Research Agendas in the Sociology of Emotions*, State University of New York Press, 이성식 · 전신현 편역(1995), 「사회 구조에 있어서 감정의 역할」, 『감정사회학』, 한울아카데미, 210-223.

Gordon, S. L.(1981), "The Sociology of Sentiments and Emotion", In M. Rosenberg and R. Turner(eds.), *Social Psychology : Sociological Perspectives*, New York : Basic Books, 551-575.

Gordon, S. L.(1989), "Institutional and Impulsice Orientations in the Selective Appropriation of Emotions to Self", in D. Frank and E. D. Mccarthy(eds.), *Sociology of Emotions : Original Essays and Research Papers*, Greenwich, CT. : JAI Press, 이성식·전신현 편역(1995), 「감정문화, 감정, 자아」, 『감정 사회학』, 한울, 164-178.

Gossmann, L.(1990), *Between History and Literature*, Harvard Univ. Press.

Gottman, J. M., Katz, Lynn Fainsilber, and Carole Hooven(1996), *Meta-Emotion : How Families Communicate Emotionally*, Lawrence Erlbaum.

Goudsblom, J.(1987), *Nihilisme en cultuur*, 천형균 역(1988), 『니힐리즘과 문화』, 문학과 지성사.

Graff, G.(1979), *Literature Against Itself*, 박거용 옮김(1997), 『자신의 적이 되어 가는 문학』, 현대미학사.

Graff, G.(1987), *Professing Literature : An Institutional History*, Chicago Univ. Press.

Graff, G.(1989), "The Future of Theory in the Teaching of Literature", in Ralph Cohen(ed.), *The Future of literary Theory*, Routledge. 250-267.

Graff, G.(1990), "Why Theory?", in Davis, L. J. and Mirabella, M. B.(eds.), *Left Politics and the Literary Profession*, Columbia UP, 19-54.

Greenberg, Leslie S. and Jeanne C. Watson(2005), *Emotion-Focused Therapy For Depression*, American Psychological Association(APA).

Greimas, Algirdas Julien(1971), "Transmission et communication", in S. Doubrovsky and T. Todorov(eds.), *L'enseignement de la littérature*, 윤희원 역(1996), 「전달과 소통」, 『문학의 교육』, 하우, 19-32.

Gribble, J and G. Oliver(1973), "Empathy and education", *Studies In Philosophy of Education*, 8, 3-29.

Gribble, J.(1983), *Literary education : A Revaluation*, 나병철 역(1987), 『문학교육론』, 문예출판사.

Guillory, J.(1990), "Canon", in Lentricchia, F. and T. Mclaughlin(eds.), *Critical Terms for Literary Study*, 정정호 외 공역(1994), 『문학연구를 위한 비평용어』, 한신문화사, 303-325.

Habermas, J.(1973), *Erkenntnis und Interesse*, 강영계 옮김(1983), 『인식과 관심』, 고려원.

Heideger, M.(1927), *Sein und zeit*, 이기상 역(1998), 『존재와 시간』, 까치.

Henri P.(1976), *La Litterature Symboliste*, Collection QUE SAIS-JE? No. 82, 윤영애 역 (1985), 『상징주의 문학』, 탐구당.

Henriksen, B.(1990), "Teaching against the Grain", in Henrickson, Bruce and Morgan, Thaïs E.(eds.) *Reorientations : Critical Theory & Pedagogies*, Univ. of Illinois Press.

Hernadi, P.(1972), *Beyond Genre*, Ithaca and London : Cornell University Press.

Hernandez, Oscar R.(1994), *Deep Feelings : Poetry from the Heart*, American Literary Press.

Hills, P. J.(1986), *Teaching, Learning, and Communication*, 장상호 역(1993), 『교수, 학습, 그리고 의사소통』, 교육과학사.

Hirsh, Eric D.(1976), *Aims of Interpretation*, 김화자 옮김(1988), 『문학의 해석론』, 이화여자대학교출판부.

Hjort, M. and Sue Laver(eds., 1997), *Emotion and the Arts*, Oxford University Press.

Hochschild, A. R.(1979), "Emotion Work, Feeling Rules, and Social Structure," *American Journal of Sociology*, 「감정작용, 감정규칙, 사회구조」, 이성식·전신현 편역(1995), 『감정사회학』, 한울, 90-112.

Holquist, M.(1981), "Politics of Representation", in Stephen J. Greenblatt(ed.), *Allegory and Representation*, Baltimore : Johns Hopkins University Press, 389-408.

Hume, D.(ed. with and analytical index by L. A. Selby-Bigge, 1980), *A Treatise of Human Nature*, 이준호 역(1996), 『인간 본성에 관한 논고 제2권 : 정념에 관하여』, 서광사.

Hunt, P.(2000), *Understanding Children's Literature*, Routledge.

Illich, I.(1983), *Gender*, 최효선, 이승환 역(1996), 『젠더』, 뜨님.

Iser, W.(1974), *The Implied Reader*, Baltimore : The John Hopkins Univ. Press.

Iser, W.(1978), *The Act of Reading : A Theory of Response*, Baltimore : The Johns Hopkins University Press.

Jacobson, R.(1960), "Linguistics and Poetics", 이정민·이병근·이명현 외 공편역(1979), 『언어과학이란 무엇인가』, 문학과지성사, 144-185.

Jacobson, R.(ed. by Thomas Sebeok, 1960), *Style in Language*, 권재일 옮김, 1989), 『일반 언어학 이론』, 민음사.

Jacobson, R.(신문수 편역, 1989), 『문학 속의 언어학』, 문학과지성사.

Janis, I. L.(1972), *Victims of groupthink*, Boston, MA : Houghton Mifflin Company.

Johnson, M.(1987), *Body in the mind*, 이기우 역(1992), 『마음 속의 몸-의미·상상력·이성의 신체적 기초』, 한국문화사.

Kaster, R.(2007), *Emotion, Restraint, and Community in Ancient Rome*(Classical Culture and Society Series), Oxford University Press.

Kayser, W.(1948), *Das sprachliche Kunstwerk : Eine Einführung in die Literaturwissenschaft*, 김윤섭 역(1982), 『언어예술작품론』, 대방출판사.

Kemper, T. D.(1981), "Social Constructionist and Positivist Approaches to the Sociology of Emotions", *American Journal of Sociology*, 이성식·전신현 편역(1995), 「감정사회학에 있어서 사회구성주의와 실증주의 접근」, 『감정사회학』, 한울

아카데미, 113-136.

Kemper, T. D.(1987), "How Many Emotions are There?", *American Journal of Society*, 이성식 · 전신현 편역(1995), 『감정사회학』, 한울아카데미, 91-108.

Kenny, D. A.(1964), *Action, Emotion and Will*, Thoemmes Press.

Kenny, D. A.(1994), *Interpersonal perception : A social relations analysis*, New York, NY : Guilford Press.

Klijn, Erik-Hans(2008), *Complexity Theory and Public Administration : What's New?* Public Management Review 10(3), 299-317.

Klinger, E.(1987), "Current Concerns and Disengagement from Incentives", in Frank Halisch and Julius Kuhl(eds.), *Motivation, Intention, and Volition*, 김언주 외 공역(1993), 「현행 관심사와 유인으로부터의 이탈」, 『동기이론-정보처리적 접근』, 문음사, 91-108.

Kolberg, L.(1981), *The Philosophy of Moral Development : Moral Stages and the Idea of Justice*, 김봉소 · 김민남 역(1985), 『도덕발달의 철학』, 교육과학사.

Konstan, D.(2006), *The Emotions of the Ancient Greeks : Studies in Aristotle and Greek Literature* (Robson Classical Lectures), University of Toronto Press.

Kövecses, Z.(1994) "Introduction : Language and Emotion Concept", in James A. Russell, José-Miguel Fernándes-Dols, Antony S. R. Manstead and J. C. Wellekkamp(eds.), *Everyday Conceptions of Emotion : An Inroduction to the Psychology, Anthropology and Linguistics of Language*, NATO ASI Series.(3), 2-12.

Kress, G.(1985), "Ideological Structure of Discourse", in T. A. Dijk(ed.), *Handbook of DIscourse Analysis IV*, Academic Press, 27-42.

Kristeva, J.(trans. by Margaret Waller, 1984), *Revolution in Poetic Language*, Columbia U.P.

Kuhl, J.(1987), "Action Control : The Maintenance of Motivational States", in Frank Halisch and Julius Kuhl(eds.), *Motivation, Intention, and Volition*, 김언주 외 공역(1993), 「행위 통제 : 동기유발상태의 유지」, 『동기이론-정보처리적 접근』, 문음사, 11-28.

Lacan, J.(권택영 엮음, 민승기 · 이미선 · 권택영 공역, 1994), 『욕망이론』, 문예출판사.

Lacan. J.(1981), "The Empty Word and the Full Word", in Anthony Wilden(d. and trans.), *Speech and Language in Psychoanalysis*, e, Baltimore : Johns Hopkins University Press, 9-29.

Laird, J. D., J. John Wagener, Mark Halal, and Martha Szegda(1983), "Remembering What You Feel : Effects of Emotion on Memory", *Journal of Personality* and Social Psychology, Vol. 42. No. 4. 646-657.

Lakoff, G. and Mark Johnson(1980), Metaphors We Live By, 노양진·나익주 역(2006), 『삶으로서의 은유』, 박이정.

Lakoff, G. and Mark Turner (1989), More than cool reason : a field guide to poetic metaphor, 이기우·양병우 역(1996), 『시와 인지』, 한국문화사.

Langer, S. K.(1953), Feeling and Form : A Theory of Art, London : Routledge and Kegan Paul Limited.

Latane, B.(1981), 'The psychology of social impact', American Psychologist, 36, 343-356.

Lazarus, R. S.(1963), Personality and Adjustment, 서봉연 역(1973), 『성격과 적응』, 익문사.

Lee, David A.(1984), "Language and Literature", Language and Style, V.17.4, 1984 Fall.

Lehnert, W. G.(1981), "Plot unit and narrative summarization", Cognitive Science, No. 5, 293-331.

Leitch, Vincent B.(1989), American literary criticism, 김성곤 외 공역(1993), 『현대미국문학비평』, 한신출판사.

Lentricchia, F. and T. Mclaughlin(ed., 1990), Critical Terms for Literary Study, 정정호 외 공역(1995), 『문학연구를 위한 비평용어』, 한신문화사.

Levinas, Emmanuel(1991), Temps et l'autre, 강영안 옮김(1996), 『시간과 타자』, 문예판.

Linton, R.(1945), The Cultural Background of Personality, 전경수 역(1984), 『문화와 인성』, 현음사.

Lyotard, Jean-François(1984), The Postmodern Condition : A Report on Knowledge, Univ. of Minnesota Press.

Macdonell, D.(1991), Theories of Discourse : An Introduction, 임상훈 역(1992), 『담론이란 무엇인가』, 한울.

Malinowski, B. K.(1927), Sex and Repression in Savage Society, 한완상 역(1982), 『미개사회의 성과 억압/문화의 과학적 이론』, 삼성출판사.

Mandler, G.(1982), "The structure of value : Accounting for taste". in Clark, M. S. and S. T. Fiske(eds.), Affect and Cognition. Hillsdale : LEA, 3-36.

McCormick, Kathleen(1992), "Always Already Theorists : Literary Theory and Theorizing in the Undergraduate Curriculum", in Kecht, Maria-Regina(ed.) Pedagogy Is Politics : Literary Theory and Critical Teachingd, Urbana and Chicago : Univ. of Illinois Press, 111-131.

Mead, M.(1963), Sex and temperament in three primitive societies, 조혜정 역(1988), 『세 부족사회에서의 성과 기질』, 이화여대 출판부.

Mesoudi, A.(2007), "Using the methods of experimental social psychology to study cultural evolution", *Journal of Social, Evolutionary and Cultural Psychology*, 1(2), 35-58.

Milgram, S.(1975), *Obedience to authority*, Harper and Bros.

Minsky, M.(1975), "A framework for representing knowledge", in P. H. Winston(eds.), *The psychology of computer vision*, New York : McGraw-Hill, 23-50.

Mitleton-Kelly, E.(2003). "Ten Principles of Complexity and Enabling Infrastructure", in. E. Mitleton-Kelly(ed.), *Complex Systems and Evolutionary Perspectives of Organizations : The Application of Complexity Theory to Organization*. Amsterdam : Elsevier, 23-50.

Moi, Toril(1985), *Sexual/Textual Politics : Feminist Literary Theory*, 임옥희 · 이경희 · 정경심 공역(1994), 『성과 텍스트의 정치학』, 한국문화사.

Monge, P. R. and Contractor, N. S.(2003), *Theories of Communication Networks*. Oxford : Oxford Univ. Press.

Moore, James F.(1996), *The Death of Competition : Leadership and Strategy in The Age of Business Ecosystems*. NY : Harper Business.

Morgan, Jack(2002), *The Biology of Horror : Gothic Literature and Film*, Southern Illinois University.

Morgan, Thaïs E.(1990), "Reorientations", in Henrickson, Bruce and Morgan, Thaïs E.(eds.), *Reorientations : Critical Theory and Pedagogies*, Univ. of Illinois Press, 3-27.

Morton, D. and Mas'ud Zavarzadeh(eds. 1991), *Theory/Pedagogy/Politics : Texts for Change*, Univ. of Illinois Press.

Nelson, C.(1986)(ed.) *Theory in the Classroom*, Univ. of Illinois Press.

Nuttin, J. R.(1987), "The Respective Roles of Cognition and Motivation in Behavioral Dynamics, Intention, and Volition", in Frank Halisch and Julius Kuhl.(eds.), *Motivation, intention, and volition*, 김언주 외 공역(1993), 「행동역동, 의도, 의지작용에서 인지와 동기유발의 역할」, 『동기이론-정보처리적 접근』, 문음사, 47-66.

Oakley, J.(1992), *Morality and the Emotions*, Routledge.

Opdahl, K. M.(2002), *Emotion As Meaning : The Literary Case for How We Imagine*, Bucknell University Press.

O'Rourke, K.(1981), 「한국근대시에 있어서의 영시의 수용 연구」, 연세대학교대학원 박사학위논문.

Parsons, M. J. and H. Gene Blocker(1993), *Aesthetics and education*, 김광명 역(1998), 『미학과 예술교육』, 현대미학사.

Pécheux, M.(trans. by Nagpal, H., 1982), *Language, Semantics and Ideology : Stating in Obvious*, St. Martin's Press.

Perloff, R. M.(2003), *The dynamics of persuasion*, Mahwah, NJ : Lawrence Erlbaum.

Petty, R. E. and John T. Cacioppo(1981), *Attitude and Persuasion : Classic and Contemporary Approaches*, Brown Company Publishers.

Piaget, J.(1964), "Development and learning", *Journal of Research in Science Teaching*. Vol. 2. No. 3, 176-186.

Piaget, J.(1974), *The language and thought of the child*, 송명자·이순형 역(1985), 『아동의 언어와 사고』, 중앙적성출판사.

Plato(trans. by Christopher Rowe, 2005), *Phaedrus*, Penguin Classics.

Plutchik, R.(1962), *The Emotions : Facts, Theories, and a New Model*, Random House.

Plutchik, R.(1979), *Emotion : A Psychoevolutionary Synthesis*, Harper & Row.

Plutchik, R.(1980). "A general psychoevolustionary theory of emotion. in R. Plutchik and H. Kellerman(eds.), Emotion : Theory, research, and experience(Vol 1). Theories of emotion. New York : Academic Press, 3-8.

Preminger, A. and T. V. F. Brogan(ed. 1993), *The New Princeton Encyclopedia of Poetry and Poetics I, II*, Princeton University Press : Princeton, New Jersey.

Radhakrishnan, R.(1991), "Canonicity and Theory : Toward a Post-structural Pedagogy", in Morton, Donald and Zavarzadeh, Mas'ud, eds. *Theory/Pedagogy/Politics : Texts for Change*, Univ. of Illinois Press, 112-135.

Raymond, M.(1963), *De Baudelaire au surréalisme, édition nouvelle revue et remaniée*, Paris, Librairie José Corti, 김화영 역(1983), 『프랑스 現代詩史－보들레르에서 超現實主義까지』, 문학과지성사.

Richards, I. A.(1956), *Practical Criticism : A Study Of Literary Judgment*, 김영수 역(1987), 『문예비평의 원리』, 현암사.

Richards, I. A.(1965), *The Philosophy of Rhetoric*, 박우수 역(2001), 『수사학의 철학』, 고려대 출판부.

Richter, D. H.(1994), *Falling into Theory; Conflicting Views on Reading Literature*, Boston : Bedford Books of St. Martin's Press.

Ricoeur, P.(trans. John B. Thompson, 1981), "Hermeneutical function of distanciation", *Hermeneutics and the Human Sciences*, Cambridge U.P., 131-144.

Ricoeur, P.(trans. by Kathleen McLaughlin and David Pellauer, 1984), *Time and Narrative III*, 김한식 역(2004), 『시간과 이야기』 III, 문학과지성사.

Rincé, D.(1977), *La Poésie Française Du XIXe Siécle, Collection QUE SAIS-JE? No. 1695*, 鄭鳳九 역(1984), 『19세기 프랑스 詩』, 탐구당.

Robinson, J.(2007), *Deeper than Reason : Emotion and its Role in Literature, Music, and Art*, Oxford University Press.

Rumelhart, D. E., and Ortony, A.(1977), "The representation of knowledge in memory", in R. C. Anderson, R. J. Spiro and W. E. Montague(eds.), *Schooling and the acquisition of knowledge*. Hillsdale, NJ : Lawrence Erlbaum, 99-135.

Ryle, G.(이한우 역, 1994), 『마음의 개념』, 문예출판사.

Salthe, S. N.(1991), "Two forms of hierarchy theory in Western discourses", *International Journal of General Systems* 18 : 251-264.

Sarup, M. and etc.(임헌규 역, 1992), 『데리다와 푸꼬 그리고 포스트모더니즘 : 입문적 안내』, 인간사랑.

Sarup, M.(1983), *Marxism / Structuralism / Education*, 한준상 옮김(1987), 『新敎育 社會學論 : 구조주의 교육사회학의 전망과 과제』, 문음사.

Schachter, S. and J. Singer(1962) "Cognitive, Social and Physiological Determinants of Emotional State", *Psychological Review* 69, 379-399.

Schank, R., and Abelson, R.(1977), *Scripts, plans, goals, and understanding : An inquiry into human knowledge structures*, Hillsdale, NJ : Erlbaum.

Schatz, T. G.(1981), *Hollywood Genres : Formulas, Filmmaking and the Studio System*, 한창호・허문영 역(1995), 『헐리우드 장르의 구조』, 한나래.

Scholes, R.(1986), *Textual Power : Literary Theory and the Teaching of English*, 김상욱 옮김(1995), 『문학이론과 문학교육』, 하우.

Searle, J. S.(1970), *Speech Acts : An Essay in the Philosophy of Language*, 이건원 역(1987), 『언화행위』, 한신문화사.

Shott, S.(1979), "Emotion and Social Life : Symbolic Interactionist Analysis", *American Journal of Sociology*, 이성식・전신현 편역(1995), 「감정의 사회화와 감정구성」, 『감정사회학』, 한울, 68-89.

Shumway, D. R.(1992), "Integrating Theory in the Curriculum as Theorizing—A Postdisciplinary Practice", in Kecht, Maria-Regina, ed. *Pedagogy Is Politics : Literary Theory and Critical Teaching*, Urbana and Chicago : Univ. of Illinois Press, 93-110.

Shweder, R. A.(1991), *Thinking Through Cultures : Expeditions in Cultural Psychology*, 김의철・박영신 역(1997), 『문화와 사고』, 교육과학사.

Smith, B. H.(1968), *Poetic Closure : A Study of How Poems End*, Chicago : The Univ. of Chicago Press.

Solomon, R. C.(1973), "Emotion and Choice", *The Review of Metaphysics*, XVII, i(September, 1973), 20-41.

Sperber, D and D. Wilson(1996), *Relevance : communication and cognition*, 김태옥・이현호 역(2010), 『인지적 화용론—적합성 이론과 커뮤니케이션』, 한신문화사.

Staiger, E.(1972), *Grundbegriffe der poetik*, 이유영·오현일 공역(1978), 『시학의 근본개념』, 삼중당.

Stark, W.(1977), *The sociology of knowledge*, 임영일 역(1983), 『知識社會學 : 理念史의 보다 깊은 理解를 위하여』, 한길사.

Sternberg, R. J.(1986), "A triangular theory of love", *Psychological Review*, 93, 119-135.

Stolnitz, J.(1960), *Aestetics and philosophy of art criticism : A Critical Introduction*, 오병남 역(1991), 『미학과 비평철학』, 이론과철학.

Storey, J.(1993), *Introductory guide to cultural theory and popular culture*, 박모 옮김 (1994), 『문화연구와 문화이론』, 현실문화연구.

Stubbs, M.(1983), *Discourse Analysis : The Sociolinguistic Analysis of Natural Language*, 송영주 역(1993), 『담화분석』, 한국문화사.

Szymborska, W., Krynski, Magnus J. and Robert A. Maguire(1981), *Sounds, Feelings, Thoughts*, Princeton University Press.

Taba, H.(1962), *Curriculum Development : Theory and Practice*, 이경섭 외 역(1981), 『교육과정론』, 형설출판사.

Tajfel, H. and Turner, J. C.(1986), "The social identity theory of intergroup behavior", in S. Worchel and W. G. Austin (eds.), *Psychology of intergroup relations*, Chicago, IL : Nelson-Hall, 7-24.

Thompson, J. N.(1994) *The coevolutionary process*. Chicago, IL : University of Chicago Press.

Todorov, T.(1973), *Qu'est-ce que le structualisme?-poetique*, 곽광수 역(1977), 『구조시학』, 곽광수 역, 문학과지성사.

Triplett, N.(1898), "The dynamogenic factors in pacemaking and competition", American Journal of Psychology, 9, 507-533.

Troll, D. A.(1990), "The Illiterate Mode of Written Communication : The Work of the Medieval Scribe", in Richard Leo Enos(ed.), *Oral and Written Comminication : Historical Approaches*, Sage Publication : London, 96-125.

Tymieniecka, Anna-Teresa(ed. and auth., 2000), *Creative Mimesis of Emotion—From Sorrow to Elation; Elegiac* (ANALECTA HUSSERLIANA Volume LXII), Springer.

Valerie A. and Timothy F. H. Allen(1996), *Hierarchy Theory*, New York : Columbia University Press.

Verlaine, P., Rimbaud, A. and Mallarme, S.(송면 역, 1980), 『상징주의시』, 탐구당.

Vygotsky, L. S.(Cole, M., Vera John-Steiner and Sylvia Scribner eds. 1980), *Mind in*

Society : The Development of Higher Psychological Processes, 조희숙 외 역(1994), 『사회 속의 정신』, 성원사.

Wellek, R. and A. Warren(1956), *Theory of Literature*, 김병철 역(1982), 『문학의 이론』, 을유문화사.

Wessells, M. G.(1984), *Cognitive Psychology*, 김경린 역(1991), 『인지심리학』, 중앙적성출판사.

Whitehead, R.(1968), *Children's Literature : Strategies of Teaching*, 신헌재 편역(1992), 『아동문학교육론』, 범우사.

Wilby, J. A.(1994), "Critique of Hierarchy Theory", *Journal of Systems Practice*, Vol. 7. No. 6, 653-670.

Wilson, C.(1973), *The Strength to Dream : Literature and the Imagination*, 이경식 역(1978), 『문학과 상상력』, 범우사.

Wilson, R. A. and Frank C. Keil(eds., 1999), *The MIT Encyclopedia of the Cognitive Science*, The MIT Press : Cambridge, Massachusetts, London, England.

Wimsatt, W. K. and M. C. Bearsley(1954), *The Verbal Icon*, Kentucky Univ. Press.

Wimsatt, W. K. and Monroe C. Beardsley(1972), *The Intentional Fallacy*, London : Longman.

Wolf, J.(1981), *The social production of art*, 이성훈 역(1986), 『예술의 사회적 생산』, 한마당.

Woods, P.(1983), *Sociology and the school : An interactionist viewpoint*, 손직수 역(1998), 『학교사회학 : 상호작용론적 견해』, 원미사.

Wright, G. T.(1974), *The Poet in the Poem*, Gordian Press.

Zavarzadeh, M. and Morton, Donald(1991), "Theory/Pedagogy/Politics : The Crisis of The Subject in the Humanities", in Morton, Donald and Zavarzadeh, Mas'ud, eds. *Theory/ Pedagogy/ Politics : Texts for Change*, Univ. of Illinois Press, 1-22.

Zima, V. P.(1991), *Literarische Ästhetik. Methoden und Modelle der Literaturwissenschaft*, 허창운 역(1993), 『사회미학』, 문예출판사.

기본 개념	확장 개념	연관 개념
가치	가치화	
감상	감상 교육, 감상 능력	감상의 동조 현상, 정서적 거리
감수성	문학적 감수성, 문화적 감수성, 심미적 감수성	민감성
감식안	심미적 감식안	
감정(→ 정서)		
감정이입		
감지	시각적 감지, 청각적 감지	감응
개입	독자의 개입, 경험 있는 독자의 개입, 상상적 개입	자연화, 의도의 개입, 문학의 현실 개입
거리	정서적 거리	
거리두기		소격화, 공감의 역치
공감	감염, 공명, 공진화, 교감	(공감 없는) 연민이나 동정, 공감적 이해
공감적 조정	공감적 조정 능력	
공통감	문화적 공통감, 유대감	문화적 합의
관심	정서적 관심, 타자에 대한 관심	무관심
구성	심미적 구성, 현실 구성	
내면	내면 성장, 문학의 내면적 형성	
내면화	문학의 내면화, 작품세계의 내면화	자기화, 사회화
담론 형식		언어 맥락, 비문자적 자질, 문화적 합의
동기	동기화, 동기화 전략	
동일시		
동일화	반동일화, 탈동일화	
동조	동조 현상	
망각		외삽, 환치, 망각의 과정으로서의 상상

기본 개념	확장 개념	연관 개념
모방		모방을 통한 대리 경험
몰입		
무의식	집단 무의식	
문학	독자에게 내면화된 문학	시학적 텍스트, 수사학적 텍스트
문학 생산		문학 향유
문학 수용		문학 향유
문학 인식		
문학 정서		의사-문학 정서
문학 정서 체험		문학 체험
문학 행위		
문학교육	인간학으로서의 문학교육, 전수(로서의 문학교육), 안내(로서의 문학교육), 거래(로서의 문학교육), 감염(으로서의 문학교육)	공진화를 통한 문학교육
문학능력	암묵지, 또는 언어능력, 숙달성, 체험 가능역 또는 역능	
문학적 욕망	일차적 욕망(동일화, 혹은 대리), 이차적 욕망(타자되기), 삼차적 욕망(문학적 자아의 형성)	
문학적 인간다움		
문학적 이해	관심, 해석, 감상, 향유	
반응	선택적 반응	선호, 편향, 집단적 편향성
발견	유사성 발견, 자기 발견	
발달	발달의 비선형성	심미성, 윤리성, 다양화, 풍요화
사고(사유)	문학적 사고, 윤리적 사고, 유비적 사유, 유추적 사유	
상상	상상 기제, 연상적 상상, 재현적 상상, 구상적 상상, 심미적 상상, 윤리적 상상, 문학적 상상, 교육적 상상, 내면화된 상상, 금지된 상상	금기, 유사성 발견의 상상, 유사성 창조의 상상, 상상의 가능역, 상상의 접합
상상력	도식 산출자로서의 상상력, 문화적 상상력, 심미적 상상력	공진화, 전이, 확장
상상적 믿음		믿음
성찰	반성적 성찰	
상상 세계	예시된 세계, 전시로서의 세계	표본
소음		

기본 개념	확장 개념	연관 개념
수용	문학적 수용, 문화적 수용, 역할 수용	역할을 부여하는 이야기로서의 문학, 역할 수행, 동일시, 감정이입, 투사, 거리두기
심미성	심미적 탐구	
심상	지각 심상, 인지 심상	심상 결합, 심상 연합
안목	비평적 안목, 심미적 안목	취향
영향	문학적 영향, 상호적 영향	영향에의 불안
욕망	욕망 대상, 일차적 욕망, 이차적 욕망, 삼차적 욕망, 욕망 추구	대상화, 자기 충족, 현실도피, 일탈, 초월, 자기실현, (유대감 회복), 현동화
은유도식 (도식)	관계-은유도식, 절차-은유도식, 도식의 영향 관계	스크립트, 프레임, 공간 메타포, 시간 메타포
응축		
의도	작가의 의도, 독자의 의도	제2의 동기
의미	의미의 과잉, 의미 기반, 내적 의미, 의미화	
이해	상상적 이해, 문학적 이해, 유비적 이해, 은유적 이해, 환유적 이해, 자기이해, 공감적 이해	선이해, 이해의 외재적 관점, 이해의 내재적 관점
인식	비평적 인식	
인지	인지 과정, 시각적 발달	인지 갈등, 인지 선택, 인지 통합
읽기	작품 읽기, 텍스트 읽기, 텍스트/작품 읽기, 상향적 읽기, 하향적 읽기, 컨텍스트적 읽기(맥락적 읽기), 상호텍스트적 읽기(상호맥락적 읽기), 자기 중심적 읽기, 해석적 읽기	
자세		표정
작품		간주관성, 주객관성, 작품세계
재인	정서 재인, 문학정서의 재인	
전시	예시, 표본	표시, 지시
전위		
전유		모방·전도, 담론환경
전이		
정서(감정)	개성적 정서, 병리적 정서, 낭만적 우울, 부끄러움, 근대적 정서, 고독, 비애, 슬픔, 애상, 좋은 정서, 나쁜 정서	감상성, 정서 어휘, 지식으로서의 정서, 범주로서의 정서, 용어로서의 정서, 정서문화, 정서의 문화적 분포(규정된 정서, 규정되지 않은 정서, 비-규정된 정서, 비-금지된 정서), 정서의 위계화, 전통적 정서, 여성적 정서, 가치 있는 정서

기본 개념	확장 개념	연관 개념
정서 체험	문학 정서 체험	
정서 패러다임		
정화 (카타르시스)		과정적 일탈, 평정(화), 평형성, 정서적 균형감
조망	거리 조망, 공간적 조망	
주체	상상적 주체, 체험 주체, 읽기 주체, 문학 주체	의사-주체, 의사-문학 주체
지각		
지배적 담론	지배적 담론의 전일성, 정전, 정전주의	피지배 담론(반담론)
지식	배경지식, 세상사 지식, 암묵적 지식, 자연화된 지식, 백과사전적 지식	선지식
직관		
착상	착상점	착안
창조	창조성, 유사성 창조, 현실 창조	창안
체험	내적 체험, 정서 체험, 문학적 체험, 상상적 체험, 체험의 위계화	경험, 의사-체험, 선체험, 추체험, 공체험, 체험 공간
초인지	초인지 전략	메타 인지
텍스트		컨텍스트, 상호텍스트
투사		
표상	정신적 표상, 심상 표상, 개념 표상	
학습	문화 학습, 정서 학습	자연화, 안정화, 정당화, 전수, 모방, 공명
향유	향유 문화, 향유 집단, 문학 향유	문학 공동체
해독		독해, 분석
해석	감상 없는 해석	
환기		

용어 색인

작품, 인명 색인

저자 최지현

최지현은 1964년 서울에서 태어나 서울대학교 사범대학 국어교육과와 동 대학원 석박사
과정을 졸업하고 1997년부터 충북 청주 소재 서원대학교 사범대학 국어교육과 교수로 재
직 중이다. 주로 문학교육 분야에서 연구를 진행하면서 100여 편의 연구 논저 및 교재를
발표(발간)하였다. 주요 저서로는『문학교육과정론』,『국어과 교수학습방법』,『현대시 교
육론』,『문학교수학습방법론』 등이 있다.

문학교육심리학
이해와 체험에 관한 문학교육적 설명

초판 인쇄 2014년 5월 2일
초판 발행 2014년 5월 9일

지은이 최지현
펴낸이 이대현
편 집 권분옥 박선주 이소희 박주희
펴낸곳 도서출판 역락
　　　　서울 서초구 동광로 46길 6-6 문창빌딩 2층
　　　　전화 02-3409-2058(영업부), 2060(편집부)
　　　　팩시밀리 02-3409-2059
　　　　이메일 youkrack@hanmail.net
　　　　등록 1999년 4월 19일 제303-2002-000014호

ISBN 979-11-5686-060-0 93370
정 가 25,000원